青豆書坊

—— 阅读·思考·生活 ——

How to
Build a Human:
What Science Knows About Childhood

解码童年

塑造孩子未来的科学指南

Emma Byrne
[英] 埃玛·伯恩 著

郑琼 薛玮 译

图书在版编目（CIP）数据

解码童年：塑造孩子未来的科学指南 /（英）埃玛·伯恩（Emma Byrne）著；郑琼，薛玮译 . -- 上海：上海社会科学院出版社，2025. -- ISBN 978-7-5520-4699-1

Ⅰ . G78

中国国家版本馆 CIP 数据核字第 2025SQ5789 号

Copyright © by Emma Byrne, 2021
This edition arranged with Felicity Bryan Associates Ltd.
through Andrew Nurnberg Associates International Limited

上海市版权局著作权合同登记号：图字 09—2024—0862 号

解码童年：塑造孩子未来的科学指南

著　　者：［英］埃玛·伯恩
译　　者：郑　琼　薛　玮
责任编辑：赵秋蕙
特约编辑：黄珊珊
装帧设计：古涧千溪
出版发行：上海社会科学院出版社
　　　　　上海市顺昌路 622 号　　邮编 200025
　　　　　电话总机 021—63315947　　销售热线 021—53063735
　　　　　https://cbs.sass.org.cn　　E-mail: sassp@sassp.cn
印　　刷：河北鹏润印刷有限公司
开　　本：710 毫米 ×1000 毫米　1/16
印　　张：16.75
字　　数：185 千
版　　次：2025 年 6 月第 1 版　　2025 年 6 月第 1 次印刷

ISBN 978-7-5520-4699-1/G·1407　　　　　　　定价：56.80 元

版权所有　翻印必究

谨以此书献给凯瑟琳，

是你给了我勇气，

让我踏上这疯狂又美妙的征程。

目录 CONTENTS

001　引言　你唯一需要的育儿指南

第一章
我的孩子是个外星人

024　了解地球
029　学会看
035　你听到的跟我听到的一样吗？
040　本体感觉
047　让"小小外星人"宾至如归

第二章
学会进食：从味蕾到西蓝花

052　羊水里的"菜单"
055　喂养方式
061　新生儿味觉测试
063　婴儿主导的断奶

第三章
吃饭大作战

072　挑食、偏食还是饮食功能失调?
078　食物的乐趣:快乐的秘诀
081　坐下来一起吃饭吧!

第四章
睡眠这件事从来都不简单:从"快去睡觉!"到"怎么还不起床?!"

087　成人的睡眠是个周期交替的过程
091　父母们总是睡眠不足
096　要不要跟孩子一起睡?
102　宝宝夜间醒来是正常的
106　乖乖睡啊,宝贝:一岁以内婴儿的睡眠
113　昏昏欲睡的青少年?不仅仅是电子产品的问题

第五章
如何与宝宝沟通:"给我好好听着!"

124　大脑的语言功能区
127　婴儿是如何学习语言的?
132　一起玩耍
136　音素:语音的最小单位

CONTENTS

142 你真的没听到吗？
145 婴儿的第一个单词

第六章
孩子如何学会自我表达：从说话到阅读

152 句法
156 语用学
159 质与量，哪个更有帮助？
163 走向抽象的语言
167 孩子们怎么知道说什么合适？
168 语言与抽象思维
172 交流、交流、交流

第七章
故事和游戏是给孩子最好的陪伴：独角兽、机器人、消防员和公主

178 什么是玩耍？
183 玩耍的好处
188 与他人玩耍
194 与他人发生冲突
196 对电子产品的恐慌
200 让我们玩耍吧！

第八章
学会理解他人，也理解自己："你在想什么呢？"

- 207　欢迎来到这个人头攒动的世界
- 212　思考与感受：理解情感
- 216　想他人所想
- 218　你看到的跟我看到的一样吗？
- 221　理解他人的意图

第九章
为什么孩子总是那么善良？

- 230　如何定义利他：分享、帮助、改正错误
- 232　善良让人快乐
- 234　孩子对于帮助的认知
- 241　不同文化中的利他行为
- 247　更善良的孩子：我们应该如何引导？
- 249　迷走神经
- 251　呵护孩子内心善良的种子

- 252　结语　人类幼崽养成手册
- 255　致谢

引言

你唯一需要的育儿指南

女儿出生后的头几周,我一直盼望着能有人过来帮我一起照顾孩子。

我小时候生活在一个三代同堂的大家庭里,这个家庭里有身子骨硬朗、还能照顾孩子的爷爷奶奶,几家的父母,比我大不了多少的叔叔阿姨,和我年龄相差不多的兄弟姐妹。那时候,谁家有困难,其他人都纷纷出谋划策、热心帮忙;大孩子们对小宝宝都挺好奇,我呢,也会帮忙照顾大家庭里的弟弟妹妹;到饭点了总会有人给做好吃的;而且,大家庭的每一个人——是的,每一个人对于如何养育孩子都有自己的看法。

但多数现代人的生活已经不是这样了。全世界约有 50% 的人口生活在城镇。在美国和北欧,大约有 10% 的人在过去的一年中搬过家,绝大多数人的住所离父母的住所至少有一个小时的车程。随着大城市生活成本的激增,几代人在空间上变得越来越遥远;随着年轻人成家立业越来越晚,几代人的人生节点也越来越不同步。所以,当我们开始组建家庭、生儿育女的时候,身边往往没有能帮忙的亲戚朋友。

女儿出生后相当长的一段时间里,我都处于极度焦虑中,感觉

解码童年：
塑造孩子未来的科学指南

自己是个不称职的母亲。对于有类似经验的人来说，这种感觉很痛苦，或许你也有过同样的感受。原谅我如此唐突地得出这样的结论，毕竟我对你也不甚了解，但只要你读过科学育儿类的书，我猜测你要么是真心喜欢学习新知识，要么是将要或者已经为人父母。如果你翻开这本书时正因为睡眠不足而两眼通红，因为新生命的到来而惊慌失措——你不明白，为什么这个小东西还完全不具备自主生存能力，医生就打发你们出院，看着他（她）没几分钟就哭上一次——现在请允许我给你一些真正有用的育儿建议。深呼吸，你准备好了吗？

不要恐慌！

好吧，我承认我抄袭了《银河系漫游指南》[①]。想看育儿书的时候，我倒是建议你不妨读一读《银河系漫游指南》。说实话，这本书跟大多数《育儿手册》一样"科学"，只是跟育儿书相比，要更有趣些。

如果你确实有足够的精力来了解育儿方面的科学研究，又喜欢幽默风趣的语言，那就接着往下读吧。

[①] 被誉为"科幻圣经"的小说《银河系漫游指南》的封面上印着"Don't Panic"，意思是"不要恐慌"。——译者注

引言
你唯一需要的育儿指南

像科学家一样养育孩子

以前生活在大家庭，我们能听到各种各样的意见。每个人的意见都受到了他过往经历的影响，新手父母们很快就学会听取不同的意见，从实践中找出最适合自己的养育方法。不像现在，人们都是照书养娃。相比之下，现在的父母更迷信所谓的《育儿指南》《父母手册》——家长们认定书里讲的都是对的，一旦发现书中的睡眠训练法、婴儿主导的断奶法或是自然拼读法对自家孩子不管用，他们不但不会停手，反而会"变本加厉"，结果弄得大人小孩都很痛苦。

庆幸的是，当我初为人母时，就已经得到了很好的锻炼，所以当我感到一筹莫展时，我也不会过度紧张；哪怕辛苦准备了几个钟头，最后功亏一篑，几经尝试仍遭遇失败也不会灰心丧气。总之，我强烈推荐大家从事科研工作，它不仅能让你同时体会到困惑、沮丧、紧张、烦闷是什么感觉，还会让你觉得自己笨得要命，是不是很磨炼人？

从事科学研究和看科学研究报告完全是两码事。这是因为科学从研究到公布于众，会过滤掉很多内容：要去掉艰涩难懂的科学术语，然后再通过媒体告诉普通大众。你以为科学关乎的是清清楚楚的答案，但实际上它关乎的是一团乱麻般的问题。科学由好奇心驱动，而不是控制。科学不仅仅是一丝不苟的实验和可预测的结果。科学，**养育的科学，其根本是要问"为什么"，很多很多个"为什么"**。

所以，**谈到如何像科学家一样养育孩子，我认为最重要的一点**

解码童年：
塑造孩子未来的科学指南

是，我们得学着与各种不确定性和平共处。学着不恐慌。对于父母来说，这并不容易，因为赌注太大了！孩子这么小，这么依赖我们，我们希望自己做的都是对的。但养育有太多的不确定性——我们在养育的过程中不断学习。即使家里不止一个孩子，即便你已经有了一些养育经验，每个孩子也是独特的、未知的。**面对未知，我们要保持冷静，要富有创造力，更要对孩子充满好奇心——养育也是一门艺术。**

每当人们被失望、害怕或困惑绑架时，这也是生意人赚得盆满钵满的好机会。《育儿手册》就像"溺水"父母的救生圈，焦虑的家长们总指望着能在其中找到答案。群里的信息接连不断——"你们的宝宝会咬磨牙棒吗""喜欢吃小石子吗"。孩子出生的头几个月，焦头烂额的父母忙着记录宝宝睡觉、吃奶的间隔，什么时候出现睡眠倒退，以及成长过程中的里程碑。他们以为，总有一把万能钥匙能解决养育过程中的所有难题，能让他们养育出完美的孩子，能让他们成为称职的家长。

但家长们得知道：婴儿生来就有需求，他们需要食物、安全舒适的环境、与他人的连接，所以他们才会哭。这是婴儿的特性，而非缺陷。这和学步期的儿童挑三拣四，十一二岁的孩子经常闷闷不乐、喜欢跟人争长论短，青春期的孩子宁愿一个人待着，是一个道理。每个阶段的孩子之所以会给我们留下这样的刻板印象，是有一定原因的。如果婴儿在感到饥饿、恐惧或寒冷时也不知道哭泣，恐怕他很难存活下去。

我记得女儿刚出生的那段时间里，要是一段时间听不到她的哭声，我会有种不安全感。女儿三周大的时候，就因为有个陌生人说她的脖子看起来挺冷的，我就连忙跑到最近的一家服装店，想给她

引言
你唯一需要的育儿指南

买件连体带帽子的衣服。现在回想起来,那是个温暖的春日,而且女儿盖了条毯子,更何况我们是待在餐厅里面——所以女儿压根不会觉得冷。但焦虑的父母总是异常脆弱,他们担心两件事:第一,害怕照顾不好孩子;第二,担心自己不如其他父母、不知道怎么照顾好孩子,并因此感到羞愧。孩子不能好好睡觉、挑食、发脾气、尿床,到了青春期变得不爱跟人打交道,叛逆且爱冒险——面对这一切,父母们往往觉得自己很失败,但他们没有想到,孩子大脑的特点已经决定了他们势必会与成人所设计的世界发生冲突,这是必然的事。

所以,在养育孩子的过程中,我们总在寻求确定性。父母们总是希望能有一个权威来告诉他们到底怎样做才对。如果我们按照"被科学证明"的方法去做,那总归是错不了的。不是吗?我们总得相信科学啊。

为什么很多育儿建议都不可信

在这里,我想先给大家讲个笑话,这个笑话很长,而且有些蹩脚,一定要耐心读完哦:

一位理论物理学家在开车回家的途中遭遇暴风雨,道路无法通行,她被困在了奔宁山脉。她看到远处有间农舍,便下车过去求助。她敲了敲门。

"哎,哪位?"应声开门的女人招呼道。

这位理论物理学家告诉那女人,雨太大了,她想借宿

解码童年：
塑造孩子未来的科学指南

一晚上。

"哎，进来吧，姑娘，"女人说，"既然你来了，不如帮个忙。现在正是母羊生产的季节，刚好有只母羊难产，胎位是臀位。我说你对生产是不是什么也不懂？"

这位物理学家说她的确一窍不通，但她很乐意帮忙。"那跟我到牲口棚去。"女人说。牲口棚里，母羊正痛苦地叫着。女人把手伸进母羊的产道，想把小羊羔的胎位扭正，而一边的物理学家却拿出纸笔，计算起复杂的公式来。

"我说你在干吗？"女人问，"我还指望着你帮忙呢？"

"我有办法了，"物理学家回答，"但这个办法只适用于真空条件下的球状绵羊。"

想要听更荒唐的笑话吗？——那不妨看看《育儿手册》——"不哭不闹，训练孩子自己大小便""掌握秘诀，你也能让一岁的孩子好好吃饭""如何培养出细心体贴、富有责任心的青少年"。本质上来说，《育儿手册》就是把活生生的孩子变成了绝对抽象的概念——真空条件下的"球状婴儿"（如果这样描述会引起不适，还请读者见谅）。在20岁之前，你的孩子不太可能与真空条件下的孩子有多少相似之处，因为后者是虚构出来的。

拒绝平均

还记得学校里是怎么教平均数的吗？平均数能反映一部分事实，但不是全部。如果你观察的只是某一个物体或者某一个现象——比

引言
你唯一需要的育儿指南

如说某颗恒星，或是水的沸点，而且你有各种各样的精密仪器，那么取数据的平均值会让你更接近"事实"，至少在误差呈正态分布时是这样的。大量的数据有助于了解真实情况——有的温度计量出来的温度高一点，有的低一点，大量的数据可以有效避免误差，能让你对潜在的信号有更好的了解。

但问题在于，人类绝对不是一个单一的、稳定的现象。用来确定水"真实"沸点的方法并不能用来确定婴儿的"真实"本质。我们不能以柏拉图的理想婴儿为参照，去衡量自己的孩子，但科学研究一般都是量化处理。孩子之间是有差异的——每个孩子都是独一无二的。在这本书中，我会尽我所能地与大家分享各种各样的经验：关于养育，关于孩子成长，关于如何塑造一个人。我不能说某个方法一定是对的，某个方法一定是错的，因为很多相关研究的被试都是 WEIRD 人群[①]。面对这种不确定性，你需要不断地尝试，保持冷静，保持好奇，保持创造力。

实证研究中的偏差

20 世纪 70 年代有一个著名的实验，研究的是孩子延迟满足的能力与他们未来是否成功之间的关系。[1] 该研究的结论是，那些可以耐心地等上几分钟，等到研究人员给他们发第二块棉花糖再吃的孩子，与那些等不及研究人员发第二块糖，就把第一块糖吞下肚的孩

[①] WEIRD 人群，即 Western, Educated, Industrialized, Rich and Democratic，是指来自西方工业化民主社会、拥有高等学历、生活富足的人群。——译者注

解码童年：
塑造孩子未来的科学指南

子相比，未来似乎更成功，学业表现也更好，甚至更健康。实际上，该项研究的规模很小，只招募了斯坦福大学托儿所的孩子，可以说样本并不具有代表性。尽管如此，沃尔特·米歇尔仍以该研究为基础，于 2014 年出版了《棉花糖实验》一书。除此之外，该研究的结论在育儿类的文章以及 TED 演讲中也被频繁提及。

但这项研究看到的仍然是真空条件下的孩子。你的孩子、你的家庭、你现在所处的状况可能会跟实验中的情况相去甚远，所以该研究的结论或许与你并无多大关系。首先，你的孩子是独一无二的；其次，该研究的样本量不仅非常有限，而且不具代表性。此类研究的被试大部分都来自 WEIRD 家庭。

这是一个长期存在的问题，差不多所有的心理学研究都是以受过良好教育的富裕人群为被试。几乎所有的研究看到的只是世界上 12% 的人口的生活方式。儿童发展研究的样本覆盖面更小。这些实验所招募的孩子的看护者要么认识大学实验室的人，要么有足够的时间，也乐意参与实验。因此，儿童发展研究真正关注的是生活在 WEIRD 家庭的孩子，他们的父母往往积极热情、思想开明、有科学素养——典型的 WEIRD 父母。可以说，自愿参加这类实验的孩子同质性极高。即使你跟我一样，也是 WEIRD 父母，这些研究对你的日常生活仍然起不了多大作用。

这是因为，将孩子能够等待的秒数与最终的智商（IQ）相关联，不仅是对孩子行为的简化解读，也大大简化了行为背后的机制。像驯狗一样教孩子们抵制甜食的诱惑，以帮助他们过上更好的生活，这个办法是完全行不通的。在这项研究中，有些孩子之所以知道延迟满足可以得到回报，很可能是因为他们的父母有足够的时间和资源始终如一地履行对孩子的承诺。而那些等不及第二块棉花糖的孩

引言
你唯一需要的育儿指南

子也许从之前的经验中学到的教训是，承诺不一定总会兑现。

据我所知，孩子是愿意坚守着第一块棉花糖，还是迫不及待地把它吞掉，这并非天生。刚出生的孩子只是具有某种倾向，对于那些能在实验中忍住口水，等到研究人员奖励第二块棉花糖再吃的孩子来说，在之前的五年里，他们的看护者能够信守承诺并持续奖励他们。相比之下，那些等不及就把第一块棉花糖吞下肚的孩子则认为生活中处处充满了失望，奖励不一定公平，只有眼前的这块棉花糖才是真真切切的，没必要因为陌生人一星半点的承诺就放弃到手的好处。延迟满足是一项有用的技能，但这项技能也可能是多方面因素共同作用的结果：信任、安全、父母的资源。与延迟满足相比，以上这些因素更重要，更能帮助孩子走向成功。而且，也不是说等不及吃掉棉花糖的孩子就注定会失败。埃隆·马斯克小时候有可能是耐心等待奖励的孩子吗？我倒觉得，如何引导埃隆·马斯克这样的孩子平稳度过青春期才是个问题。

很多研究的样本非常不具有代表性，所收集的数据也非常有限，得出的结论也过于轻率，棉花糖实验只是其中的一个例子。而且，一直以来，儿童发展研究忽视了一个重要的变量。在过去的 80 年里，儿童发展最大的研究盲点就是几乎完全抹去了父亲在儿童成长过程中所起到的作用。

不止是妈妈

为了写这本书，我读了数百篇论文，很多论文的标题都含有"母亲"，比如《母亲对婴儿睡眠的影响》《母亲的态度影响婴儿进

解码童年：
塑造孩子未来的科学指南

食》《母亲的语言能够改变孩子的情绪处理过程》等。但很少有研究涉及父亲或是其他看护者，专门的研究更是几乎没有。

所以呢，当你读到标题是《母亲对婴儿睡眠的态度可能导致婴儿睡眠不足》这样的论文时，不妨再从其他方面多了解一些相关情况。很多时候，爸爸不知道去哪了。如果说对于大多数科学研究而言，女性的缺失是一个重大问题的话；那么对于儿童发展研究领域而言，父亲的缺失则是个大问题。有太多的研究完全忽视了慈爱的父亲、继母、养母或是大家庭里的其他成员对孩子的影响，孩子的亲生母亲才是聚光灯的焦点所在，但她们并不喜欢这样。

在 WEIRD 文化中，与父亲相比，母亲更可能因为育儿过程中的某些做法而遭到指责。例如，在密歇根州 C.S. 莫特儿童医院的一项调查中，60% 的女性表示，父母、公婆或伴侣会批评她们的做法。与父亲相比，新生儿的母亲被指责的可能性更高，尤其是涉及婴儿的睡眠习惯、喂养（母乳喂养还是奶瓶喂养一直是争论的焦点）、穿着的一些做法，就连分娩方式也会遭到诟病。

没有男性看护者的投入，人类就不可能存在。牛津大学进化人类学家安娜·梅钦博士花了十年的时间研究父亲。她认为，我们的祖先海德堡人是夫妻共同养育孩子的。进化到这一阶段，婴儿依赖母乳获得营养的时间较短，这样海德堡人才能够以较快的速度生育后代，从而保证人口更替。但直立行走导致海德堡人的产道变窄，再加上脑容量变大，所以孩子需要父母提供食物，几个月或是几年，而不是几周。如果只是让女性抚养后代，那么生育两个孩子之间的时间间隔会变长，人口就会减少，因为出生率赶不上死亡率。在进化的这一阶段，父亲们也参与到后代的抚养中来，用火烧熟食物，这样未成年的后代就算没有母乳喝也不会饿肚子，并把该技能传授给孩子，让他们不再依赖母亲获取食物。² 父亲的参与意味着家庭规模能以更快的速度增长。这种团队合作模式到了今天仍然有效：老大正在学走路，老二才出生——毕竟，要想养育好两个孩子可不是什么轻松事，不能光指望妈妈在照顾新生儿的同时还要喂养蹒跚学步的孩子，这可不像去草地上野餐一顿那么容易。当然，这两者之间还是有一定的共同点的：都会弄得一片狼藉，食物撒得到处都是，而且远不如在饭店里吃饭那么轻松自在。

既然没有答案，那你为什么还要读这本书呢？

我在前文中的确告诉过大家，"不要恐慌"。但我也得承认，在本书中我不会告诉你任何经过科学验证的方法，能保证孩子吃得好、睡得香，考上一流大学。因为这样的方法根本不存在。科学是探索的过程。这本书会告诉你科学家们已经做了哪些探索，心理学和神经科学的研究结果出现了哪些分歧，以及为什么《斯波克育儿经》和吉娜·福特所著的《育儿圣经》会有矛盾之处。这是因为科学不是结论，也不是一整套规律。科学的基础是细致的观察、永远的好奇心和开放的思维。科学也关乎希望和锲而不舍的精神，无论失败了多少次，总有一个实验、一次尝试能揭开神秘的面纱。

任何研究的第一步都是看看前人做了哪些研究，得出了怎样的结论，在本书中我将带领大家回顾大量的文献，但科学是通过观察来进行的。如果你看到的结果与文献结论不符，那你应该选择相信你亲眼所见的证据，因为只有你最清楚孩子的实际情况（请注意，这里我说的是孩子的心理和行为。生理是另外一回事，它没这么

解码童年：
塑造孩子未来的科学指南

复杂）。

举个例子，我女儿小的时候，饿了就哭，吃饱了就尖叫——婴儿居然会是这个样子，这真让我手足无措。无论是文献还是育儿书籍里都说，婴儿一天中应该多次重复"醒来、吃奶、换尿布、玩耍、睡觉"这样的循环。可女儿的循环却是睡觉、哭泣、吃奶、换尿布、尖叫，周而复始，让人不胜其烦，真是没完没了的折磨。研究本身并没有错，只是那些方法不适用于我们的孩子。我能做的就是：观察、记录、推断（行为的原因）。重复这几个步骤同样折磨人。

丈夫和我记录女儿每次吃奶、入眠、活动的线圈本，不知道被我扔到哪里去了。我记得女儿在 18 个月大的时候，我把那本子又看了一遍，里面记录的内容太让人沮丧了：女儿的体重一直在下降，不仅母乳喂养不顺利，奶瓶她也不太接受。当时情况是这样的——竖着抱起来吃奶或是让她右侧卧吃奶的话，倒是没什么问题，但左侧卧吃奶堪比一场灾难，吃完奶躺一会儿也是场灾难，躺在游戏垫上更是灾难中的灾难。记得女儿 10 天大的时候，有一次我跟她视频，只见她躺在游戏垫上，对着悬在她身体上方的玩具挥舞着双腿，大概 46 秒之后，她就开始打嗝、尖叫。女儿还在嚎啕大哭，我挂断了电话，但我能听到自己内心在一遍又一遍地跟她说"对不起，对不起，对不起"。

当时我的感觉是：别人家的孩子都是按照"醒来、吃奶、换尿布、玩耍、睡觉"这个模式循环，别人家的孩子都在茁壮成长，而女儿的拿手好戏就是哭，撕心裂肺地哭，"不屈不挠"地哭。睡眠严重不足的我还要担心女儿的身体健康，惦记着她是不是很不舒服，

引言
你唯一需要的育儿指南

我感觉糟透了。我多希望现实生活能跟NCT[①]课上我所看到的照片一样——我和丈夫徒步走过阳光斑驳的树林,女儿舒舒服服地坐在婴儿背带里,饿了我就解开衣服给她喂奶,然后她酣畅满足地进入梦乡。但那终归是美好的想象,而残酷的现实几乎把我逼疯了。

好在后来我总算恢复了部分理智,我开始相信自己的观察,我发现,女儿的反应很像是由胃酸倒流引起的。每次吃完奶后平躺下来,她的喉咙都会有灼热感。于是我们把游戏垫收起来,让女儿竖着趴在我们身上睡觉,还请医生给她开了点婴儿盖胃平片。最后,我们的生活总算好转起来,虽然跟父母手册里理想状态相比还有点差距,但至少女儿开始茁壮成长了。

女生出生后的头十天左右,我感觉自己非常失败。而严重睡眠不足和产后激素水平的变化,对我的冲击和影响也非常大。幸运的是,被确诊为产后抑郁症后,很快我就得到了相应的治疗;但我带女儿看了很多医生,也无法确定她哭闹的原因,每个医生给的都是同样的、标准化的建议。于是我只好重新学习,重新领悟科学的含义。

作为一名看护者,具有科学精神非常重要。我不是要求你被动地全盘接受其他人的研究成果,而是希望你能保持好奇心,在困惑和自我怀疑中跋涉,尽管有时你会感到极度的孤独。你首先得相信自己的观察,让它引导你。研究报告反映的是整体的情况——而且有时样本也不具有代表性——而你的孩子是独一无二的。

[①] National Childbirth Trust,英国国家生育信托基金会,为即将生育的女性提供产前课程。——译者注

解码童年：
塑造孩子未来的科学指南

本书将会告诉你目前最新的科学发现——孩子的身体和大脑中可能正在发生些什么；本书也会探讨孩子的发展规律；本书还会回顾一些有趣的研究，并讨论这些研究的意义。但是，本书不会告诉你如何养育孩子，毕竟每个孩子的养育方式并不相同。很抱歉！

本书会让你感到宽慰，因为就像所有优秀的科学家一样，父母也是在失败中成长。 你的每一次尝试并不一定都能奏效。你会走进一个死胡同，然后绞尽脑汁地去想新的方法，但只要你能保持创造力，保持冷静，观察孩子和家人发生了什么，你就能找到解决之道。一切都不会太晚，只要你愿意改变。

这本书所呈现的研究对象的年龄跨度很广，从子宫内的婴儿期开始，到青春期，再到20来岁这个年龄段结束。研究的问题也非常多样，你还会了解到，为什么孩子比我们想象的要善良，为什么社会风险因素会让青少年铤而走险，为什么新生命的到来会永久地改变父母的大脑，为什么孩子吃饭睡觉是个大难题，能让父母高声咆哮。

但本书首要关注的是多样性、不确定性和可能性，因为每个孩子都是不同的，每个家庭也是不同的，而且孩子在成长的过程中也一直在改变。 这本书会时常提醒你，不要被那些博眼球的标题或是时下最流行的育儿"方法"左右，而要对孩子保持好奇心，用你所观察到的、所体悟的来指引自己。

父母的大脑

有了孩子之后，我们会发生改变。不仅仅是生活方式的改变，

引言
你唯一需要的育儿指南

比如"以前我从没在晚上 10 点之前睡过觉""以前我的衣服都是高档货",大脑的工作方式也会改变。

人们常说"一孕傻三年",严重的睡眠不足确实会造成新手父母们记忆衰退,他们的大脑跟其他成年人的大脑也的确有所不同。无论父亲还是母亲,只要在孩子出生后的最初几天或几周内照顾孩子,那么驱动行为的神经结构和传递信息的化学物质就会发生剧烈变化。哪怕孩子是领养的,而非亲生的,也同样如此——不是生育改变了大脑,而是为人父母的责任感改变了我们的大脑。[3] 在养育过程中变得活跃的脑回路,在我们照顾他人时会同样活跃,无论我们照顾的是儿童还是成人。[4] 只不过养育孩子——特别是非常小的婴儿——对于我们大脑中负责照顾他人的区域来说,训练的强度更大,频率也更高。

看护者全心全意地照顾着孩子,因为这些高强度的训练,他们的大脑会增长,前额叶、顶叶、中脑、下丘脑、黑质和杏仁核会变大。所有这些都表明,当我们成为父母后,我们会学习新的、复杂的、情感驱动的行为。[5]

令人恼火的是,父亲的相关情况是科学研究的盲点。在研究父母大脑变化的实验中,绝大多数被试都是母亲。但有限的数据表明,父亲的大脑体积和结构也会发生类似的变化。而且,在其他哺乳动物的研究中,更多时候是以雄性动物作为被试,这些研究表明,只要是双亲养育后代的物种,父亲的大脑都会因为养育而发生改变。

以催乳素为例,催乳素是一种能促进哺乳期母亲分泌乳汁的激素(因此得名)。但这个命名方式并不准确,因为催乳素的作用远不止催乳。比如,对于绝大多数哺乳动物而言,父亲也能分泌催乳素。无论性别是什么,催乳素都会促使大脑产生一些剧烈的变化。特别

解码童年：
塑造孩子未来的科学指南

是，它能促进新的神经结构极大地增长，随着孩子的出生，这些结构可以连接起来并形成一定的形状。孩子出生后，所有哺乳动物的父母都会长出许多新的神经元。在接下来的几个月里，他们会修剪这些神经元之间的连接，以便让婴儿（幼崽）的样子、气味和声音在大脑中留下印记，促使父母产生新的行为。了解孩子的特征，并与孩子"建立连接"就是一个修剪神经元连接的过程，而催乳素则相当于肥料，是它让神经结构生长起来。

如果科学家阻止或破坏雄性大鼠分泌催乳素，这些"新手爸爸"就会永远辨认不出自己的幼崽。大鼠是双亲共同抚养后代的物种，但催乳素的缺乏会让父亲忽视自己的职责。[6]如果大脑中负责处理记忆的区域——海马回（海马回也需要处理由催乳素诱发的新的记忆）受到损伤，那么雌性大鼠也会忘记自己的职责。也就是说，如果父母无法了解后代独特的特征，那就不会付出额外的努力去养育后代。

事实上，当我们成为父母后，我们对孩子情绪信号的反应方式会发生变化。如果是没有孩子的人，他们的大脑对孩子的笑声反应更强烈，而有孩子的人则对孩子痛苦时发出的声音反应更强烈。也就是说，一旦要全心全意地照顾孩子，即使是以前不想听到的声音也会变得不容忽视。[7]

为什么我们愿意半夜从温暖舒适的被窝里爬起来，去安抚哭闹的小家伙呢？这是大脑中丘脑和扣带皮层相互作用的结果。这个神经通路从丘脑那里获得信号，这个过程就相当于一个接线盒，当父母察觉到不对劲时，它能让父母提高警觉、采取行动，然后将信号传递至能促进记忆和学习的扣带皮层。目前的数据表明，如果孩子遇到困难、危险，它会促使我们采取行动，而如果孩子没什么不对劲，父母的感觉就会比较好。丘脑会收集关于孩子情绪状态和大人

引言
你唯一需要的育儿指南

行为的数据,而扣带皮层则会筛选这些数据,并按一定的模式存储下来,比如"让宝宝仰卧着,会让她叫得更厉害""他喜欢吸尘器的声音!"。久而久之,父母只要一听到孩子哭,立刻就能反应过来如何处理最稳妥。

几十年前的研究发现,如果给新生儿父母注射睾酮的话,他们对孩子哭泣声的反应会更快、更强烈,照顾的时间也更久。荷兰莱顿大学的彼得·博斯教授招募了16位母亲作为被试,他先给被试注射了睾酮,然后请她们躺进核磁共振成像仪听自己孩子哭声的录音;第二种情况,他先给被试注射了安慰剂,然后再请她们躺进核磁共振成像仪听孩子哭声的录音。研究发现,在第一种情况下,被试丘脑皮层回路要活跃得多。[8]睾酮具有神奇的效力,能让父母竭尽全力地帮助他们的孩子。

我们非常乐意照顾孩子。当孩子(幼崽)以灿烂的笑容回报父母时,人类和其他哺乳动物的阿片受体都会感受到巨大的冲击。[9]尽管抚育后代的过程非常艰辛,但其回报却是巨大的。而且随着孩子年龄的增长,养育也会容易许多,部分原因是孩子的需求不那么强烈了,同时父母也能摸索出哪些方法管用,哪些方法不管用。

一旦为人父母,我们就开始了学徒生涯。无论是自己生育的、领养的孩子,还是继子女,只要是在照顾孩子,那就是学习和成长。你的大脑必须建立新的连接,同时大脑会分泌出更多的神经递质,大脑得处理这些神经递质,并对新的感觉信号做出回应,形成新的行为。成长的不仅仅是孩子,要想塑造好一个人,你也得花时间提升自己。这是一项艰巨的任务,我们不妨接受别人诚恳的帮助,不必一个人扛下所有的责任。

解码童年：
塑造孩子未来的科学指南

这不是一本只给妈妈看的书

　　这里，我还想说点题外话，所有妈妈们，注意了！

　　听起来挺令人兴奋的，不是吗？多少年来，妈妈们在职场上总觉得低人一头，可现在却有种扬眉吐气的感觉。现在有各种各样的母亲养育沙龙，有专门的网站，"得到万千妈妈认可"的产品，价格也比一般产品要高。不知怎么回事，现在母亲身份似乎让我们得到了从未有过的尊重。当然，总有些人认为"妈妈"这个词和"白痴"是押韵的，想想看，英语中"mother"作动词是照顾的意思，而"father"作动词则有"创造"之意。人们普遍认为，养育子女是母亲的责任——孩子教得好，那是母亲的功劳；孩子不成才，那也是母亲的过错。爸爸好像只是捐献了一些精子，然后就神秘地"消失"了。

　　我并不是说所有的爸爸都是如此，也有很多爸爸全心全意地照顾着自己的孩子、爱孩子、尊重孩子，有耐心、有方法。我的初衷是我们得改变一些说法和做法。我认为，现在我们应该利用 m 打头的这个单词 mom 的力量彻底改变现状，我们不妨改一改"妈妈与我（mom and me）"这样的团体名称，让它更具包容性，让爸爸们知道，我们欢迎他们的加入。

　　在英国，夫妻共享产假方案实施才没多久，而且休产假的绝大多数雇员仍然是女性，但如果我们真的想实现夫妻共同抚育孩子，那我们就应该抛弃传统的角色分工。我们应该呼吁改变，让工作更具灵活性，采取兼职、轮岗等方式，给需要照顾子女的父母提供一

引言
你唯一需要的育儿指南

定的便利。这虽然不利于雇主,却有利于雇员,我们应该呼吁男性积极地加入育儿过程。

妈妈们,我们能做到这一点。好处是也许以后我们不会再因为孩子这样那样的问题而受到指责了。尽管大量研究表明,丈夫拿的工资比妻子多得多,做的家务活却比妻子少得多,但这种情况不应该再继续,夫妻早就应该共同承担责任。

下面我们将要进入这本书的主题。孩子复杂多变,常常让人灰心丧气,可他们也常常让人欢喜。

第 一 章

我的孩子是个外星人

Little Aliens

为什么有些物种要花上很多时间和心力来孕育、哺育后代？为什么乌龟和鲨鱼一出生时就具有自主生存能力，而人类却要花上十年、二十年的时间才能"离巢"？

地球绕着太阳转了280天，小生命在他的生命维持系统——妈妈的子宫中也漫游了280天，现在，他将离开那处温暖的所在，第一次呼吸到地球的空气。他从未有过这样陌生的体验——陌生的电磁波谱、视觉感受器接收到的新鲜刺激，让他的大脑皮层应接不暇。空气中的振动到达听觉感受器，这种奇妙感觉他从未体验过。离开了子宫里羊水的外部支撑，他觉得这里的空气冰冷无情，只能徒劳无力地挥舞着小手、蹬着小腿。地球似乎很不友好，以前妈妈的子宫可以过滤来自这个陌生世界的一切图像、声音和感官刺激，可现在那扇门已经关闭了。陌生的空气环绕着这个新的生命，他害怕地吸了一大口气，哇哇大哭起来。

抱歉，这样描述似乎有些夸张，但只有如此，我才能让你明白，对于人类的新生命而言，这个世界真是令人陌生。根据联合国儿童基金会的数据，每天有超过30万个新生命来到地球，呼吸着地球的空气，而他们却只在刚出生的一刹那，会因为极度的恐惧而嚎啕大哭。

鱼和熊掌不可兼得：与青蛙、乌龟、鲨鱼和鸟类相比，哺乳动物需要花更长的时间和更多的精力来孕育新的生命：不仅去哪都得带着子宫里的胎儿，为他们提供食物，通过胎盘处理他们所产生的废物。孩子出生后，还要花更多的精力哺育孩子，只要是哺乳动物，

第一章
我的孩子是个外星人

无论是小狗还是小马，小熊还是小宝宝，都不会寻找食物，也无法消化成年人（成年动物）的食物。这个阶段的婴儿（幼崽）无法实质性地感知或体验这个世界，他们完全依赖哺育者。物种不一样，依赖时间的长短也不一样，从几个小时到几个月不等。他们得学会走、学会看、学会听。依赖的时间越久，这个物种就越"晚熟"。乌龟是"早熟"动物——它们几乎一出生就能自主生存。小马驹也比较早熟：虽然也要喝上几个月的母乳，但它们出生后几分钟就会看、会听、会走。猫科动物整体而言比较晚熟，它们出生时实际上既看不见也听不到，前几个星期也不怎么会爬。而人类则是最晚熟的物种之一——虽然跟其他哺乳动物相比，不知道为什么，人类新生儿的听力要好很多。无论是早熟物种，还是晚熟物种，抑或是介于两者之间的物种，新生命总要花上几个月的时间来适应全新的环境。

那为什么有些物种要花上很多时间和心力来孕育、哺育后代呢？为什么乌龟和鲨鱼一出生时就具有自主生存能力，而人类却要花上十年、二十年的时间才能"离巢"呢？

主要有两个原因：**第一，适应性。** 如果某个物种的新生命在刚来到这个世界的时候，大部分行为已经发展成熟，那就意味着，它们最理想的生存环境也就是它们父母所生存的环境。反过来，如果一个物种的后代只能通过经验来发展感官和行为，那么只要它能在头几个月或者头几年存活下来，那将来即使在不同的环境中，它也能茁壮成长。简而言之，新生命的大脑越是发育不完善，它将来适应并占据新环境的可能性就越大。

第二，人类胎儿在子宫内的大脑发育也受到女性身体的限制。 和其他哺乳动物相比，人类的骨盆特别窄，这是直立行走的结果。婴儿头部必须适应骨盆的大小，总之我们要牺牲一些东西，既然进化的结果是让母亲活下来，那么新生儿的大脑只能是发育不成熟的大脑——虽然跟骨盆相比，它也小不了多少，这也是剖宫产等介入手段每年能够挽救成千上万产妇生命的原因。

进化就是要实现最优化：人类想直立行走，看得更远吗？那只能让你们的孩子最初花上三个月的时间来搞清楚他们的小手在哪。我不知道你怎么想，但我觉得这个交易很合算，这并不仅仅是因为挥动着小手小脚的宝宝看着特别蠢萌。

新生儿来到这个世界时，大脑"一片模糊和混乱"[1]，那他是如何感知这个世界的呢？只要一年的时间，他的感官就能有条不紊地工作、不断地发育，直至成年——这也是本书第一章要讲的内容。

了解地球

孩子在弄明白自己是谁之前，需要先弄明白他们所生活的世界。我们成年人会觉得这有悖常理：我们对于世界的判断应该是以自我意识为基础啊？这个比我大，那个比我小；这个离我近，那个离我远；这个好闻，那个难闻。

但事实是，哪怕是进入青春期的孩子，感知世界的方式也跟我们不一样。他们可能会觉得自己一无所知、笨手笨脚或者无所适从，这是因为他们对于世界、对于自我的感知还在发展中。**他们需要大概20年的时间才能成年，而这个世界的运作方式却是由我们成年人设计的。**因此，在生命的头20年，孩子的任务非常艰巨，要发展视觉、听觉和对自己身体的感觉。他们还要学会分辨，在源源不断的感官数据中，哪些是重要的，然后还需要很长的时间才能学会判断

第一章
我的孩子是个外星人

发生了什么,才能明白自己是谁。

有些能力在我们成年人看来再平常不过,比如深度知觉、理解不同的声音、知道自己的身体在哪、知道身体在做什么。婴儿在刚出生时,这些能力发育得最不完善,他们需要几个月的时间才能开始学习这些能力。相比之下,新生儿的味觉和嗅觉在妈妈的子宫中已经得到了很好的锻炼。我们会在第二章深入探讨化学感觉这个问题,这一章主要是关于对于婴儿而言最为陌生的体验:视觉、听觉和对自己的感觉。

什么是感觉?你或许会说,老师讲过人有五种感官:我们对于世界的认识离不开五种感官,按重要性排序,依次是视觉、听觉、触觉、味觉和嗅觉。如果你接受的教育比较跟得上时代的话,你还会补上本体感觉——肌、腱、关节等运动器官本身在不同状态(运动或静止)时所产生的感觉。

但是生命(生物学)不是那么简单。感受器有许多功能,耳朵不仅能听到声音,还能帮助我们感知空间关系和运动状态。视觉可以推翻我们的本体感觉,比如我们会误以为眼睛看到的橡胶手是自己的手,或者明明是一样重的物体,我们却误以为那个较大的更重。听觉也会影响视觉:研究表明,如果屏幕闪了两下,与此同时,被试听到三下哔哔声,他们就会因此断定屏幕闪了三下。

这是因为感知不仅仅是眼球、耳孔或是皮肤接收信息的过程,也是大脑处理信息的过程,它由三方面的因素决定:感受器、知觉显著性和综合性。

感受器是我们身体的某些部分,它们能把物理刺激(振动、电磁激励、运动)转换为大脑所处理的神经信息。以听觉为例,内耳毛细胞振动能释放出离子,从而激发听觉神经。在我们的视觉系统中，视网膜上的视杆细胞和视锥细胞能将光子转化为神经信息。而深度视觉则离不开眼周肌肉的反馈：当你注视着某个物体时，你的视线的交叉程度会告诉你这个物体离你有多远。

你现在就可以试试看：把手指放到面前，两眼盯着手指，过一会儿再望向远处，如此交替反复。当两眼盯着手指时，你会感到眼周肌肉是绷紧的；而望向远处时，眼周肌肉则是放松的。我们的大脑就是利用肌肉的舒张收缩程度来判断物体的大小、远近和移动的快慢。本体感受器在我们的身体中分布得更广，耳朵、皮肤、肌肉和关节处，甚至视觉系统中都有本体感受器。

但感受器只是处理外部世界信息的第一个阶段。人类能看到东西实际上是一个复杂的、多方面相互作用的过程：光落到视网膜上，神经探测器发现简单的形状、重要的物体、重要的特性（比如移动的状态、明暗）。我们也会无意识地插入一些虚构的内容——如果大脑判断信息有缺失，它会补上缺失的内容。举例来说，我们看东西时，视线会进行小小的跳跃，也就是跳视，跳视每秒钟会发生三次。眼睛跳视时，大脑会丢弃从视网膜传送过来的最新信息，这样我们眼中的世界看起来就是稳定、流畅的画面，而不是卡顿的3赫兹画面，因为大脑把空缺的部分给补上了。为什么快速翻页时会产生动画片的效果呢？为什么我们可以欣赏3D电影呢？这是同样的道理——快速翻动大量的静态图片会让人觉得图像动了起来。人类的视觉系统跟照相机的工作原理可不一样，更像是电影摄影师、导演和剪辑师的共同作用。实际上，剪辑师会按照我们眼睛跳视时大脑会过滤一部分信息的特点来剪辑影片，这样即便在某个场景中拍摄角度反复变换，观众仍然能够轻松自在地欣赏到流畅的画面。[2]

除了感受器和先期处理器，我们的大脑还会进一步地过滤不显

第一章
我的孩子是个外星人

著的信息。就跟我的电子信箱一样,感受器发送给大脑的数据是如此之多,以至于它无暇处理所有数据,必须过滤掉一部分。显著信息探测器就跟邮箱的垃圾邮件探测器一样,能使我们免受无用或无关信息的干扰,把注意力集中到重要的信息上。

我们的视觉系统在感觉过程的早期阶段就能够判断出原始数据是否具有危险性或威胁性:看到蛇和蜘蛛的图片,还没等我们反应过来图片里的动物是什么物种时,它就已经触发人类的自主反应,比如心跳加速、手心出汗,而树木花草的图片则不会产生这种效果。但偶尔我们仍然会错过一些显著信息。举例来说,在著名的"看不见的大猩猩实验"中,研究人员要求被试记录两个篮球队来回共传了几次球,于是被试目不转睛地盯着摄影机中的篮球,却没有注意到有个穿猩猩服的人走上场,捶了捶胸,接着又走下场。这并不是视觉在犯错——被试只是太关注某一特定的对象,专注于眼下亟待完成的任务而产生了非注意盲视。

我们的听觉同样如此,它通过"内部混音台"来判断哪些信息值得关注,能说明这一原理的最常见的例证就是"鸡尾酒会效应"——在嘈杂喧闹的晚宴上,你突然听到大厅的那一头有人提到了你的名字。说话人的嗓门并不比其他人的嗓门大——实际上,他的声音或许还要低一些,毕竟在人背后评头论足终归不是什么光彩的事——但你的听觉之所以对特定的压力波动模式反应特别强烈,是因为该信息对你而言很重要,是显著信息。在出生后的头几年里,孩子们的注意力一直被那些异乎寻常、出乎意料的东西所吸引,显著信息过滤器会得到持续的发展,直到他们能更了解这个世界。正如作家威尔·斯托尔所言:"过去的经验决定了我们能看到什么。"[3]

孩子们对于这个世界的经验是如此有限,他们会如何感知世界

解码童年：
塑造孩子未来的科学指南

呢？研究表明，孩子们也很努力地想把他们的注意力转移到大人眼中的显著信息上，比如大人让孩子把扔掉的鞋捡起来，或者叫孩子别再玩平板电脑。孩子们并不是假装没听见大人的请求和指令：只是与他身处的环境中的其他信息相比，大人的信息还不够显著。

孩子的年龄越小，你就越难让他注意到你。有研究表明，要想让学龄前儿童听明白父母或老师说什么，那他们的声音至少得比背景噪声高上 10 个分贝，顺便说一句，该研究的标题非常幽默，叫作《婴儿的鸡尾酒会效应》[4]。和孩子相比，大人的显著信息探测器非常敏锐，能帮助我们听到轻微声音的重要信息，而孩子的显著信息过滤器则比较迟钝，注意力很容易就会被吵闹的或者出乎意料的东西分散。有时这挺让大人沮丧的，但偶尔也会让人觉得很美好，比如我带 18 个月大的女儿去超市，她坐在高高的购物车里，对很多东西都好奇得很，小手不停地指这指那。我只能耐心地先把购物清单上的东西买完，她说什么我就跟着重复一遍——在第六章中，我们会具体谈谈父母重复孩子的话对于语言学习有何好处——想要教会孩子语言，这是尤为重要的一部分。"超——超——莓！""是的，宝贝，好吃的草莓。""橙子！""没错，又甜又多汁的橙子！""大象！""嗯，宝贝儿，一只漂亮……的……什么？哪里有大象？""大象在香蕉里！"我定睛一看，确实有个被人丢弃的大象玩具躺在香蕉堆里。没了购物清单的羁绊，一岁半的女儿可以随心所欲地东瞧瞧、西看看，我有时会很怀念女儿那么大的时候，她会把"pigeon"说成"pijishins"，把"bicycle"说成"bishisicles"，很有趣。随着年龄的增长，她的关注面会越来越窄，也更加适应成年人的世界，她能帮我找咖啡、找玉米片，但或许我们再也不会发现黄澄澄的香蕉堆里躺着一只离群的大象。

第一章
我的孩子是个外星人

学会看

女儿三岁的时候,她的过滤器已经能筛选出我们认为重要的信息,如果她能注意到这些信息,我们就会奖励她。我在前文中说过,这是晚熟物种特有的优势:信息过滤器的发展能让孩子们适应不同的生存环境,无论他们是生活在森林、农场还是平原上。

孩子们所经历的这个发展过程赋予了他们极强的适应能力,不过令人惊讶的是,新生儿的头颅有相当一部分已经被视觉系统所占据。新生儿的眼球直径已经达到成年后眼球直径的三分之二,大脑的视觉皮层也已经就位:人的头颅可谓"寸土寸金",但它却特别优待视觉。别忘了,新生儿大脑尺寸的极限是人类产道的宽度,进化决定了它不能想长多大就长多大,为什么视觉系统会占据那么多空间呢?

这或许是因为婴儿很早(至少跟大部分哺乳动物相比)就会注视人脸。虽然新生儿的细粒度视觉很差,但他们可以追踪具有强烈反差的图案,而且尤其擅长注视人的面部,甚至能盯上几个钟头。但他们看东西的方式跟我们成年人全然不同。婴儿能很快识别出谁跟自己有血缘关系(出生后几小时或几天不等)。或许正是因为我们在其他方面很晚熟,所以在人脸识别方面非常早熟——婴儿只有依赖跟自己有血缘关系的人才能生存下去,因而他们必须尽早认出自己的亲属。尽管如此,相较于其他灵长类动物,婴儿却要花上更多的时间来发展视觉系统。

比如视敏度,即眼睛分辨物体细微结构的最大能力。国际标准

解码童年：
塑造孩子未来的科学指南

视力表（也叫斯奈伦视力表）测量的是线条得有多粗，你才能看清楚线条所形成的形状（不同的 E）。实际上，斯奈伦视力表还有其他版本，是专门为不认字的孩子设计的，用的是小船、皮球和小熊的图案。一个人的视敏度越高，他能看清楚的行数越多，能分辨出形状的线条越细。

孩子不仅视敏度没有大人高，而且至少要等到上幼儿园才能看清楚视力表上的小字母。滑铁卢大学教授苏珊·利特与她的同事们回顾了过去 30 年的相关研究发现，至少要到 5 岁，孩子的视敏度才能达到跟成年人相当的水平，有的甚至要到 10 岁出头。与二三十岁的成年人相比，15 岁以下的孩子需要的是较低的空间频率（更粗的线条）。这跟眼球没有关系，而是因为大脑皮层发展处理较细线条的能力需要时间。就空间频率而言，15 岁左右的孩子的大脑活动仍然比成年人要弱。[5]

而且，十周以内的新生儿所看到的世界是平的——或者说至少他们看到的世界跟成人看到的不一样，是没有深度的。三维视觉要到孩子三个月大甚至更晚才会出现，而且个体开始发展的时间也有很大差异。在某项实验中，研究人员先是在婴儿的双眼前放置同样的图片（二维图像），然后在每只眼睛前放置略有些不同的图片（任何能够通过双目线索感知深度的生物，都可以把这两张图转换成三维图像），结果发现，在这两种情况下，婴儿大脑的活动没有差异。这意味着，三四个月大的婴儿无法感知深度。

我们大人完全无法体会那是怎样的感受：婴儿在他的世界里根本无法判断东西的大小或远近。[6] 他们得无数次打翻吸管杯，才能慢慢明白这个道理。视觉神经通道对于空间的感知只有通过反复尝试，才能得到发展。

第一章
我的孩子是个外星人

三个月左右的婴儿开始从环境中获得线索——这时他们通常已经足够强壮，会伸手抓东西了。婴儿伸手去碰泰迪熊实际上是一个数据收集的过程，通过这个过程他们想搞清楚三维空间是如何运作的。

深度直觉所必需的神经结构要在受孕后十二个月左右才会发育，那么婴儿三个月大时，眼睛是不是就能配合这些神经结构的工作了呢？还是说，婴儿在头三个月的经验——特别是头部的转动——促进了双眼视觉的发展呢？对于早产儿视觉的研究给了我们一些有意思的数据：研究人员扫描了三个月大的早产儿的大脑，结果发现，他们大脑中负责处理三维信息的区域所发出的神经信号，与三个月大的足月婴儿的神经信号一样强。[7] 也就是说，对于深度知觉的发展而言，经验比受孕后的实际年龄更重要。

就算过了最开始的试错阶段，孩子的大脑要想把视觉线索完全整合起来，仍然需要足够的时间。直到青少年时期，与视觉深度估算有关的大脑活动才达到最大强度：孩子们很聪明，直到大脑停止生长，神经信号趋于稳定后，才会完全依赖立体视觉来判断三维形状。[8]

如果你跟我一样戴眼镜，你也许会觉得，家里面那个又瘦又高的十几岁的孩子每经历一次急速生长，都得花上几天时间重新调整一番，才能抓准楼梯扶手。

孩子的视觉系统跟成年人的视觉系统还有一个显著的不同：我们具有明度（颜色）恒常性。明度恒常性是指当照明条件改变时，人体感知到的物体的相对明度（颜色）保持不变的特性。比如，白色的马克杯放到暖光下看起来颜色会发红，放到冷光下颜色会发蓝，但我们的大脑知道那还是个白色的马克杯。但明度（颜色）的恒常性不是生来就有的。正如我们无法想象一个扁的世界是什么样，我们同样也无法想象一个颜色变幻无常的世界是什么样，但这就是婴儿所看到的世界。我们已经知道，我们之所以能在照明条件改变的情况下，判断出物体表面的颜色和亮度并没有发生改变，这都是经验的结果。我们甚至可以教会电脑"看到"明度、颜色是恒常的，哪怕它们起初也会跟人类一样陷入视错觉。[9]

得益于最新的一些研究，我们才能知道婴儿多大时才能积累足够的经验——结论是六个月左右。杨家乐博士与她的同事让婴儿看交替出现的成组图像，在成组图像中，要么照明条件改变，要么表面颜色改变。他们发现，五个月大的婴儿既会注意到照明条件的改变，也会注意到表面颜色的改变，而七个月大的婴儿只会注意到后者。换言之，在七个月这个时间节点之前，婴儿的感知过滤器已经开始起作用了。[10]

但就算婴儿已经弄清楚了物体的位置或颜色，他们还需要一些时间来发展跟踪和预测运动的能力。主动视觉——也就是在场景中找到目标的能力——要到15岁左右才能跟成年人的水平相当。威斯康星大学麦迪逊分校的希瑟·柯克奥瑞恩教授与马萨诸塞大学的丹尼尔·安德森教授研究了婴儿、学龄前儿童以及成年人观看视频的方式，结果发现，人类观看移动场景的模式会随着年龄的增长而改变。[11] 他们剪辑了一些卡通人物玩接球、捉迷藏或跳蹦床的视频，在每个视频中，卡通人物都会因为剪辑而消失片刻，然后重新出现。

研究人员通过追踪成年人的眼球运动发现，成人会提前把视线移向卡通人物可能会重新出现的位置：这些20多岁的被试对简单的物理规律已经非常熟悉，因而能预判出卡通人物会在哪个位置出现。与之相反，一岁大的孩子眼球运动有些滞后，他们会"傻傻地"盯

第一章
我的孩子是个外星人

着卡通人物消失的轨迹。四岁孩子的策略则与前两者都不同，他们的视线会集中在屏幕中央，等到人物出现时，再小幅移动视线。研究人员认为四岁孩子的策略非常明智：跟一岁大的孩子不一样，他们知道剪辑会让人物的位置发生改变，却又不像成年人那样，能内化生活中简单的物理规律，并预测人物会在哪里再次出现。把视线集中在屏幕中央，这样就能确保眼球的平均运动轨迹最短。所以，如果你看到孩子盯着远处的某样东西，或者他们未能注意到重要却不明显的变化，很可能是因为他们需要一些时间，才能让眼睛跟得上变化。

我们不仅仅要搞清楚物体移动时，物体表面会有怎样的改变——我们还得明白自己移动时情况会如何变化。有趣的是，孩子在自己保持不动时很难搞清楚周遭的变化，移动时却很擅长在大脑中对场景进行重建。比如说，想要找到藏东西的位置，站起来绕着桌子走几圈比坐在那一动不动，看着桌子转圈要容易。移动不会分散孩子的注意力，而是让孩子多了一项认知负荷——处理移动时自身与外部的空间关系，这项负荷能让他们在大脑中想象物体是旋转的。相反，当物体移动而孩子是静止的时候，他们更难弄清楚物体移动到了哪里。[12]

即使是在静止的世界中，想要找到某样东西也要费一番功夫。我发现随着年龄增长，我找东西的次数也越来越多了，实际上，这种识别障碍在孩子身上最常见。这是因为与找东西相关的脑部活动需要15年的时间才能达到与成人相近的水平。牛奶明明就摆在面前，"看，我刚刚不是把牛奶放桌子上了吗——就在那！"可孩子偏偏就看不见，这很可能是因为他们的脑子还无法从混乱的场景中识别出牛奶。

解码童年：
塑造孩子未来的科学指南

　　孩子能注意到什么？我们又能感知到什么？我们不妨来做个类比，这就相当于一个受过专业训练的品酒师与一个葡萄酒爱好者之间的区别。我也许能说出来我喜不喜欢这瓶酒——或者它应该配什么食物，但我分辨不出它的具体成分，我甚至都不知道自己为什么会喜欢这瓶酒。而经过训练的品酒师能注意到我没注意到的东西，比如这瓶酒有红辣椒香气或是刚刈过的青草香。要想能有意识地从一个差不多的整体中过滤出某些特点、特性，时间和经验缺一不可。再说，你能分辨出你家十几岁孩子卧室里都有什么气味吗？

　　如果你希望孩子能快点学会找东西，我斗胆给大家推荐一个训练方法——电子游戏。科学家们以 114 名儿童和 47 名 18—22 岁的成年人为研究对象，要求他们在充满了相似图形的屏幕上找出所选目标，结果发现，后者比前者找到的速度要快得多。在受到一个相似形状干扰后，年龄大一些的青少年比年龄小的青少年重新定位的速度更快，而且能跟踪到的目标形状也更多。但是，无论年龄大小，打电子游戏的孩子都比不打电子游戏的孩子更快地找到目标，重新定位的速度也更快。[13]

　　不管打不打游戏，大多数孩子最终都要把视觉的三方面因素给整合到一起：感觉材料、知觉显著性与综合性。刚来到这个世界时，他们仿佛是小小的外星人，但他们很快就能克服这种"文化休克"。六岁时，孩子的视觉和听觉勉强能适应这个成年人的世界，虽然它们还要继续发展。到了十岁左右，孩子视觉和听觉的发展不像之前那么显著，但他们仍然在构建我们成年人习以为常的结构。孩子没注意到杯子脏了、需要洗了，没注意到地上的脏衣服，这也可能是因为他懒。但无论如何，我们得做好心理准备，这样的情况也许会持续很多年。孩子不一定是故意忽视我们的指令，即使进入青春期，

第一章
我的孩子是个外星人

他们也仍然是在一个陌生的世界中摸索着前进的外来者。

你听到的跟我听到的一样吗?

虽然孩子视觉的发展在头几年比较迅猛,但多数孩子在出生时已经具有了高度选择性的听觉。这使得我们在动物王国中独树一帜:多数哺乳动物出生时耳朵都是关闭的状态,而多数新生儿在离开子宫时已经对自己的母语有一些认识。这也许是因为语言对于人类而言至关重要。如果没有语言的社会文化影响,我们不可能形成规模庞大且相安无事(相对而言)的社会群体。听力的早熟是一种优势(尤其是在语言学习方面),大脑应该给听觉系统分配额外的空间。

与人体的其他部分不同,耳朵的大部分功能在出生前已经发育完备。受孕后 3 周,从一团几乎未分化的细胞中,出现了一个很小很小的凹点;受孕后 3 个月,视觉神经与仍在形成中的耳蜗第一次建立连接;受孕后 21 周,为尚未成熟的中耳和内耳提供保护的外耳道栓内部细胞退化吸收,形成管腔,成为外耳道的内侧段;离预产期还有 10 周时,人类胎儿几乎具备了听力所需的所有听觉装备,虽然在这之前,它已经能够感受到头颅外传来的振动。[14] 与之相反,很多动物(包括貂、老鼠和猫)出生时都有外耳道栓——也就是覆在尚在发育中的耳道上的一层细胞——而且是完整的。在出生后的几周或几个月,这些动物的听觉器官会继续发育,而外耳道栓不会消失。比如,貂出生四个星期之后才能听到声音,而刚出生几个小时的婴儿却能很熟练地从一片嘈杂声中分辨出语言。[15] 别看新生儿在出生之前从未听到过经由空气传播的声音,可他们却能分辨出语

解码童年：
塑造孩子未来的科学指南

言，听到人声时他们吮吸的频率也更快。他们是无与伦比的听觉天才，对于人类这种到了六个月大都不能自主进食的物种而言，这样的听觉真是太惊人了。

为什么很多物种的听觉发育会比较迟呢？其实这也不难解释，听觉的发展非常复杂，而且从代谢的角度来看，非常耗费能量。人类很独特，因为在我们呱呱坠地的那一刻，听觉器官就是发育完好的，显著信息探测器已经可以部分运转。我们的听觉装备极度敏感，所以它藏在身体最硬的骨头深处，即颞骨岩部。声波会途经很多骨头——听小骨——传递和放大振动波，经过耳道，耳道能传导和过滤声音。我们出生时就已经具备了这些生理结构，而且接近成年后的大小。

为了能听到声音，陆地动物需要发育出一套复杂的生理结构，包括充满了淋巴液的耳蜗，人类耳蜗内长有耳毛细胞，它极为纤细，甚至能探测到波长比氢原子直径还小的振动。[16] 究竟有多纤细呢？这么说吧，人的毛发的直径大概是 80,000 纳米，而耳毛细胞所能探测到的振动只有 0.06 纳米那么宽。我们不妨把毛发想象成奥运会标准游泳池那么大，那么耳朵能探测到的波的波长还不到一毫米的百万分之一。这是因为耳毛细胞一动就会打开极其微小的缝隙，能让离子流入听觉神经起始端的接收器。缝隙越大，离子的速度越快，这样我们就能听到不同的音调和音量。

但胎儿在子宫里经历的可完全不是这样的。一开始，羊膜囊里柔软而潮湿。声音在液体中的传播速度比在空气中要快，在液体中很难辨别清楚声源的方向——你可以问问在水下失去方向感的潜水员，要想判断轮船的马达声是从哪个方向传过来的是不是很难。

在子宫中，高频的声音被过滤掉，能传递进来的声音更多的是

第一章
我的孩子是个外星人

低沉的隆隆声。而且，母亲体内的器官也能让胎儿听到特别的声音。在整个孕期三分之二的时间里，胎儿的耳朵已经足够成熟，能听到外面的声音。妈妈怦怦的心跳声、消化食物的声音，混杂着汩汩声和隆隆声——30周大的胚胎听到的大多是这些声音，但羊膜囊也能传递妈妈的声音，虽然它被过滤掉很多。

如果上油管（YouTube）搜索"子宫噪声"，你会发现搜出来的声音包括很多低沉的心跳声和液体流动的声音，却很少能听到咯咯声和放屁声。费城儿童医院的乔安娜·帕戈-布林克医生指出，真正录下来的子宫里的声音"更多的是低频噪声和肠蠕动的声音"[17]。奇怪的是，准父母们似乎不愿意把孕晚期女性的典型的肠胃不适的声音当作哄孩子睡觉的白噪声。你猜这是为什么呢？

不管有没有放屁声，子宫噪声都能训练胎儿，因为它所具有的独特性和频率，让胎儿对人类的声音和母语特别关注。它的作用特别重要，研究表明，那些听子宫噪声（包括过滤后的母亲的声音）的早产儿与只能听到新生儿重症监护室声音的早产儿相比，他们大脑负责听觉的区域发育得要快得多。[18]

我们一生下来就有听力，这是进化给予人类的馈赠。新生儿能听到的主要声音就是语言。这是因为胎儿在子宫中的最后三个月里，一直忙着学习韵律。韵律指的是一个人的母语特有的节奏和语音语调。感谢科学家们在20世纪80年代做了一个构思极为巧妙的实验，我们才能知道婴儿生下来就能辨别母语的韵律。安东尼·迪卡思博教授与梅拉妮·斯宾斯教授请待产妈妈们从三个故事中选一个朗读——分别是《戴帽子的猫》《大雾里的狗》和《国王、老鼠与奶酪》。第一个故事是苏斯博士创作的；第二个是上面两位教授共同创作的，他们把《戴帽子的猫》改了些词，语言的节奏保持不变；《国

解码童年：
塑造孩子未来的科学指南

王、老鼠与奶酪》是南希·格尼的作品，这个故事的韵律跟前两个大不相同。每个妈妈每天要把她挑中的故事读两遍——到宝宝出生时，每个妈妈平均朗读的次数是 67 次。

宝宝出生三天后，这些勇敢的新手妈妈们又带着宝宝回到了实验室，她们把三个故事都给宝宝读了一遍，而这时迪卡思博教授和斯宾斯教授就来测量婴儿吮吸人造奶嘴的频率。吮吸得越快，就说明婴儿对听到的声音兴趣越大，用这种办法来了解婴儿的想法。

如果说婴儿对自己妈妈的声音比较感兴趣，那么无论妈妈读的是哪一个故事，他的反应应该都差不多。如果说婴儿在子宫里注意到的是语言的节奏，那么出生后对《戴帽子的猫》和《大雾里的狗》应该同样感兴趣。可如果婴儿注意到的是语调——妈妈声音的抑扬顿挫的话，那么他感兴趣的应该只有妈妈选中的那一个故事。事实表明，对于"以假乱真"的行为，婴儿完全不买账：他们在妈妈肚子里听到的那个故事，有着独特的音调的那个故事，才是显著信息。[19]

为什么语言的学习要抢得先机呢？这个实验给了我们一些启示。胎儿对于语调的关注其实是在为"组块"打基础——"组块"就是在一个连续的句子中，找出词语与词语之间的边界。组块出现偏差的话有时会闹出些啼笑皆非的误会。对我来说，"I'll have no ifs or buts"这句话一点毛病都没有。对我三岁的女儿来说，她得费力气把这句话给拆分开才能理解。一天晚上，她在听《公路老鼠》的 CD（我想让她听听歌赶紧睡着）时，她突然噌地一下坐起来，问我为什么伊梅尔达·斯汤顿说"sore butts（屁股疼）"（butt 是屁股的意思，孩子以为是"but"）。

多数三天大的新生儿就能够搞清楚自己母语中的单词是从哪里

第一章
我的孩子是个外星人

开始，在哪里结束。大家不妨联想一下自己在国外旅游的经历，当你到了一个陌生的国度，听到的是一种完全陌生的语言：想要在一连串的句子中找出词的边界真的是个巨大的挑战。研究表明，因为胎儿在子宫中听到了过滤后的语言，因此能轻松地找到母语中词的边界。在出生前听力训练给予了我们沟通上的先发优势，虽然语言的发展还需要一个漫长的过程。具体内容在后面的章节会有阐述。

我们对于声音的处理不仅局限于语言学习。非语言性的人的声音也是非常有效的社交线索，婴儿三个月大的时候开始学着解读非语言性的声音。科学家们用核磁共振成像（fMRI）技术扫描熟睡时婴儿的人脑，发现他们能从非语言性声音中解读情感。科学家给婴儿播放不同的声音，比如哭泣声、笑声和没有明显感情色彩的声音（打哈欠、打喷嚏），结果发现，婴儿大脑中负责处理情绪的部分只对哭泣声有反应。相比快乐，婴儿似乎能更早地识别悲伤的感情，这或许是因为他们已经能把自己的哭泣声与悲伤联系起来，但还不太会有意识地笑。[20]

声音不仅能帮助我们与其他人交流，还能帮助我们适应这个世界。随着时间的推移，孩子慢慢学会辨别声源的方向。胎儿在子宫中没有任何空间线索，因而无法将声音与方位联系起来。声音到达左耳和右耳会有一个非常细微的时间差，成年人主要是通过这个时间差来判断声音的方向。我们不规则形状的耳垂、头骨，甚至五官（例如鼻子），都会过滤或延迟一些频率的声波；对于来自不同方向的声波，会在不同频率进行反射抵消或加强，所以就能分辨出声音的不同位置。慢慢地我们就能把视觉和听觉整合起来，学会辨别声音来自哪个方位，这是一个无意识的过程。

跟大人相比，孩子还有一个很大的劣势：他们的耳朵跟成年人差不多大，但头却相对较小。对于成年人而言，声音到达两耳间的最大时间差是700微秒——这个间隔非常之短，大约只有眨眼的千分之一那么短。但新生儿能用来比对的时间差更短，最多只有420微秒，婴儿四个月大时的时间差是520微秒。[21]所以，孩子更难判断声音的方位，不仅仅是因为他们缺乏经验，也是因为声音到达两耳的时间差更短。

孩子的外耳和耳郭比大人的要小一些，所以他们很难判断声源的高度——无论是前方的、上方的，还是偏后方的声源。而且，孩子的耳朵、头部、整个身体一直在生长，因此身体的比例也一直在变。随之改变的还有视野和协调能力，要是孩子在快速生长期过后空间感比较差，你也不必大惊小怪：他们的大脑为了能跟得上更高配置的硬件，正在拼命地重新编程呢。重新校准听力只是他们所面临的挑战之一。

实际上，每经历一次快速生长，孩子都要重新调整：反应迟钝、行为笨拙是无可避免的，因为他们的大脑正在努力地适应变化。孩子的躯体感觉——他们的本体感受——也一直在追赶这种变化。鱼和熊掌不可兼得，我们的听觉发育得较早，身体的感知相对而言就发育得比较慢。

本体感觉

小马驹出生后几分钟就能独立行走，但人类却要用上很长时间才能获得平衡感、位置感、动作感觉和对身体的控制力。要想学会走路，婴儿首先得了解自己快速生长的身体。

第一章
我的孩子是个外星人

写这本书时我家女儿三岁，无论我们做什么她都想帮忙。她喜欢收拾东西，喜欢用她的厨房玩具给全家人"做饭"，做这些事可把她高兴坏了。她打算给我做炸鱼三明治和果酱三明治，不过我还没尝到，万一她哪天真的做出来了，我想我还是礼貌地拒绝为妙。这个可爱的小人儿是出于一片好心，但她经常"好心办了坏事"。她会把大的堆到小的上面，杯子、碗碟里的液体经常多得溢出来，昨天晚上我还看到她把 U 盘往错误的电脑接口上插，于是我就在旁边等着，瞧她多久才会搞明白那个小插口压根对不上 U 盘的大接口。

这么做并不是因为我觉得好玩（其实也挺好玩的），我只是想看看她能不能搞清楚物体的相对大小，这可是儿童发展过程中非常重要的一步。孩子很不擅长判断物体的大小，部分是因为他们对自己的身体没什么概念。成年人的身体尺寸基本不会改变，所以我们会用一把、一捧、一臂的长度作为衡量尺度。而孩子的身体一直在快速生长，所以他们经常得试了才知道结果，比如，他们能不能挤进或者够得着某样东西。

弗吉尼亚大学的朱迪·德罗克教授和她的同事们设计了一个非常有趣的实验：实验对象是 54 个学步期儿童，实验器材包括一个足够大的滑梯、一辆足够大的玩具车和一把适合他们坐的儿童椅。研究人员把孩子从房间带出来，先让他们玩了一会儿，然后把器材拿走，换上袖珍版的滑梯、玩具车和椅子，大概只有 10 厘米高。

我们不妨来看看科学家们描述的这些孩子们有多搞笑：

> 一个 21 月龄的宝宝对滑梯的大小判断失误，她辛辛苦苦地爬上去想再滑下来，却没料到这是个不可能完成的任务。

解码童年：
塑造孩子未来的科学指南

一个24月龄的宝宝打开迷你小汽车的门，一而再，再而三地想把脚伸进汽车里。

一个28月龄的宝宝边往下坐，边瞅着两腿中间，想要准确判断出椅子的位置。[22]

研究中有大概一半的孩子都"傻乎乎的"，以为袖珍版玩具跟普通玩具一样大，很明显，他们想玩这些玩具。实际上，他们甚至都没觉察到研究人员换了玩具。有很多两岁半的孩子也会对玩具的大小判断失误，虽然他们已经积累了30个月的经验。

其实想想学步期儿童身体的成长速度，再想想他们有多缺乏掌控身体的经验，就不难明白他们为什么会犯错了。这个实验让我们清楚地认识到，和成人相比，学步期儿童对于这个世界的感受有多么陌生。我们会觉得，只要眼不瞎，就能看出来那个玩具汽车太小了，但孩子往往需要实践后才能知道结果。

在接下来的几年中，孩子逐渐明白自己的身体与其他物体大概的比例，但想要确切地知道四肢的长度，还得再过几年。人类的身体成长期特别之长——大概要十二三年的时间，其副作用就是孩子的本体感觉是一直变化的，以适应持续的生长。他们要不断地从肌肉、皮肤乃至关节获得反馈，并将反馈信息与视觉系统所接受的信息统合起来。即使进入了成年阶段，我们的本体感觉也会改变——这是好事，因为成年后身体依然会改变，比如我越来越粗的腰线、越来越多的身体小毛病就是最好的证明。

"橡胶手错觉"实验清楚地说明了我们的本体感觉是可塑的。实验是这样进行的：被试坐在桌子前，将一只手隐藏在一块板后面，同时在被试面前摆上一只能以假乱真的橡胶手臂。

第一章
我的孩子是个外星人

研究人员先是用刷子同时触碰真的手和橡胶手,触碰时间从几秒钟到一分钟不等,动作完全同步,但受试者眼睛只能看到橡胶手的状态。一段时间后,受试者开始把橡胶手这边的"视觉"与真的手感觉到的"感觉"联系起来。[23]

被试把橡胶手当成了真的手,他们太当真了,以至于看到研究人用锤子敲打橡胶手时,他们会把手缩回来,甚至会尖叫。这个把戏很适合在派对上玩,前提是你得提前准备好橡胶断肢和钝一点的工具。你猜结果怎么着?再也不会有人请你参加派对了。

"橡胶手错觉"实验不仅适合搞恶作剧,也很好地说明了我们的本体感觉是如何发展的。人的感觉是可塑的,因此才会产生这种错觉,也正因为人的感觉是可塑的,孩子才能适应快速生长的四肢。做父母的常会遇到这样的难题:夏季学期还有两周就结束了,孩子又长得特别快,是给他买身新校服呢,还是让他将就一下,穿着短一截的裤子去上学?哈,注意,是夏天。让身体跟新鲜的空气多点亲密接触也挺好,是不是?

孩子是怎么把他看到的与感觉到的统合起来,从而形成自我感的呢?人类和其他灵长类动物都有一组神经细胞,是专门负责跟踪身体位置的,它们能把眼睛所见与肌肉和关节所发出的信号统合到一起。[24]普林斯顿大学的迈克尔·格拉齐安教授和同事们以猴子为实验对象,做了"猴子版"的橡胶手实验,并记录了猴子大脑中神经元的活动。研究发现,猴子们看到橡胶手臂被移动时所激发的神经元与移动自己的真手臂时所激发的神经元是一样的。人和猴子的大脑中都有这些神经元,它们把我们所见到的与所感受到的"匹配起来",从而形成一种自我感。这些神经元很快就能明白,看到手臂处于某个位置就相当于感觉到手臂处于某个位置,不过忘得也很快。我们的本体感觉之所以会变化,很大程度上是由这些"不安分的""神出鬼没的"神经元所决定的,它们的连接来得快,去得也快。

但与成人相比,青少年有一个很大的劣势:这些神经元统合多种信号的能力比较有限。辛辛那提儿童医院医学研究中心的凯瑟琳·考特曼-耶茨教授翻阅了相关的研究文献,想弄清楚为什么青少年(10—19岁)比10岁以下的孩子和19岁以上的年轻人受伤的概率更高,结果发现,这并不是因为青少年运动得更多,或者运动方式更激烈,而是因为他们大脑中有很多神经系统还没发育成熟,可运动能力已达到一定水平,因而更容易发生事故。[25]

举个例子,前文中我们讲到,15—16岁青少年的视觉系统仍然在发展,他们还不能像成人那样处理移动数据。而且,11—14岁孩子处理从关节、肌肉和皮肤传递回来的移动数据要花费更长的时间。更多研究显示,11—14岁孩子的内耳正在趋于成熟,他们的大脑需要时间来适应前庭系统传递的、有助于他们感知空间位置的新数据。青少年身体和大脑中的神经元,要到22岁才发育成熟。你看孩子恍恍惚惚的,多半是因为他有些搞不清自己的位置,搞不清方向。

在任何年龄段,我们都在不断整合视觉和本体感觉的线索——这些线索来自绷紧的肌肉、内耳和它们的定位——我们的自我感也在变化。但孩子对于来自关节、肌肉、内耳和眼睛的线索的倚重与成年人不同:孩子首要依赖的是视觉,还需要很长时间才能学会处理来自关节的信息。

20世纪70年代,心理学家们做了一个非常简洁的实验,他们请被试坐在或站在一个房间的地板上。这个房间看起来与普通房间并无二致,有趣的地方就在于,房间的屋顶和墙壁都是吊起来的,

第一章
我的孩子是个外星人

跟地板是分开的，会朝各个方向摆动。如果墙面往前摆，那你的眼睛会误以为身体在前倾，因此你想往后靠。同理，如果墙往后摆，你的身体也想往前去——虽然你的肌肉和内耳并没有收集到任何运动数据。在本体感觉中，似乎视觉信息的"嗓门"更大，但肌肉、关节和耳前庭数据通常能把它的"大嗓门"给盖住，这样你才不会跌跌跄跄、歪歪扭扭，或者一屁股坐在地上。

研究人员又重复了一遍这个实验，这组被试是年龄较小的孩子，结果发现，他们的反应似乎完全是由视觉系统决定的。[26] 对于只会爬或者刚学走的孩子来说，房间的视觉影响最重要：26% 的宝宝们身体会前倾或后倾，23% 的宝宝们会歪歪扭扭地挪动小脚（小手），让人大跌眼镜的是，33% 的宝宝们干脆直接摔倒在地上。

圣卡洛斯联邦大学的丹妮拉·戈多伊教授仔细研究了 4—14 岁孩子对于视觉信息的倚重程度，结果发现，随着年龄的增长，孩子身体倾斜摇晃的程度会越来越小，在判断空间方位时，孩子对于视觉的依赖会逐渐减少，对于耳朵和肌肉的依赖会逐渐增加。[27]

与成人相比，即使 4 岁大的孩子，在晃动房间中的反应也更为明显，但至少他们不会摔倒。他们的内耳好像开始"蠢蠢欲动"，会陷入"身体现在有没有在移动"的矛盾中，这也是很多孩子第一次晕车大概发生在 4 岁的原因。

一旦内耳所收集的信息（"身体在晃，身体在动"）与眼睛所收集到的信息（"这本书太好看了，我压根没时间去想身体有没有在动"）相矛盾时，晕车就会不期而至，让人感到头晕恶心。内耳的信息跟来自身体其他部位的信息也会矛盾。"一定是中了什么毒，才会出现这样可怕的神经紊乱吧！"大脑自作聪明地想。你脸色煞白，浑身直冒冷汗，忍不住吐了出来，这是最糟糕的情况——你对车上的其他乘客感到十分抱歉。晕车时最好的办法是立刻望向窗外。可以说，视觉系统和前庭系统的信息整合是本体感觉的一个重要部分，但这也是坐长途车容易晕车的原因。而孩子还在努力地平衡视觉系统和前庭系统两方面的信息，所以他们特别容易晕车。

孩子在很长一段时间内都是受视觉信息的影响更大，这是因为他们还在成长，关节和肌肉信号跟着一直在变。我们大人会觉得，自己的脚在哪不用看也知道，这太简单了。可孩子却需要其他形式的反馈——视觉的或触觉的——才能知道自己的手脚在哪。因此，孩子会经历无数次的摔倒，[28]但每一次摔倒都是经验，可以避免将来少摔倒。我们甚至可以确定，一个孩子跌倒再爬起来的次数越多，越是能自信地、自如地克服困难和障碍。

21世纪初的一项研究观察了学步期儿童在不摔倒的情况下能跨越的最宽间隔。最开始，研究人员让孩子们从一块14厘米高的方块上跨6厘米到另一块同样高度的方块上。如果孩子能跨过去，研究人员就挪动它，每次跨度增加6厘米。如果孩子摔倒了，他还有一次机会再跨一遍，但总共只有三次机会。孩子能跨越的最大跨度就是最终结果。

结果孩子们的最大跨度是24—36厘米。你也许以为瘦高或者年龄大一些的孩子有优势，但研究团队在统计了孩子们的腿长、身高、灵活性与年龄等数据后，发现这些因素跟孩子能跨越的最大跨度并没有太大关联。真正的决定因素是孩子走了多少路（摔倒了多少次）。有十个月行走经验的孩子的跨度最小，每多六个月的经验，跨度就会增加8厘米。[29]经验非常重要，十岁以下的孩子和青少年一直在经验中学习。所以，我们应该怎么做才能最大程度地利用这些经验呢？

第一章
我的孩子是个外星人

让"小小外星人"宾至如归

显然，新生儿刚来到地球时，这个星球对他而言是完全陌生的世界。一旦他们会走路，会说话，我们就以为他们的知觉已经完全发育成熟。但事实并非如此：**从出生一直到青春期结束，孩子的大脑跟成人的大脑有着惊人的差别。在生命的前 20 年，孩子都像个小小的外星人，他所置身的世界是以成年人的感受器、成年人筛选显著信息、综合信息的方式为主导的。** 给孩子多一些时间，多一些帮助吧，这样他们才能留心到一些东西。我们应该让重要的信息更明显、更清晰。如果我们的身体跟孩子的身体变化得一样快，我们也会笨手笨脚的。一旦你能明白自己和小小外星人的区别，你就能看到他们所看到的世界。

同时，孩子摔倒时大可不必惊慌失措，让孩子多玩耍、多运动，让他们真正地体验这个世界。只有这样，外星人在这个陌生的星球上才会觉得舒服自在。跟他们一起玩耍，从而培养出内在的好奇心是我们的责任。这块积木比那个玩具火车重吗？你最高能堆多高的塔？你能跳过这些垫子吗？加入他们的实验吧。对父母而言，它们很重要——也很有趣。

第二章

学会进食：

从味蕾到西蓝花

Learning to Eat: From Bump to Broccoli

无论母亲在怀孕期间的饮食结构如何，它对胎儿都会产生一定的影响，让他们确信哪些味道、哪些气味好，哪些不好。这可以说是养育过程中的第一次"言传身教"。

健康饮食不仅仅是知道哪些食物对身体有好处——每年全球花在膳食管理和体重管理上的费用高达 2,400 亿美元，这两件事要是这么简单的话，那么这个行业岂不是一夜之间就化为泡沫了？那么到底什么食物能让我们胃口大开？这又是为什么呢？

在妊娠期的最后几个月，还在妈妈肚子里的哺乳动物宝宝们别无选择，妈妈吃什么，它就得吃什么。 研究表明，这种模式会长期影响宝宝的口味偏好。但孩子的食欲（也包括我们自己的食欲）会随着时间的推移而改变——婴儿与成年人口腔中不同类型的味蕾比例会发生改变，同辈压力和广告也会产生一定的影响。

可为什么有些人喜欢这种食物，而有些人则钟爱其他食物呢？味觉的重要感受器包括味蕾。味蕾就是分布在我们舌头上的小疙瘩，味蕾中有数以百万计的细胞，这些细胞表面有很多形状特殊的接收器。有些味蕾在接触到盐时会产生反应，这些味蕾的表面有钠离子通道，当接收器受到钠离子的刺激后，会释放出神经信号，所以我们才能尝到咸味。感受器也会触发一连串的消化行为，让我们的肠道提前知道马上要加工哪些美味的食物。当含有氢离子接收器的味蕾接触氢离子时，我们就能尝到酸味。酸中含有很多自由氢离子——比如柑橘类水果的酸味就非常怡人。但如果氢离子的浓度再高的话，就表明已经有细菌先我们一步，提前享用了我们的午饭，这种酸味让人猝不及防，会让我们生理上觉得恶心。

第二章
学会进食：从味蕾到西蓝花

有些味蕾会对食物和饮料中的特定蛋白质产生反应。科学家们认为，人类的苦味接收器至少有 40 种，最多可达 80 种，这些接收器能够识别奎宁、咖啡因、绿叶蔬菜中的蛋白质。而蔗糖、果糖、葡萄糖、糖精中的蛋白质能刺激甜味接收器。番茄、洋葱、海藻、蘑菇和鱼中含有谷氨酸钠、肌苷酸盐和鸟苷酸盐等化合物，它们能刺激鲜味接收器。

但不仅仅舌头上有这些化学开关。日本味之素①公司生命研究所的北村明彦博士给大鼠添加了一种能够刺激舌头上鲜味接收器的化合物——味精。他发现，大鼠的胃对味精做出了反应，释放出信号，启动消化过程。也就是说，不管味精溶液是大鼠喝下去的，是直接注入大鼠胃部或十二指肠的，还是通过支配肝脏的主要神经导入的，都能够启动消化过程。他和他的团队推断，整个消化道都有接收器，它们跟舌头上的接收器一样，对同样的化合物会产生反应。这些被我们看作是味觉化合物的蛋白质在整个胃肠道中的作用类似于标志物。如果说我们的味蕾就像能干的前台接待员，把不受欢迎的访客挡在门外，把受欢迎的访客迎进门，那么消化系统中的这些接收器会告诉身体，马上要消化哪些营养物质，并合理调节新陈代谢。[1]

嗅觉也是味觉②的重要组成部分。嗅觉接收器能让我们闻到气味。这些接收器是化学物质的大门，与味觉接收器非常相像，但它们只对具有挥发性的化学物质——释放到空气中的化学物质产生反

---

① "味之素"是日本最著名的食品制造商，大众最为熟悉的是该公司所生产的装在可爱的熊猫瓶中的味精。该公司由日本食品科学领域的先驱人物之一池田菊苗教授创立，他也是第一个将谷氨酸钠确定为味觉化合物的人。
② 味觉一般被定义为味觉、嗅觉和口感的统称，但我们现在知道，视觉乃至听觉都能够影响我们对事物的判断。

应。2014年的一项研究表明，人类能够区分出至少一万亿种不同的化合物。[2] 和味觉一样，嗅觉只是消化系统的前台接待员。2018年发表的一篇论文指出，不仅仅鼻子有嗅觉接收器，化学物质感受器分布于我们的呼吸道，最远可见于肝脏、肠道和胰腺。[3]

简而言之，有很多器官和组织会帮助我们判断什么食物安全，什么食物好吃，鼻子和舌头只是其中的一部分。肠道、呼吸系统和消化道也发挥了一定的作用，比如参与食物的加工，或将某些食物拒之门外。而且，早在婴儿听觉和视觉真正发挥作用之前，胎儿对于化学物质的感觉就已经有了显著的发展：对于胎儿来说，妈妈的羊水不啻是一场嗅觉和味觉的盛宴。

羊水里的"菜单"

你可能有过这样的经历，本来你挺喜欢某种味道（气味），但有一次刚好在觉得恶心的时候接触了这种味道（气味），从此之后你就对它非常反感。对于人类而言，这种联系在子宫中就开始建立了。多亏了羊水，我们才有机会知道哪些化合物会让人感觉良好，哪些化合物会让人感到不舒服。在孕期的后三个多月，婴儿开始慢慢有味觉和嗅觉偏好，知道哪些味道好闻，哪些难闻。

俄勒冈州立大学的威廉·斯莫特曼教授对孕鼠进行研究，在胚胎将要出生前，他将苹果味的水注射到胚胎的羊膜囊中，同时，他还给其中一半的胚胎注射了氯化锂，目的是让这些胚胎出现不适，斯莫特曼教授称之为"内脏不适"。简单来说，就是有些恶心。胚胎出生两个月后，斯莫特曼教授给它们苹果味的水喝，并观察它们的

第二章
学会进食：从味蕾到西蓝花

喜好。他发现，那些孕鼠的羊膜囊只是注入苹果味调味剂的幼崽很高兴地喝下了苹果味的水，但那些同时被注射氯化锂的幼崽则不愿意靠近苹果味的水。[4]

不仅仅是恶心会产生这种效果。任何痛苦或可怕的刺激似乎都会让人厌恶某种气味。同理，如果一种气味和愉快的经历（或是结束了某种可怕的经历）关联起来，那么这种气味就能激发食欲。英国贝尔法斯特女王大学的彼得·海珀教授做了一项研究，他夹住了孕鼠胚胎的脐带，使它们短暂缺氧，用专业的话来讲，就是让它们处于压力模式。然后研究人员松开夹钳，终止压力，同时将无味的生理盐水或柑橘味的溶液注入孕鼠的羊膜囊。三个月后，那些妈妈的羊膜囊被注入柑橘味溶液的幼崽会直奔迷宫里柑橘味的点心，而其他幼崽则没什么特别反应。[5] 可见，大鼠胚胎将柑橘气味与重新获得氧气时的解脱感建立了联系。

到目前为止，我们涉及的研究都是关于啮齿类动物的。20世纪70年代以来，我们就知道人类胎儿能够辨别出"二手"气味，韦仕敦大学的一项研究表明，怀孕31周的时候，胎儿开始假呼吸。[6] 他们的腹壁和横膈膜会移动，虽然他们吸入的不是气体，但羊水会在他们尚在发育中的口腔、鼻子和上呼吸道中晃动——而这些地方分布着能帮助我们辨别气味的感受器。怀孕30周到40周时，一个健康的胎儿30%—40%的时间都在"呼吸"。

这种呼吸方式能让发育中的肺和呼吸道得到锻炼。另外，在羊水中最可能含有母亲吃下去的食物的味道和气味的阶段，这种呼吸方式也达到了顶峰。1979年，约翰·帕特里克博士和他的同事成功说服了20名怀孕30周的女性作为被试，她们要24小时保持不动，在这期间，研究人员用超声波来监测胎儿的活动。研究团队不仅记

解码童年：
塑造孩子未来的科学指南

录到 58 次胎儿打嗝的状况，还注意到胎儿假呼吸有其独特的方式。怀孕 30 周到 31 周，每个胎儿一整天都会多次短暂地"呼吸"。但在母亲刚进食后，胎儿"呼吸"的频率更高，"呼吸"的时间也更长。研究人员发现，孕妇血糖峰值与胎儿的假呼吸持续时间峰值一致，也就是说，胎儿大概能辨别出母亲吃下去的食物的气味和味道。[7]

确实有证据表明，孕妇吃的食物会进入羊膜。例如，大蒜的气味来自一种非常独特的化合物，这种化合物在孕妇食用大蒜一小时后就能够在羊水中检测到。费城蒙乃尔化学感官中心的朱莉·门内拉教授招募了 10 名孕妇志愿者，在研究中她们要接受常规的羊膜穿刺术。手术前 40 分钟，她让一半的被试食用了一粒大蒜油胶囊，另一半被试食用的则是安慰剂。在羊膜穿刺的过程中，她的团队抽取了 5 毫升羊水冷冻起来。然后研究人员请一组陌生人来闻羊水样本。这些陌生人总是能辨别出哪些样品有大蒜味，哪些没有。你看，科学研究有时很复杂，需要高端的核磁共振成像仪或大型强子对撞机；科学有时也很简单，只需要几个愿意闻陌生人羊水的志愿者。[8]

至少，新生儿对羊水的味道相当习惯。有一项研究是让四天大的婴儿闻不同的羊水的气味，结果发现，他们总是把头转向自己母亲的羊水样本，而不是陌生人的羊水样本。[9] 每个母亲的饮食结构和新陈代谢都不相同，因而每个母亲羊水中的化学物质也会有所差异，婴儿在出生之前就已经非常熟悉母亲羊水的气味。

因此，**无论母亲在怀孕期间的饮食结构如何，它对胎儿都会产生一定的影响，让他们确信哪些味道、哪些气味好，哪些不好。这可以说是养育过程中的第一次"言传身教"。** 我怀疑我女儿的口味就是受了我的影响。孩子一般都比较排斥苦味，这也是刚断奶的学步期儿童通常都不爱吃深绿色蔬菜的原因之一。而我在怀孕期间喝

第二章
学会进食：从味蕾到西蓝花

了很多奎宁水，当时我晨吐比较严重，唯一能缓解晨吐反应的似乎只有奎宁水。奎宁水的有效成分是奎宁，奎宁里含有一种非常苦的化合物，实验室都是用奎宁充当苦味剂。我想这可能就是我女儿不排斥西蓝花和抱子甘蓝的原因，而肉类——我怀孕时看到肉就恶心——她也不是很爱吃。

当然，这只是我个人的经历，你可能会觉得不足为信，但实验表明，**胎儿在子宫内所感知到的味道和日后的口味偏好的确有一定的关联**。研究发现，那些患有严重疾病的孕妇——这意味着她们的身体会处于脱水状态——生出来的孩子通常会更喜欢咸味，而没有脱水的孕妇所生出的孩子则不喜欢咸味。[10] 母亲体液中盐分的增加足以让胎儿喜欢上咸味。

喂养方式

在母亲的子宫中，也就是在人生的最初阶段所形成的偏好会一直持续下去。出生之后，新生儿的喂养方式——是纯母乳喂养、配方奶喂养还是混合喂养——也会对口味偏好产生终身影响。

新生的哺乳动物——包括人类的新生儿，主要是依靠乳汁存活。新生儿喝的奶水通常来自母亲，但纵观人类历史我们会发现，总有新生儿不是喝母乳长大的。在最早的文字记载中，就有关于如何挑选乳母的内容。[11] 事实上，罗马帝国的婴儿之所以哺乳期更长，正是由于乳母这个职业的出现，而铁器时代的英国并没有"乳母"这种工作，父母们只能想其他办法来喂养孩子。

这方面的证据来自3,000年前的遗骸中不同类型氮的相对含量。

解码童年：
塑造孩子未来的科学指南

人死之后，生前的饮食特征会通过不同的钙和氮同位素的形式来体现，并且这些元素能够存在很久。考古学家们对即将分娩和分娩时死亡的母婴遗骸进行了研究，结果发现，母亲和婴儿的氮同位素比例相同，也就是说，婴儿和母亲所摄入的营养成分完全相同。

在母乳喂养期间会发生一些有趣的事情。与 ^{13}N 相比，乳汁中 ^{15}N 的相对含量比肉类中的含量要高：更多的动物蛋白通过母乳传递给婴儿，而不是被母亲吸收。因此，通过观察这些同位素在身体不同骨骼结构中的比例，我们可以判断哪些婴儿是母乳喂养的，以及喂养了多长时间，比如肋骨等骨骼结构在婴幼儿期的发育速度是不同的。

当婴儿是纯母乳喂养时，他们骨骼中的钙元素和氮元素有一个明显特征，即骨骼中含有的 ^{15}N 和 ^{13}N 的比例比成年人更高。但一旦添加了辅食，这一比例就会下降到与该组成年人相同的水平。杜汉姆大学的曼迪·杰伊教授和迈克尔·理查兹教授以英国约克郡一个铁器时代的大型墓地中所发现的婴儿遗骸为研究对象，结果发现了一个非常清晰的模式：大多数婴儿遗骸骨骼中 ^{15}N 的比例并不比成年人的高，即使是在出生后的最初几周也是如此。相反，婴儿遗骸中的 ^{15}N 比例与成年人基本相同，有的甚至还要低一些。这表明，这个墓地中的婴儿在几周或几个月大时，就以谷类或蔬菜粥作为食物，而不是以母乳为主。[12]

我们现在已经知道这些史前婴儿是如何吃谷类或蔬菜粥的。在今天德国境内的墓地中出土了一些黏土做的"吸管杯"——动物形状的小陶器，侧面有个小嘴。这些陶器是和婴儿一起入葬的，研究人员推测它们可能是人类早期的婴儿奶瓶。布里斯托大学的朱莉·邓恩教授和她的团队非常厉害，他们复原了这些原始的"吸管

第二章
学会进食：从味蕾到西蓝花

杯"，结果发现，即使是非常小的婴儿也很喜欢用这种"吸管杯"。[13]这就解释了青铜时代的婴儿是如何吃麦片粥或者蔬菜粥的。

邓恩教授从这些珍贵的文物中提取了非常小的样本，这也是决定性的发现——虽然重量只有几毫克。邓恩教授对这些样本进行分析，想看看里面有哪些化学残留物。脂肪分子渗透到陶器中，并被保存了几千年。邓恩教授用气相色谱仪分析这些脂肪分子，揭晓了几千年的秘密。她发现这些婴儿的饮食中也包括反刍动物（牛、山羊或绵羊）的奶，换言之，他们并不是纯母乳喂养。

然而，正如邓恩所指出的，其他动物的奶并不能提供婴儿成长所需的全部营养。碳水化合物不会像脂肪那样保存那么久，所以无法确切得知其中含有哪些营养成分，但可以确定的是，这些青铜时代的婴儿就像铁器时代的婴儿一样，需要谷类、淀粉或蔬菜来增加饮食中碳水化合物的含量。

令邓恩教授惊讶的是，其中一个陶器似乎还残留着非反刍动物的奶——可能是婴儿母亲的奶，也可能是另一位哺乳期妇女的奶——但她也指出，其化学成分与猪奶一致。我们且不说给猪挤奶有多难，但混合喂养似乎确实不是现代人的"专利"。

几十年前，社会就已经普遍认为母乳喂养的好处很多，以至于混合喂养还引起不少人的恐慌。"乳头混淆"这个词在20世纪90年代开始流行，始作俑者是一篇缺乏数据支撑，却言之凿凿的论文。在反对奶瓶喂养行动中，一些专业人士发出了令人不安的警告：婴儿无法在适应母亲乳头的同时又能适应奶瓶。争论的焦点是：毫无疑问，吸奶瓶更省劲，婴儿一旦有了奶瓶这个选择，再也不会吮吸母乳；而且，母亲乳头和人造乳头不同的工作方式也会让他们感到困惑。[14]

解码童年：
塑造孩子未来的科学指南

但实际情况是，婴儿需要适应不同的乳头，因为即便是同一个人的乳房也会处于不同的状态，充血程度、健康状况、含水量以及吮吸的是哪一侧乳房，都有影响。无论是什么状态，小宝宝们可不含糊：这看起来像个乳房啊？别管了，大口吃吧。事实上，只要曾经有小宝宝使劲地逮住你的手指（或鼻子）吮吸着不放，你都应该知道：他们可是逮到什么就吃什么！

牛津大学约翰·拉德克利夫医院的两位助产士克洛伊·费舍尔和萨利·因池在《儿科学期刊》上言辞激烈地回应了这篇"定义"乳头混淆的论文。他们指出，有些婴儿在面对乳房时确实会很苦恼——但他们不会混淆。很多时候他们的苦恼是由生理状况造成的，比如舌系带短缩、流口水、含不住乳头等。在过去的几十年中，只要遇到这种情况，他们都会把母乳挤到奶瓶中喂养，而不是去担心乳头混淆的问题，因为这样婴儿会更强壮，也能消除他们对乳房的反感。

他们在论文里是这么写的："这为我们和母亲赢得了时间，只要有可能，我们会帮助婴儿学习吮吸母亲的乳头，直到他自己能独立吮吸为止。类似情况的婴儿没有一个拒绝过母乳喂养，哪怕连着几天都是纯奶瓶喂养。"他们的结论是："我们更想知道，到底是大人无所适从，还是婴儿会混淆乳头。"[15]

但在过去的 20 年中，乳头混淆似乎已经成了一个毋庸置疑的事实，尽管费舍尔和因池的观点被证明是对的，而且也没有任何实证研究支持乳头混淆这一论断。虽然奶瓶的使用和母乳喂养的次数之间略呈负相关（这是因为婴儿的食量有限）——但混合喂养仍然被广泛使用，且相当成功。[16]

从一出生就使用安抚奶嘴似乎也不会引起混淆：一直使用安抚

第二章
学会进食：从味蕾到西蓝花

奶嘴的四月龄婴儿跟没有使用安抚奶嘴的四月龄婴儿对于母乳喂养的接受程度是一样的。[17] 而且使用安抚奶嘴似乎可以降低婴儿猝死综合征（SIDS）的风险，所以，如果安抚奶嘴确实对婴儿有安抚作用，父母大可不必担心。[18]

如果你非常倾向于纯母乳喂养，那需要提醒的是，与母亲一起睡的婴儿母乳喂养的时间（平均超过 16 个月）往往比那些单独睡在自己房间的婴儿（平均 6 个月）要长。[19] 这是因为母亲不必睡眼蒙胧、万分疲惫地走下楼或走到婴儿房去喂奶，因而每个人都能睡得更好——对于睡眠严重不足的新生儿母亲而言，用破裂的乳头来换一个小时的睡眠是非常合算的买卖。如果你正在备孕或已经怀孕，不妨参阅睡眠章节，了解更多的睡眠知识。

如果母亲泌乳没有任何问题，婴儿也能含得住乳头，那么母乳喂养更方便。不用消毒、不需要任何准备工作，出门也不用带奶瓶，多好。母乳中还含有对宝宝健康有益的抗体。而且，通过传递气味，母乳还可以让孩子知道父母喜欢什么样的食物：母亲在服用大蒜油大约两小时后所分泌的乳汁中不仅有蒜味，而且足以让研究中的被试区分出哪些乳汁有蒜味，哪些没有，虽然这些母亲只服用了半茶匙的大蒜油。[20]

但也有很多证据表明，母乳喂养的好处被夸大了。母乳喂养或许会对孩子未来的体重、智力或心理健康产生积极的影响，但我们也得考虑到实现母乳喂养所需要的时间、资源和社会支持等因素。**妈妈们大可不必为混合喂养感到内疚，因为它也有很多潜在的好处。**比如，其他家庭成员也能体验到喂养婴儿的快乐，新手妈妈有更多的机会休息和恢复。我们应该把恼人的内疚感扔进垃圾箱：人类从史前时代就开始混合喂养，那时的条件比较差，既没有乳母，也找

解码童年：
塑造孩子未来的科学指南

不到替代的人奶；现在条件好多了，无菌且营养均衡的配方奶粉绝不至于让你的宝宝中毒。

值得注意的是，配方奶也会影响孩子以后的味觉偏好。配方奶有多种类型：有以牛奶为基础的，有以大豆为基础的，还有一种叫水解配方奶——大豆或牛奶中较大的蛋白质被分解成较小的、更容易消化的蛋白质。水解配方奶有其独特的气味和味道：水解过程产生大量的游离氢离子，而游离氢离子正是酸味的源头。许多父母都受不了这种奶粉的气味，这股酸味让他们联想到变质的食物，但从小就吃这种奶粉的婴儿却挺喜欢这种酸味。大豆配方奶中含有来自原生植物的酚类物质，与牛奶相比，这种奶粉的味道相对较苦。

朱莉·门内拉教授招募了104名四五岁的儿童。其中，大约一半是用水解配方奶粉喂养的，四分之一是用大豆配方奶粉喂养的，其余的是用牛奶配方奶粉喂养的。她给孩子们喝纯苹果汁、添加了苦味剂的苹果汁和添加了酸味剂的苹果汁，结果发现，那些在婴儿时期喝牛奶配方奶粉的孩子们很抗拒后两种果汁。而喝大豆配方奶粉的孩子则喜欢苦味果汁，喝水解配方奶粉的孩子则喜欢酸味果汁。要知道，他们最后一次喝配方奶粉可是三四年前的事了。而且，那些喝水解配方奶的孩子喜欢吃西蓝花的可能性也更大。[21]

由于父母不喜欢水解配方奶粉的味道，目前科学家们在大力研究有哪些方法可以掩盖或消除酸味，比如添加甜味剂、进一步改变蛋白质结构，或者添加一定的化合物以改变味蕾的反应方式，从而阻断酸味。但如果说水解配方奶粉确实能让孩子喜欢上绿色蔬菜，也许有点酸味算不得多糟糕的事情。

门内拉博士和她的同事列姆教授进一步研究了喝水解配方奶的孩子们，即那些喜欢西蓝花的孩子们。他们发现，喝什么种类的配

第二章
学会进食：从味蕾到西蓝花

方奶粉是预测孩子将来是否会喜欢苦味食物的重要指标，大豆配方奶粉和水解配方奶粉都能让孩子对苦味（酸味）产生偏好。但喝什么种类的配方奶粉不会影响孩子对于甜食的偏好——相对而言，较甜的配方奶粉并不会让孩子喜欢上甜食。真正产生影响的是儿童早餐麦片中添加的糖分的多少。那些早餐糖分最高的人对甜味的容忍度也最高。看来，一旦开始吃固体食物，对于甜食的喜爱就是由习惯所决定的。[22]

新生儿味觉测试

人类的味觉并不是特别早熟。对一系列哺乳动物的研究表明，嗅觉和味觉能让新生命从呱呱坠地的那一刻起就学着适应这个美丽新世界，而多数哺乳动物的视觉和听觉（在某些情况下）要发展得慢一些。刚出生的婴儿就会把头转向散发出葡萄糖、蔗糖或谷氨酸钠气味的东西，并做出吮吸和咂嘴巴的动作。当闻到苦味或酸味时，大多数刚出生几小时或几天的婴儿会把头偏向另一边，露出痛苦的表情，甚至呕吐。

宾夕法尼亚大学的戴安娜·罗森斯坦教授和艾德菲大学的哈丽特·奥斯特教授让出生仅两个小时的婴儿去闻甜、酸、咸、苦四种气味，并用摄像机记录下他们的反应。他们发现，婴儿对不同气味的反应有明显差异，虽然没有一个婴儿对盐的气味有特别反应——这可能是因为盐里面能激发人类反应的化合物不容易挥发，更难飘散开。[23]

婴儿对苦味的排斥可能是一种安全措施，能避免中毒。对于人

解码童年：
塑造孩子未来的科学指南

类而言，苦味是后天习得的一种味道，我们之所以能容忍或喜爱某些食物的苦味，是因为它们能带来一定的益处，比如咖啡、茶或酒精。但在自然界中，大多数苦的东西对哺乳动物而言都有很强的毒性——那些苦味蛋白质也破坏了我们消化食物中有益蛋白质的能力。作为杂食动物的人类完全有挑剔食物的资格——有很多不苦的食物可以吃。相比之下，食草动物别无选择，它们只能忍受苦味。亚利桑那大学的约翰·革兰丁尼教授做了项非常困难的研究，他比较了30种不同的哺乳动物对苦味的排斥程度——它们有的边吃苦的食物边摇头，有的吐口水，有的干脆直接拒绝进食。[24] 研究发现，食肉动物如猫和狗对苦味非常敏感；而像荒漠鹿鼠这样的杂食动物就没那么挑剔；而以杂草和青草等低矮植物为食的动物，一点都不介意苦味；最能忍受苦味的是以枝叶和灌木为食的动物。进化过程让以枝叶和灌木为食的动物唾液中含有特殊的蛋白质，这些蛋白质能中和枝叶与灌木的苦味物质单宁的毒性。[25] 也就是说，单宁的苦味和毒性都减少了。如果苦涩是不可避免的，那就得学会忍受它。人类也可以忍受苦涩，至少在咖啡作为饮品出现后我们做到了。

由于苦味化合物的潜在毒性，婴儿和孩童对苦味比成人更敏感。可能随着年龄的增长，人也越来越能接受苦味，因为成年人不太可能中毒；当然，对苦味能产生反应的味蕾与其他味蕾的比例也会随着年龄的增长而变化。也许是因为某些苦味化合物有一定的好处，所以我们也更加能容忍苦味。总之，我们最好记住，蔬菜，特别是十字花科蔬菜，如卷心菜、抱子甘蓝和西蓝花，对孩子而言可能更苦。在这些蔬菜中都发现了一种叫作硫代葡萄糖苷的化学物质，这种化学物质能让煮熟的卷心菜散发出独特的气味，这种蛋白质能激发苦味接收器。嫩煎抱子甘蓝和盐水焯西蓝花能减少苦味，也能保

第二章
学会进食：从味蕾到西蓝花

持食物的营养。大体来说，如果你觉得蔬菜的味道不好闻，那可以考虑用奶酪酱、香草或者是一小撮红糖来掩盖它的苦味。你也可以尝试给孩子吃其他种类的蔬菜：豌豆、胡萝卜、甜玉米、豆类。毕竟，绿色蔬菜不是只有西蓝花一种。

随着孩子年龄的增长，他们的嗅觉和味觉开始与其他感官协同工作，以确定他们是否喜欢某种食物。 他们开始通过食物的外观和触感，甚至声音来判断食物。下面欢迎来到固体食物的世界。

婴儿主导的断奶

我记得小时候，每一位忙碌的妈妈在孩子断奶时都会买亨氏辅食泥。直到今天，当我听到小勺子在100毫升的玻璃瓶里搅动的声音时，仍然会想到以前我喂弟弟的场景。

婴儿辅食泥的销量持续在上升，消费者以新兴的中产阶层为主，因为外出工作的女性越来越多。但在WEIRD社会里，孩子断奶时我们很少会自己动手做辅食。

罐装婴儿食品受欢迎不仅是因为它们方便，还因为它们更卫生。维多利亚时代的婴儿直到两岁才开始吃蔬菜；在此之前，他们的辅食主要以各种谷物、水果和牛奶为主。这是因为那个年代的蔬菜通常是用粪便来施肥的，而粪便是大肠杆菌、痢疾、霍乱、沙门氏菌和其他病原体的温床。而像嘉宝和亨氏这样的公司把蒸煮过的、装在消过毒的小玻璃瓶中的辅食泥标榜为"疗愈食品"，就连六周大的婴儿都可以食用，因而受到了消费者的欢迎。[26]可以说，在过去的一百多年中，美国的婴儿第一次尝试的（半）固体食物，就是成品

解码童年：
塑造孩子未来的科学指南

辅食泥。

  但最近一项关于断奶的研究表明，断奶的婴儿如果能自己动手吃食物，而不是吃辅食泥，非但不会引起窒息，反而能促进手眼协调能力的发展；而且，孩子饮食种类越多，将异物放进嘴巴里的可能性就越低。[27] 能自主选择食物的孩子喜欢甜食的可能性也越低，他们更喜欢不加糖的碳水化合物和其他可口的食物，相比之下，用勺子吃辅食泥断奶的孩子更喜欢吃甜食。这可能是因为商业化生产的食物得让掏钱买单的父母觉得味道好，因此整体味道偏甜。[28]

  世界卫生组织发布的婴儿喂养指南指出，孩子到了六个月大就应该吃一些小手能抓得住的、家里其他人吃的食物。[29] 这听着是很不错，但我女儿自己主导的断奶，说起来还真是有些任性。以前一家人吃饭时，我们会用吊兜把她固定在餐桌边上，她大概才四个月大时就疯狂地喜欢上了碳水化合物，只要卷着意大利面的叉子经过她面前，她就用手又抓又捏。她的咀嚼能力、抬头能力、手眼协调能力都得到很好的发展，好到了什么地步呢？抓起意面来就像土匪一样，阻止她只会适得其反。要是当时我能预见到，三年后她基本上只吃西蓝花、蝴蝶面和奶酪，我或许会让她尝试更多的成人食物。

  以婴儿为主导的断奶并不是什么新鲜事。在很多文化中，大人都会与能咀嚼的宝宝分享他们的食物。对于大人来说，宝宝主导的断奶确实是心理的考验：比如，宝宝可能会呕吐。咳嗽、呕吐与被噎住引起的窒息不同：呕吐是一种生理反应，它是为了防止窒息的发生。新生儿呕吐反应的触发点在口腔前部，出生后一年内，触发点会慢慢向上移动到舌头处，最后慢慢接近成人的呕吐方式：当固体触碰到舌头、扁桃体或悬雍垂的底部时，才会触发呕吐。简而言之，你能咀嚼的固体食物越大，呕吐的触发点就越往后。

第二章
学会进食：从味蕾到西蓝花

婴儿主导的断奶有个缺点，它有点像吃自助餐一样，因为有太多新的食物可以尝试，所以婴儿就会挑三拣四。凯瑟琳·弗雷斯特尔博士和朱莉·门内拉教授每天给45个（4—8月龄）婴儿吃四季豆和桃子，连续8天。虽然一开始孩子们的表情都非常痛苦，但他们每天能吃下去的四季豆和桃子的量一直在增加，一周算下来，他们平均每人吃了94克四季豆。[30] 无论是纯母乳喂养还是配方奶粉喂养，一周过后，孩子们对于四季豆的态度都发生了转变——从不喜欢到喜欢。弗雷斯特尔和门内拉建议，如果孩子第一次接触某种食物时出现反感的表情不应该感到沮丧，而应该不断地让他尝试。这就是说，我们大人也得连续一个星期吃同样的食物，但不坚持怎么能看到回报呢？

所以，在孩子刚学会咀嚼的头几个月里，就让他们尽情享受吧。让孩子尽可能地尝试不同种类的食物，把它当成一次食物的探险之旅。允许孩子玩弄食物，而且要和宝宝一起探索食物的质地和颜色。哪怕孩子把餐桌搞得乱七八糟，你也要保持耐心。这个阶段不会太久，马上我们就要迎来孩子好好吃饭的最大敌人——新食物恐惧症。

第三章

吃饭大作战

Food Fights

保持食物多样性的父母、和孩子一起吃饭的父母,以及通过吃饭和孩子交流情感的父母,他们孩子的饮食习惯更健康。而禁止孩子吃某些食物的父母、命令孩子必须"光盘"的父母则往往没那么成功。

某天晚上，我忧心忡忡地问孩子爸爸："万一她吃不饱怎么办？"话音未落，家里那个精力旺盛、个头比同龄人要高的小调皮鬼（我脑袋里冒出来的词其实是"小混蛋"，但用"小调皮鬼"这个词让我的良心好受些）已经从桌子上爬下来，噌地一下跳到沙发上，不到三分钟的时间里，她已经跳了17个来回，可仍然一副不知疲倦的样子。桌子上的晚饭——奶酪意面和西蓝花一口也没碰。这爬上爬下、跳来跳去得消耗多少能量啊，我可没那个精力管她，我还是吃我的饭吧。

当你费了那么多心思，照着食谱准备好爱心晚餐，可孩子却连碰都不想碰一下；当孩子虎视眈眈地审视着你变着花样烹饪的营养餐，俨然是厨神杰米·特雷弗·奥利弗；当把家当作饭店的"老主顾"不满地咂巴着嘴；当吃饭变成了抢椅子游戏，餐桌很容易就变成战场——这一切都会让你觉得，让孩子吃个饭怎么那么难。但请你记住，只要一家人能坐在一起吃饭，就会好处多多——这时也没必要教孩子餐桌礼仪。

如果是在饭店吃饭，你想稍微约束一下孩子的行为，那最好的办法就是事先告诉孩子，和直系亲属以外的人一起吃饭意味着什么。你得告诉他，"别人不喜欢看到嘴巴里嚼了一半的意大利面——这会让人觉得有点恶心""也不是每个人都喜欢听儿歌"。等孩子能理解一些简单道理时（"细菌不好，分享很好，太吵闹会让别人感到紧

第三章
吃饭大作战

张"),我们就可以跟孩子一起制定"饭店行为守则"和"家庭行为守则"。在家里对孩子的管束可以稍微宽松一些,不用担心别人的白眼和指责。

研究表明,一家人在一起吃饭是个很好的习惯,十分有必要坚持下去。伊利诺伊大学的芭芭拉·菲兹教授和耶鲁大学的马琳·施瓦茨教授在回顾了过去 20 年的相关研究之后得出结论:如果一家人每天共同进餐的时间平均能达 20 分钟,就会对孩子的语言能力和社会能力的发展产生积极的影响,也能降低孩子肥胖或饮食紊乱的概率,孩子烟酒成瘾、毒品成瘾和社会危险行为可能性也更小。[1] 所以我们完全没必要给自己压力!

从出生到青春期,想要跟孩子坐下来一起吃饭,我们得面对各种各样的挑战。如何应对这些挑战?研究表明,**给孩子制定过于严格的餐桌行为规范是行不通的:它只会让孩子觉得吃饭是件不快乐的事**。就像婴儿主导的断奶一样,我们不妨让孩子多尝试,虽然这么做餐桌可能会被他们弄得一片狼藉,但你会从中学到一些东西。至于餐桌礼仪,我们不妨先搁置一下。

我们要考虑的是,那个坐下来跟我一起吃饭的人是个孩子。假如孩子很挑食,那别忘了,他舌头上味蕾的数量是你的三倍。已经过了不惑之年的我不得不面对着一个残酷的事实:从现在开始到 70 岁,我的味蕾会减少一半,最后的结果就是吃什么都没味道。不仅如此,在人的一生中,味蕾的敏感度也会发生变化。正如我在前文中所讲的,与成年人相比,孩子会觉得绿色蔬菜中的苦味更强烈。

孩子们对食物质地的感受也比我们成年人敏感得多。为孩子烹饪食物时,我们要确保质地尽可能均匀,而不用太顾虑视觉效果。炖菜、大块的土豆泥、肉丸加香草馅会让我们大快朵颐,但对孩子

解码童年：
塑造孩子未来的科学指南

来说，如果食物中有"一小块一小块"的固体，他们的第一反应就是排斥，至少年幼的孩子如此。在一项研究中，杰西卡·沃斯曼教授和她的同事为 32 名年龄在两岁半到四岁的学龄前儿童准备了酸奶。研究发现，酸奶的颜色和口味并不会影响孩子喝酸奶的量，把酸奶颜色换成绿色或蓝色，或者把草莓、树莓口味换成苹果、柠檬味，孩子都照喝不误。但是，如果改变酸奶的质地，往里面添加树莓果泥或者半颗半颗的树莓，则会让孩子很排斥——他们甚至发出干呕的声音。[2] 确实存在第一眼看到就觉得恶心的食物，大人恳求孩子"尝一口，就尝一口"，其实就相当于叫一个英国人"尝一口"瑞典盐腌鲱鱼①。德国美食评论家沃尔夫冈·法斯宾德这样入木三分地描写他第一次尝试这种美味的经历："吃盐腌鲱鱼最大的挑战是在吃之前得忍住不吐，等吃了第一口再吐出来。"[3]

好，这下我看你还会不会跟孩子说："就一口，你肯定会喜欢的……"

成年人更倾向于用触觉而不是用视觉来判断某种东西的质地是令人胃口大开，还是让人觉得恶心——WEIRD 群体明显倾向于非黏稠状的东西。[4] 而孩子则主要是通过视觉激发食欲。有时我们可以把一种新的食物"伪装"成孩子熟悉且信赖的食物，这样他们会更容易接受。比如我女儿以为她吃的扇贝是炸鱼条，因为我告诉她那是炸鱼条，只不过下锅炸的时候外面没有裹面包糠。

而且，坚持让孩子把主菜吃完才能吃甜点，这么做实际上会适得其反，孩子反而会吃得更少。混搭菜肴能让人吃得更刺激，就像

---

① 盐腌鲱鱼是罐装的发酵鲱鱼，通常只能在户外食用，而且必须远离餐桌，以防止发酵产生的气体把刺鼻的卤水喷到食客身上。——译者注

第三章
吃饭大作战

探险一样。几个世纪以来,这种做法在许多社会都很普遍。如果孩子想把香蕉和炸鱼条一起吃,或者把黄瓜丢到蛋奶糕里,你就随他去吧。

探索发现很重要,因为不管是对成年人还是孩子来说,负责发出食欲信号的大脑结构过一段时间后就会对某种食物的样子和气味感到腻烦。孩子面对盛满意大利面和奶酪的盘子,头几口吃下去会觉得分外美味,再吃几口觉得还行,接下来的几口就会味同嚼蜡。成人也一样,只不过不像孩子那么容易厌倦。总是吃一种食物会让人丧失食欲。

有些话我本不想说,但又不得不说——从神经科学的角度来看,"你看你,既然吃得下冰激凌,肯定也吃得下饭"的说法是完全错误的。对成年人的脑部扫描显示,长时间吃同一种食物,大脑确实会感到厌倦。这个机制的用处很大,它之所以会抑制我们的食欲,是为了确保饮食结构的多样性。孩子们注意力的持续时间比成年人短,而且克服厌倦感的能力也差,所以他们可能需要更频繁地更换食物的种类,否则他们的大脑会把厌倦感误读为饱腹感。

但冰激凌毕竟不是蔬菜,而多数父母都想限制孩子食物中的糖分,同时增加他们水果和蔬菜的摄入量。这是一场目标远大的斗争:我们都知道,WEIRD 群体的饮食习惯不怎么健康。世界卫生组织指出,不健康的饮食习惯会导致疾病,要想避免这种情况,我们每天至少得吃 400 克非淀粉类的蔬菜,摄入的游离糖[①]不能超过 50 克,

---

[①] 游离糖是指所有添加到食品或饮料中用以调味或用作质地增强剂的糖,无论是制造商添加的,还是自己添加的,都是游离糖。游离糖也包括蜂蜜、糖浆、果汁和浓缩果汁中的天然糖分。——译者注

盐不超过 5 克，饱和脂肪不超过 10 克，不食用含有人造反式脂肪的食物。但实际上我们每天在不经意间摄入的糖分、盐和脂肪就已经超过了这些限制，因为这些东西对于进化至今的人类来说实在太美味了。在高热量食物匮乏的时候，这倒也算不上大问题，但在过去的几代人中，我们的饮食环境发生了巨大的变化，以前食物短缺时这么吃没问题；但在营养过剩的时代，这种饮食方式只会缩短我们的寿命。

因此，让孩子乐意吃水果蔬菜，让他们把水果蔬菜看作是健康的饮食结构的一部分，这非常重要，甚至可以说是项了不起的壮举。要想做到这一点，我们必须克服几千年来的进化选择。这么做很值得：水果和蔬菜可以预防心血管疾病，但普通 WEIRD 群体的孩子目前的摄入量远远不够。[5] 近年来，工业化国家人口日均所摄入的水果和蔬菜量呈急剧下降的趋势，[6] 更糟糕的是，随着年龄的增长，水果和蔬菜的摄入量会逐年减少而不是增加。[7] 这是项艰巨的工作，但绿色蔬菜对于孩子来说确实很重要，下文我们将看到，孩子会模仿大人的饮食习惯，所以你最好先往自己的盘子里多盛点菠菜。

挑食、偏食还是饮食功能失调？

孩子在吃什么？这个问题会让大多数父母感到紧张。食物有没有掉到地上？会把孩子噎住吗？健康吗？这么多够吗？至少在孩子还小的时候，父母通常会很担心孩子吃得不够多：这里的"不够多"既指摄入的能量不够多，也指食物的种类不够多。虽然对儿童来说，获得多种多样的营养成分很重要，但值得一提的是，在人类历史的

第三章
吃饭大作战

大部分时间里,我们都是靠相对有限的食物种类存活下来的,年复一年吃的都是当地的食物和当季的食物,种类并不多。现在生活在工业化、城市化环境中的人,在上小学前见过的食物种类很可能比爷爷奶奶一生中见过的都要多得多。

幼儿和学龄前儿童的拒食行为主要有两种。**第一,新食物恐惧症——看到任何不熟悉的食物都用"恶心"两个字来回敬——这是儿童正常的发展阶段,跟学坐、学爬一样。**可以这么说,如果一个孩子无论你给他什么,他都能兴高采烈地吃起来,这才不正常。**新食物恐惧症是一种非常有用的生存本能,一个饥饿的孩子若是采摘从未吃过的浆果,那他很可能会因此而丧命。**大多数孩子判断某种食物是否有毒的依据是父母或哥哥姐姐是否吃过它很多次。[8] 就均衡饮食而言,新食物恐惧症并不是一个巨大的风险因素。与食物种类更多样的儿童相比,新食物恐惧症儿童更缺乏维生素 E,但其他营养成分和所摄入的热量并没有显著差异。[9]

第二,挑食。我们可以把新食物恐惧症与挑食做个对比:有些孩子不但会抗拒不熟悉的食物,而且只吃同样的几种食物,甚至换一种烹调方式都不能接受。这很容易引起家庭关系紧张,孩子的身体也会缺乏某些营养。对父母的调查问卷表明,与不挑食的孩子相比,挑食的孩子吃的鱼或肉更少,水果和蔬菜也更少。[10] 但目前还没有证据表明挑食会造成长期的危害,只要食物种类不完全单一就行。

挑剔不仅与孩子的性格有关,也与他们的神经有关。挑食者——无论是儿童还是成人——感官也更敏感。几项研究表明,孩子越是经常抱怨某些东西的质地令人不快或讨厌——不仅仅是食物质地,还包括床上用品和衣服——他们就越有可能挑食。[11] **味蕾越敏感,就越有可能挑食。**[12] 所以,那些超级厉害的品尝师并不是一辈

解码童年：
塑造孩子未来的科学指南

子在享受美食——相反，过于敏感的味蕾会带来很多烦恼和负担。

挑食似乎并不会自然而然地消失。大人担心孩子，但实际上很多成年人也挑食。美国有一项研究随机挑选了500名成年人，结果发现，约35%的人表示自己挑食或偏食，约15%的人表示自己平时吃的食物不超过10种。[13]要知道可选择的食物远不止10种。总之，孩子的饮食结构略单一并不是父母的世界末日，只要能保持均衡就行。

那么到底问题出在哪儿呢？大多数研究表明，**孩子挑食、偏食并不会对孩子产生长久的负面影响，只是更容易让父母产生心理压力**。父母觉得自己应该对孩子负责，所以他们才会被孩子的健康问题困扰。父母们应该放宽心，因为就像其他方面的发展一样，**那些让你忧心忡忡的孩子的行为，实际上都在正常的浮动范围内。**

医生对疾病的界定非常严格，他们的诊断基本上是以每个孩子的行为为基础，而不会以父母的焦虑作为参照。我们可以理解父母的焦虑心理，但那往往是杞人忧天。美国精神医学学会制定的最新版的《精神障碍诊断与统计手册》将影响健康的挑食行为命名为"回避性／限制性摄食障碍"，患有此种疾病的儿童应符合以下标准：

- 进食或喂食障碍（例如，明显缺乏对饮食或食物的兴趣，基于食物的感官特征来回避食物，担心进食的不良后果）表现为持续地未能满足恰当的营养和／或能量需求，与下列一项（或更多）有关：
    * 体重明显减轻（或未能达到预期的体重增加或儿童期增长缓慢）。
    * 显著的营养缺乏。

第三章
吃饭大作战

* 依赖胃肠道喂养或口服营养补充剂。
* 显著地干扰了心理社交功能。

- 该障碍不能用缺乏可获得的食物或有关的文化认可的实践来更好地解释。
- 这种进食障碍不能仅仅出现在神经性厌食、神经性贪食的病程中,也没有证据表明个体存在对自己体重或体型的体验障碍。
- 这种进食障碍不能归因于并发的躯体疾病或用其他精神障碍来更好地解释。当此进食障碍出现在其他疾病或障碍的背景下,则进食障碍的严重程度超过了有关疾病或障碍的常规进食表现和需要额外的临床关注。[14]

如果你的孩子符合上述标准,那你确实得带他去看医生。千万不要孤军奋战:研究表明,强迫孩子吃他们不喜欢或不信任的食物是最得不偿失的。如果孩子不喜欢吃饭,这么做只会让他们吃得更慢、更挑剔,孩子吃不了几口就会说饱了。[15] 把餐桌变成战场会让孩子感到压力,食欲也会跟着下降。孩子们不仅会觉得西蓝花苦,还会认为它是导致冲突和不安的罪魁祸首。让孩子自由地尝试,他才更有可能喜欢上绿色蔬菜,施压也许会让他终生排斥绿色蔬菜。[16]

阿巴拉契亚州立大学的艾米·加洛韦教授比较了不同家长为了说服孩子吃饭所施加的压力强度,并考察了压力对孩子行为的影响。她问父母,下面的陈述跟他们的想法在多大程度上是一致的:"我的孩子每次都应该把盘子里的所有食物吃完""为了确保我的孩子摄入足够的食物,我得费很多心思""即使我的孩子说'我不饿',我也会想方设法让她吃东西""要是我不指导或管理孩子饮食,她吃的肯定比正常标准少得多。"[17] 研究发现,比起那些不强迫孩子吃饭的父母,在"压力"强度量表上得分很高的父母养育的孩子更有可能体重不达标。但这也可能是因为挑剔的孩子的确需要更多的压力和说服。

在另一项研究里,研究人员在 11 周的时间里为孩子们提供的午餐开胃菜都是汤。在实验条件下,一名研究人员会跟孩子一起坐在桌旁,跟他们说"请把汤喝完",每五分钟说一遍。而控制条件下的孩子们喝的是不同口味的汤,并且研究人员从头到尾没有发表任何意见。

在压力条件下,孩子们不愿意喝汤,但他们更有可能会感到恼怒,他们所表达的负面意见高达 157 条;而在无压力条件下,负面意见只有 30 条。负面意见包括一些父母们耳熟能详的抱怨:"恶心,又是黄不拉叽的汤""我才不要喝汤""每次你都这么说。我不想喝汤,太讨厌了"。在压力条件下,研究人员模仿的正是父母们在家时的言行举止。通过施加压力的方式让孩子喝汤,我们无意间给孩子传递了一个信息——他们不喜欢吃饭,吃饭只不过是例行公事。

这种压力会产生持久的影响。科学家们对 400 多名大学生做了一项研究,69% 的受访者表示,他们至少有过一次被人勉强吃自己不想吃的食物的经历。[18] 这篇论文的标题是《把这些统统都吃掉!》。怎么样?这个标题是不是勾起了你儿时的回忆?在这项研究中,卡拉马祖学院心理学系的罗伯特·巴特塞尔博士和他的同事们回顾性地分析了被迫进食这个问题,结果发现,72% 的被迫吃某种食物的人在数年后看到那种食物仍然会抗拒。情绪失控和无助感的影响持续存在,造成对吃饭的长期厌恶心理。如果你也被这种模式困扰,也许是时候寻求帮助了。

由于压力很难察觉,因而大多数医生关注的焦点是挑食引起的

第三章
吃饭大作战

生理问题，于是让孩子服用营养补充剂或代餐品。但心理方面的问题同样值得关注，而且不能用父母平时常用的方法来解决，必须采取一种截然不同的处理方法。

小说家塔米玛·阿纳姆在《卫报》上发表了一篇感人至深的文章，讲述了她在过去的五年里与儿子苦苦抗争，目的就是为了让他能好好吃饭。[19]阿纳姆的儿子是个早产儿，从一出生，他进食就有困难。他不仅在妈妈的肚子里少待了几周，出生后他还在重症监护室待了一段时间，这两方面的因素使得他的身体发育缓慢，咀嚼、吞咽和消化能力也受影响。阿纳姆在文章中说，每顿饭都成了他们一家人的噩梦。长久以来，他们一直在努力寻求帮助：她的儿子靠吃粥活了下来。但我们的生活、我们的幸福不仅仅是要活下来，不仅仅是要获得足够的热量，我们也需要全家人一起用餐所带来的情感滋养。

他们想方设法在纽约圣玛丽儿童医院找到了一个床位。那里的医生团队关注的不是营养，而是儿童对食物的焦虑。无论孩子吃了多少，每顿饭的时间总共就20分钟。吃饭用的勺子非常柔软，尽量避免引起孩子呕吐。他们通过不厌其烦的耐心、顽强的毅力和正强化来帮助孩子克服根深蒂固的厌食情绪。

"我怎么也没想到原来他一直那么害怕吃饭。每次勺子向他的小嘴边靠过来，他的内心就会一阵恐慌，这种恐惧感与日俱增、不断累积。对他而言，食物最后成了一种可怕的折磨，只会让他觉得恶心。"塔米玛写道，"可我必须那么做，因为我不知道有什么更好的办法，作为母亲，不让他挨饿是我的责任"。（我想，我们大多数父母或多或少都感受过类似的压力。）

反过来，如果一个孩子吃得太多（或者就爱吃不健康的食物），同样会让父母们害怕和烦恼，我们担心这会严重影响孩子以后的健康。道理也一样，我们要做的是鼓励孩子健康饮食，但也不能矫枉过正。任何节食过的人都知道，不让你吃某样东西，只会让你更想吃，孩子也一样。

20世纪90年代末的一项研究非常清楚地证实了这一点：禁止食用某种食物会让这种食物更受欢迎。研究人员给了孩子们两个选择——芝士鱼形饼干和普通小麦饼干，孩子们说他们更喜欢芝士鱼形饼干。然后研究人员告诉孩子们，他们不可以吃普通小麦饼干，结果普通小麦饼干的受欢迎度直线上升。当研究人员禁止孩子吃咸味零食时，他们会花更多的时间缠着研究人员要咸味零食，有的甚至直接提出要求。取消限制后孩子们吃的普通小麦饼干要少得多。[20] 禁止孩子吃零食的后果可能和成年人节食的后果一样严重。

那么，我们该如何履行家长的责任，既能保证孩子的营养，又不让吃饭成为一种折磨呢？首先，你得问问自己，孩子摄入的营养是否真的不够，是否出现明显的健康问题，比如严重超重、体重过轻或有维生素缺乏的迹象？如果有，就去看医生。如果身体健康没什么可担心的，那就试着放轻松，或许我们更应该帮助孩子找回吃饭的乐趣。

食物的乐趣：快乐的秘诀

父母津津有味地享受丰富的健康食物的样子，比施加压力、威逼利诱更有效。对于孩子的管束和控制——苦口婆心地劝孩子把盘子里的食物吃完，或者是非得把菠菜全吃了才能吃冰激凌——会让

第三章
吃饭大作战

孩子讨厌吃饭。

在盘子里摆些洗得干干净净的食物,孩子看了一眼就拒绝了,那么,孩子一定更排斥沾满了泥巴的胡萝卜和外表坑坑洼洼的梨子吧?但实际情况跟你想的可不太一样,要想让孩子喜欢上吃饭,不一定非得讲究干净整洁。有时孩子需要弄脏小手,才能品尝到食物的美味。

2011年,明尼苏达大学的史蒂芬尼·海姆和她的同事们招募了83名8—11岁的儿童,这些儿童当时正在参加一个为期12周的暑期项目。项目期间,他们造了一个"美味营养"的菜园,每周去菜园劳动两次,每次二三十分钟。暑期项目结束,孩子们回到家后,研究人员发现他们主动吃水果蔬菜的概率增加了,与基线相比,这些孩子的食物消耗量也增加了。[21] 那么,仅仅告诉孩子蔬菜和水果的好处有用吗?澳大利亚的一项研究将只上营养课的儿童与上营养和园艺课的儿童进行了比较,结果发现,虽然那些只上了营养课的孩子更有可能说他们喜欢蔬菜,但真正让孩子愿意尝试蔬菜的是园艺课。[22] 此外,还有一些证据表明,这样的园艺项目有助于孩子们的身心健康。他们能学会如何与他人合作,更好地了解自己的长处和能力,而这两者都是宝贵的生活技能。[23]

如果你的孩子不喜欢吃饭,但你又没那个条件给孩子弄个菜园,那最好的办法就是让他们参与烹饪过程。瑞士联邦理工学院的范·德·霍斯特教授收集了来自瑞士德语区300多个家庭的数据。为了确定孩子们是否有烹饪天赋,研究人员了解了父母们对以下五句陈述的认可(反对)程度:(1)我的孩子喜欢烹饪;(2)我的孩子对烹饪有兴趣;(3)烹饪让我的孩子的生活更加充实;(4)我的孩子喜欢尝试新的烹饪方法;(5)我的孩子喜欢帮助我烹饪。结果表明,

解码童年：
塑造孩子未来的科学指南

那些参与烹饪的孩子喜欢食物的可能性更高，与不参与烹饪的孩子相比，挑食的可能性也小得多。[24] 你明白了吧，家政课的意义可不只是教会孩子做苹果酥。

不过，这并不意味着孩子跟大人一起做饭一定能减少挑食。这也可能是因为挑食孩子的父母不愿意让孩子参与到烹饪的过程中，他们担心做饭时会为了吃饭的问题跟孩子吵起来。为了深入研究这一点，范·德·霍斯特教授邀请了47名6—7岁的孩子到他们的试验厨房用餐。有25个孩子是自己动手做的午餐——意大利面、油炸鸡丁、西蓝花和沙拉，父母只是在必要时给予帮助。其他22个孩子吃了同样的饭菜，但全是由他们的父母准备的。结果表明，自己动手做饭的孩子比其他孩子多摄入了大约四分之一的卡路里，多吃了四分之三的沙拉。[25]

但是，如果父母没有时间或者觉得自己的厨艺不够好，没有信心陪孩子一起烹饪该怎么办呢？北卡罗来纳大学公共卫生专家凯瑟琳·多尔蒂对8—12岁的孩子进行了干预研究，这些孩子当时在参加一个针对贫困家庭的暑期项目。在五天的时间里，这些孩子每天上两个小时的烹饪课，该课程由一名厨师和一名营养师负责，目的是要帮助孩子们了解不同食物的营养成分。但课程反馈表明，孩子们在学习后仍然不是很清楚健康的饮食应该是怎样的。不过这个项目确实培养出了他们对烹饪的热情。在这之前，几乎没有人用最简单的食材做过一顿饭——许多父母也承认自己厨艺不精。项目结束后的几个星期里，大多数家长说他们的孩子对食物更感兴趣，愿意帮忙做饭，甚至在外出购物时会建议父母买健康的食物。[26]

在英国，纽卡斯尔大学的科学家们对课外学生社团"美食俱乐部"做了一番研究。[27] 这个俱乐部主要是鼓励孩子们尝试新的食物、

第三章
吃饭大作战

学习实用的烹饪技巧,社团活动期间做的食物可以带回家,与家人分享。每节课仅收费1.4英镑。孩子们还自己编了一本食谱,里面有各种各样的烹饪方法,食材便宜,操作简单。

让父母惊讶的是自己的孩子居然能做出这么美味的食物。有个女孩的爸爸是这么评价女儿的:"她带回来的有些菜还真的挺好吃的,太出乎我意料了,女儿原来这么能干!"还有个男孩的妈妈说:"说实话,我没想到他能烧这么一手好菜,没想到他这么有创造力。"

但也有一些家长抱怨说,孩子的家庭作业太多,在家没时间尝试食谱。虽然他们也承认孩子们变得更自信了,也的确掌握了一项新技能,但在"美食俱乐部"养成的习惯很少能延续到日常生活中去。除非这些课程得到家长的支持,并且家长也有兴趣;除非孩子们在本已塞得满满的日程表中挤出一些时间,否则效果很快就会化为乌有。作为父母,我们的时间和我们的动机往往是决定孩子是否能从食物中获得享受的关键因素,也说明了我们对工作时间太长、工作时间不规律、报酬低的不满是有道理的。要想让儿童健康饮食,要想提高家庭的幸福感,真正有效的干预措施是政府积极主动地为成年人创造更好的工作条件。

坐下来一起吃饭吧!

要想让孩子好好吃饭,也许最持续有效的方法就是全家人坐下来一起吃饭。大量的研究表明,能一起吃饭的家庭的饮食更健康,也更丰富,孩子的体重指数更健康,发生饮食失调的概率更少,而且总体上更幸福。跟家人一起做饭的孩子挑食的可能性更小,而且

解码童年：
塑造孩子未来的科学指南

毫不意外的是，一起做饭的家庭坐下来一起吃饭的可能性也更大。[28]

新泽西州立大学的詹妮弗·马丁·比格斯教授和她的同事们发表了一篇论文，论文标题非常有趣——《坐下来吃饭吧！》。在论文中，他们回顾了有关家庭用餐习惯及其对家庭的影响的研究。结果发现，经常和家人一起吃饭的青少年和儿童的饮食习惯更健康均衡，吃外卖、汉堡快餐等不健康食品和零食的概率也更小。不管种族、阶层或收入等人口统计学因素如何，与父母一起吃饭的孩子比不跟父母一起吃饭的孩子能从饮食中摄入更多的维生素和矿物质。他们也不太可能出现饮食失调或变得肥胖。唯一的危险是吃饭时使用电子设备，比如刷朋友圈、看综艺节目或读电子书，但凡有家庭成员这么做，无论大人还是小孩，都会削弱其积极效果。[29]

当然，有时间教孩子做饭的家庭，高质量相处的时间也可能更长——比如在厨房、餐厅或者公园，而疲惫、压力大的家庭则处于不利地位。

明尼苏达大学的戴安娜·纽马克–施泰纳教授收集了来自明尼阿波利斯和圣保罗的1923个青少年家庭的数据。在这次综合调查中，她研究了家庭的饮食行为及其对家庭健康的影响；更为关键的是，她还研究了为什么对于有些家庭而言，规律饮食、健康饮食、一起分享食物要容易得多。[30]整体而言，受访者的饮食习惯相当不错。28%的家长表示，全家人一起吃饭时经常会有生菜沙拉（相同卡路里的生菜的碳足迹其实比培根要高）。70%的家长表示，他们经常提供蔬菜（不包括土豆）。21%的家庭表示，他们每周至少吃两次汉堡快餐或外卖。

为了帮助那些饮食不健康的家庭，政策制定者们想了各种各样的办法，比如大力宣传水果和蔬菜的好处，规定外卖食品多交税等。

第三章
吃饭大作战

可仔细分析这些数据后,研究人员发现,用所谓"肥胖税"来约束21%的人并不能解决问题。有项调查问卷研究的是人们工作与生活的平衡,问卷中有这样的陈述——"我虽然很想参加家庭活动,但由于工作需要,无法参加""因为工作的缘故,一家人相处的时候没那么愉悦,感觉有压力""工作耗去了太多的时间和精力,让我没法做自己心目中理想的父(母)亲"。该调查发现,越是"非常赞同"上述陈述的父母,工作生活的压力就越大,叫外卖的可能性就越大,饮食结构中包含绿色蔬菜的可能性也就越小。那些反映自己有抑郁症状,或者称家庭成员之间没时间好好沟通的父母,也不太可能抽出时间,每天晚上做丰富健康的饭菜。

那在外卖里放些胡萝卜条会不会健康一点?事实证明,麦当劳的餐品中所提供的果蔬也许比我们想象的要多。不过也算不上很多:毕竟一小袋水果蔬菜和一瓶新鲜果汁只是杯水车薪(番茄酱可不能算是蔬菜)。但在某些地区,麦当劳可能是当地唯一有新鲜水果或蔬菜的地方。2018年,美国当地自立协会通过调查发现,只销售罐装食品和袋装食品的一美元商店是黑人和低收入人群购买食物的唯一渠道。[31] 在英国现在也有一种趋势,超级市场正在从贫困社区销声匿迹,只残存一些较小的便利店,虽然这些便利店的确会运送一些新鲜水果和蔬菜,但往往会收取额外费用。44%的低收入家庭表示,他们居住地的健康食品价格高昂,他们负担不起,也难怪快餐在这些地区人口的膳食中占比例更高。[32]

不过,"食品沙漠"的蔓延并非不可避免。在美国,城市已经开始限制一美元商店的扩张,同时对那些以实惠的价格销售健康食品的商店征收较低的税,并提供贷款和补贴。但最重要的是,要提高贫困家庭收入,保障他们的收入,这样他们才会做出更健康的选择,比如全家人一起吃饭。

怎么才能让孩子领悟到食物的价值呢？一起吃饭是个好办法：食物不仅是健康的饮食，也是情感的载体、社交的手段。研究表明，保持食物多样性的父母、和孩子一起吃饭的父母，以及通过吃饭和孩子交流情感的父母，他们孩子的饮食习惯更健康。而禁止孩子吃某些食物的父母、命令孩子必须"光盘"的父母则往往没那么成功。[33] 一项面向 18 万名儿童和青少年进行的研究表明，每周和家人一起吃饭达三次或三次以上的人的体重更可能处于正常范围，饮食也更健康。[34]

最近美国有一篇政论《重回家庭餐桌：进餐与儿童健康和福祉》是这么说的："虽然家庭用餐时间平均只要 20 分钟，却已经深深地植入了社会、文化和经济生活中，而它又和儿童健康、幸福的指标相关联。"[35] 简而言之，共同进餐能让父母每周大约有两个小时的时间与孩子交流，进行有意义的对话，建立信任感和幸福感。虽然天长日久会有些乏味，但绝对不要低估和孩子们一起简单分享食物的重要性。和孩子吃饭时要尽可能地放松，正是在这 20 分钟左右的时间里，你能全面地了解孩子的幸福感、个性、好恶等。你也可以尝试新的食物，建立新的习惯，产生新的想法。让孩子看到你愿意尝试新事物的态度。养成健康的习惯，跟孩子谈谈你一天的工作、生活，把压力抛在脑后吧。

所以，如果你像我一样，认为成年人要面对高压力、低回报的工作，所以一家人很难坐下来一起吃饭，那不妨试试用这本书中所列举的科学研究结果来武装自己，行动起来，改变现状。征收"肥胖税"没有用，稳定的工作和有保障的生活才是最有效的办法。长远来看，如果每个人都能和孩子一起用餐，整个社会都会从中受益。

第四章

睡眠这件事从来都不简单：

从"快去睡觉！"到"怎么还不起床？！"

From 'Go the F*ck to Sleep' to
'Why Are You Still in Bed?!':
Why Sleep is Never Simple

睡眠训练所要解决的往往不是孩子的睡眠障碍问题，而是父母的问题。

随便找个新手妈妈问问她睡眠是否充足，你得到的回应多半会是无奈的苦笑或是心酸的眼泪。婴儿每天的平均睡眠时间长达 13 小时，学步期儿童大约 11 小时，而照顾他们的大人却长期睡眠不足，这说起来似乎很不公平。所以在这一章里，我除了要讲儿童睡眠，也要说说成年人的睡眠，而且后者并不比前者的篇幅少。**因为要想更好地养育孩子——或者更好地去做每一件事情——前提都是保证足够的睡眠。**

婴儿需要长时间的睡眠，这是由新生儿的体格大小和新陈代谢需求决定的。简单来说，小家伙们得吃东西，新生儿的胃一开始只有核桃那么大，而他们又得快快长大，所以只能频繁地吃奶。到了 20 世纪五六十年代才有人提出让婴儿睡整夜觉这个理念，当时奶瓶喂养正风靡一时。由于婴儿消化配方奶粉的速度比消化母乳慢，因此在那个年代，婴儿吃夜奶并不多见。

慢慢地，人们就形成了一种观点——婴儿整夜不醒才是正常的，而且这个观点得以沿袭下来，但其实它与母乳喂养和婴儿睡眠的神经生物学机制是矛盾的，可人们却完全忽视了这两点。另一方面，目前我们离标准的八小时工作制还有很长的路要走，多数人没有足够的时间，得不到充分的休息，多数成年人的睡眠严重不足。

新闻标题常常耸人听闻，强调长期睡眠不足的后果如何严重，再加上孩子夜里老醒，这让父母们更加绝望。睡眠让父母和孩子发

第四章
睡眠这件事从来都不简单：从"快去睡觉！"到"怎么还不起床？！"

生冲突，也让双方都感到压力。或许你觉得喝多少咖啡也解决不了问题，那我敢保证，跟你一样无助的父母还有很多。接着往下读吧，前提是别打瞌睡哦。

成人的睡眠是个周期交替的过程

目前科学家们尚不清楚人类睡眠的神经机制。现在我桌上放了大约 50 篇同行评议过的论文，其中有 45 篇论文认为，睡眠机制比较复杂，剩下的 5 篇论文的结论是睡眠机制真的非常复杂。这是因为我们只能通过核磁共振成像技术或者头皮表面电荷的变化（即脑电图 EEG）来观察人脑的活动。

核磁共振成像仪测量大脑不同部位血液供应的氧饱和度的相对水平，大概每 0.1 秒测量一次，分辨率约 3 毫米 ×3 毫米 ×3 毫米。利用核磁共振成像技术来"读取想法"，就像是用蜡笔画的翻页动画书来确定大脑某部分是否"越位"。

脑电图则是通过测量头皮上几个不同部位的电压来了解大脑不同区域的电流变化方式。利用脑电图来"读取想法"则像通过听体育场里人群所发出的噪音来确定大脑某部分是否"越位"。

遗传学的解释同样复杂。例如，在上文所提到的 50 篇论文中，有几篇论文研究了一个关键基因，这个基因能帮助人们做出决定，是否该睡觉了。这个基因及其所产生的蛋白质叫作 TNF-α。TNF-α 是一种肿瘤坏死因子的缩写，它能够使多种肿瘤出血性坏死。一开始科学家只知道它能导致肿瘤坏死，后来才发现它也能抑制食欲，增加胰岛素抵抗，调节人们对苦味的感知，但这个名字一直沿用下来。这就好比移动电话虽然叫移动电话，但它的功能不仅仅局限于打电话，也可以用来上网、打游戏、发信息、拍照、导航等。

我非常关心你们，亲爱的读者们，所以我才会冒着精神错乱的风险，把这 50 篇艰深难懂的研究都仔细看了一遍，下面就把我的发现告诉大家。

我们现在知道，TNF-α 表达的是大脑星形细胞内的一种蛋白质，叫作星形胶质细胞。这些细胞从生理和代谢两个方面为神经元提供支持——它们既能为神经元提供支持，把神经元分隔开，也是一种糖原供应机制，能为神经元提供营养。但最近科学家发现，这些细胞的作用不限于此，它们还有自己的信号传递功能。星形胶质细胞白天积聚 TNF-α，然后将其释放到邻近的神经元中，在那里它与接收器发生作用，从而让人产生睡觉的欲望。[1]

这还没完。大脑中至少有两个过程：过程 C（我们的昼夜节律）和过程 S（睡眠压力）。[2] 昼夜节律每天都会由授时因子重新设定，授时因子就是来自外界的环境信号，包括光照水平、温度、运动强度，甚至社交互动，它也可以解释为什么很多人活动受限时都会有时差反应。

对睡眠影响最大的授时因子就是光的强度和颜色。明亮的蓝光（短波光）似乎能重置生物钟，刺激食欲，提高能量水平，甚至会影响体温。受到蓝光影响的身体状态与一天中最亮时间段的身体状态是一样的，科学家可以预见到，蓝光会给我们的身体带来哪些改变。科学家们可以让人处于实验条件下，通过人工模拟的方式，改变每天的时长，观察他们昼夜节律的变化。

TNF-α 水平只是随着昼夜节律而变化的因素之一。另一种物质

第四章
睡眠这件事从来都不简单：从"快去睡觉！"到"怎么还不起床？！"

是能帮助控制昼夜节律的褪黑素。白天褪黑素的分泌量极少，当夜幕降临时，松果体开始分泌褪黑素，并在夜间持续分泌，但醒来前褪黑素会消失，它有助眠作用。超过300勒克斯的光线就能抑制褪黑素的产生，如果你现在正打算通过看书来催眠的话，这是个坏消息：因为对于大多数人而言，想要避免眼疲劳，光线水平至少要达500勒克斯[1]。

与过程C相比，我们对于过程S，也就是"睡眠压力"的了解更少。睡眠压力是一个含混不清的概念，就像我们把"进食压力"很随意地描述为"进食间隔越久，可再次进食的可能性就越大"，但实际上进食压力不仅仅是有饥饿感。虽然我们无法得知深度睡眠时的真实感受，因为人在深度睡眠时是没有意识的，但实验表明，剥夺人们的睡眠——会诱发更多的睡眠压力——不仅会影响入睡速度，也会影响睡眠深度。

过程C和过程S过程通常是一致的——睡眠压力在褪黑素开始分泌的时候达到峰值——但对于失眠者、夜班工作者、有时差反应的人和青少年来说，这两个信号往往不同步。也就是说，虽然褪黑素的分泌是在夜晚达到顶峰，但他们却会在白天打盹，因为睡眠压力已经累积到了一定水平；他们也可能到了夜晚却睡不着，因为睡眠压力水平较低。

人与人之间的睡眠需求和昼夜节律差异很大，这种差异在一定程度上是由遗传因素决定的。有些人只需要普通人四分之三的睡眠，但他们的状态同样很好。有一个发生了基因突变的家族，每天只需

---

[1] 适宜阅读和缝纫等的照度约为500勒克斯。——译者注

要 6.25 小时的睡眠就能保证身体正常运转。或许你会说,"我每天也睡那么少",但你需要的睡眠可不止那么些,但对于这个家族的成员而言,6.25 个小时的睡眠就足够了。

该家族需要的睡眠如此之少是因为他们某一个基因中的碱基由 C 突变为 T,其概率为大约每 10 万人中只有 4 例。领导这项研究的是加利福尼亚大学旧金山分校威尔神经科学研究所的傅嫈惠教授,她指出,发生这种基因突变的人往往更乐观,更精力充沛,更擅长同时进行多项任务,对于疼痛的耐受力更强,也不会出现时差反应。真是太让人羡慕了。

傅教授说:"天生睡眠需求少的人睡眠质量和睡眠效率也更高……研究他们的目的是想要了解怎样才能让普通人一夜好眠,让所有人都能睡得更好、更健康、更快乐。"依我看,科学家们大可不必投入那么多资金去研究如何在火星上定居,睡眠才是亿万富翁们更值得关注的问题。

到目前为止,科学家们研究得最多、也是最有趣的睡眠阶段是异相睡眠,也叫快速眼动睡眠(REM)。我们知道快速眼动阶段很重要:人们在这期间会做梦,婴儿一半的睡眠是快速眼动阶段,成人只有五分之一。我们也知道,在睡眠严重不足的情况下,非快速眼动睡眠(NREM)会减少,而快速眼动睡眠则被保留下来。[3] 我们似乎更青睐快速眼动睡眠,而不是非快速眼动睡眠,但是非快速眼动睡眠对于身体健康而言又是必不可少的,由此我们推断,快速眼动睡眠一定有它的好处,而且它的好处一定大于它的弊端。

刚出生的婴儿跟我们不一样,他们可以直接进入快速眼动睡眠阶段,而年龄较大的儿童和成人通常会经过慢波睡眠阶段才能进入快速眼动阶段。刚入睡时,多数成年人大约需要 90 分钟才能从非快

第四章
睡眠这件事从来都不简单：从"快去睡觉！"到"怎么还不起床？！"

速眼动睡眠过渡到快速眼动睡眠。我们成人至少需要两个小时的睡眠才能进入第一个快速眼动期，一夜大概要经历四五个快速眼动期，这样才能够应付成为新手父母的压力。

但是婴儿要到 3—6 个月大时，对授时因子敏感的组织结构才开始成熟——比如下丘脑视交叉上核，才能形成昼夜节律。儿童的快速眼动睡眠模式发展缓慢，直到差不多满一周岁时才开始跟成人的模式有些相像。[4] 那么，我们该如何应对这些直接进入快速眼动睡眠期的小婴儿呢？他们一次大概只睡两个小时，新手父母要想不变成睡眼惺忪、蓬头垢面、一点就着的"炸药包"，可真不容易啊！

那父母们应该怎么办呢？或许你并不喜欢我给的答案，但你最好还是按照下面几条来做：

- 接受现实：跟成年人一样，每个孩子需要的睡眠时长不同，睡眠模式也不同，初为父母，睡眠不足在所难免。
- 如果可能的话，跟其他人一起照顾孩子，这样至少能保证四五个小时的休息时间。
- 利用碎片时间随时小睡。

如果不这么做，你整个人的状态会很糟糕。

父母们总是睡眠不足

哈啰，睡眠严重不足的家长们，要是有人问你，为什么脾气暴躁，为什么笨手笨脚，或者为什么心烦意乱，我建议你用上面的标

解码童年：
塑造孩子未来的科学指南

题来回答他。

19 世纪 80 年代，睡眠研究领域的先驱人物玛丽亚·曼娜辛纳博士通过一些系统的方法，让实验室里的狗时刻处于清醒状态，结果发现，被剥夺睡眠两周的狗差点丧命。[5] 这也是为什么在 20 世纪的最初 20 年，家长们对儿童的就寝时间和睡眠习惯突然感到恐慌的原因，而且从那时起到现在，这种恐慌从未消失。[6] 虽然后来科学家们发现，人类不同于狗、老鼠和兔子，不会因为睡眠不足而死亡①：如果长时间处于清醒状态，人脑会自动微睡眠。

但是睡眠不足会带来一些很糟糕的后果。它们共同形成了一系列症状，我们可以统称为"心力交瘁"。研究睡眠的科学家们想知道长期限制睡眠会带来怎样的影响，于是他们就利用一个自然实验的方法：将疲惫不堪的人群作为研究对象。严重缺觉的新手父母们刚好能为长期睡眠障碍研究提供极好的数据——科学家们在研究疲劳对于智力活动的影响时，常常会招募新手父母作为志愿者。

弗朗西斯卡·普莱索教授和她在德国德累斯顿大学和伍尔茨堡大学的同事们将两组父母进行了对比，一组父母称自己每晚睡眠时间少于 7 小时，另一组睡眠时间超过 7 小时。令人吃惊的是，在有关疲惫水平、幸福水平和压力水平的问卷调查中，这两组父母的答

---

① 或者说至少不会直接致死，但可能会间接致死。美国国家公路交通安全管理局驾驶员疲劳和困倦专家组的统计数据显示，截至 1999 年，美国平均每年有 1,500 人死于疲劳驾驶，40,000 人死于非致命性损伤；1995 年英国发生了至少 679 起与睡眠有关的事故，西南英格兰 16% 的重大交通事故与中部地区 20% 的高速公路事故都与疲劳驾驶有关。大多数司机都是男性，大约一半在 30 岁以下，商业营运司机在车祸中所占比例偏高。最容易发生事故的时间是凌晨 2 点、6 点和下午 4 点。[7]

第四章
睡眠这件事从来都不简单：从"快去睡觉！"到"怎么还不起床？！"

案非常相似。两组父母的认知受损程度也很相似。然而，当他们在完成与大脑执行能力有关的测试时，睡眠不足的父母表现得略差。[8]

测试要求参与者判断一个数字是奇数还是偶数，或者判断这个数字是小于还是大于五。研究人员想知道，当任务在"是奇数还是偶数"和"小于还是大于五"两者之间切换时，每组父母需要多长时间才能反应过来，给出正确答案。研究人员发现，休息较好的父母在切换任务时只需多花 0.2 秒的时间，而疲惫的父母则要多花 0.3 秒。你可能会觉得，0.1 秒也没多久啊，但其实差别很大。无论性别，新手父母们都很难切换注意力，而且睡眠越少的父母越难转移注意力。普莱索教授和她的同事强调，睡眠不足的父母并不认为自己的反应比其他人慢，并警告说："长期睡眠不足的新手父母没有意识到自己的认知损伤。"换句话说，要是你不确定自己是否被脑雾所困扰，很可能你已经出现脑雾了。

对父亲的研究往往不如对母亲的研究全面，而睡眠是为数不多的对于两者的研究都比较详尽的几个领域之一。别误会我的意思，当谈到宝宝的睡眠时，妈妈仍然是关注的焦点，但最近有研究指出，爸爸跟妈妈一样，在宝宝出生后的头几个月或头几年都会缺觉。2004 年发表的一篇论文有了开创性的进展，它指出"新手爸爸也会受到新生儿随机睡眠－觉醒周期的影响，而且夜间也会经常帮忙照看孩子"。[9] 我很高兴爸爸们也参与到了育儿过程中！

晚上照看孩子是多么艰巨的任务？！不过，从长远看，你不必太担心，因为它多半不会给你带来持久的伤害。众所周知，长期睡眠不足（比如昼夜轮班的工作者的睡眠不足），会对健康产生长期影响，会导致心血管疾病和某些癌症，但父母睡眠的缺失通常更不规律——至少从孩子出生后的一年到一年半如此——所以短期影响较为严重。

首先是心理健康。最近的研究表明，睡眠不足会导致更高水平的抑郁和焦虑，也会让我们难以分辨自己或他人的情绪状态。[10] 如果孩子睡眠不足，则会情绪崩溃、爱发脾气，或遇事畏缩。对于父母而言，除了以上问题，他们还会产生强烈的挫败感，变得脾气暴躁，缺乏耐心——甚至更糟。从午夜 12 点到早上 6 点这个时间段的睡眠少于 4 小时，白天小睡时间少于 60 分钟的母亲比睡眠时间较多的母亲患抑郁症的风险要高得多，不管她们孩子的脾气如何。[11] 我敢肯定，在女儿出生的头几个星期，睡眠不足是我突然抑郁的原因之一。

无论性别，睡眠不好的人的长时记忆和短时记忆能力都会受到影响。[12] 让我想想，我还要说什么来着？嗨，我好像已经忘得一干二净了。

而且，睡眠不足确实会让你感觉更糟。研究发现，一夜没睡好的志愿者会说他们对疼痛的感觉更强烈，核磁共振成像仪确实也观察到他们的大脑体感皮层①更活跃。仅仅是一晚上的睡眠被频繁打断，就足以让人感觉各方面都很糟糕。[13]

睡眠不足也会损害生理健康。人体中有种叫 nemuri 的基因蛋白会产生一种蛋白质 NUR，它既能杀死微生物，又能促进睡眠。当人生病时，常常得不到足够的睡眠，这会抑制 nemuri 基因的表达，让我们体内的 NUR 蛋白质减少。睡眠不足也会干扰 T 细胞的活动，T 细胞是一种白细胞，它能通过一种被称为整合素的黏性蛋白质杀

---

① 该区域负责收发来自感官接收器的信号，其中包括痛觉接收器——当身体受到不同程度的伤害时，它能发出相应的信号。

第四章
睡眠这件事从来都不简单：从"快去睡觉！"到"怎么还不起床？！"

死病毒。[14] 所有的非处方感冒药都不能治愈感冒，吃"让人不瞌睡"（含咖啡因）的感冒胶囊确实能让你勉强打起精神去上班，但它也会降低你的免疫反应，让你把感冒病毒散播到更多地方，传播给更多的人，结果就是更多的人得去买感冒药。（我不是阴谋论者，但对于有些行业来说，让感冒的人出门冲着别人打喷嚏，似乎比让他们在家睡觉能赚到更多钱。）实际上，只要感冒了，小孩也好，大人也好，最应该做的事就是闷头睡大觉。

但什么事都是说起来容易做起来难，保证充足的睡眠也是如此。对于新手父母而言，这更加棘手。父母让孩子睡觉，孩子听了会不高兴；我让你们早点睡觉，你们听了同样不高兴。但只有保证充足的睡眠，你才能以良好的状态应对新生儿所带来的混乱和焦虑。

我们不仅要关注孩子的睡眠需求和睡眠习惯，也要给自己同等的关注。 研究表明，父母在养育孩子的压力之下，往往会忽视自己的睡眠。即使是简单的、有益于睡眠的锻炼也能起到一定的帮助。多伦多大学的罗宾·斯特姆勒博士和她的同事们发现，在六周的后续随访中，那些接受个性化睡眠建议的母亲比未接受建议的母亲每晚能多睡将近一小时。[15] 有趣的是，研究人员在给出相应的指导之前，会先花时间了解母亲和婴儿的需求和习惯，这在同类研究中并不多见。研究团队的指导包括帮助有入睡困难的母亲进行渐进式肌肉放松等；他们安慰焦虑的新手妈妈，让她们明白在婴儿出生的头几个月里，睡不到整夜觉是很正常的，特别是母乳喂养的妈妈；他们建议疲惫的母亲利用碎片时间打盹，晾衣服这样的杂事尽可能让别人去做；最主要的是要让她们理解，对于每个妈妈来说，养育孩子的头几年都很艰难。到研究结束时，接受个性化建议的母亲们休息得更好，心态更积极，而且能更好地应对困难和艰辛。所以，你今晚睡觉前不妨把灯调暗、关上手机，深呼吸、放松肌肉，尽可能地让自己睡个好觉吧！

要是孩子把你吵醒了，不如就让他躺在你身边，一起进入梦乡吧。

要不要跟孩子一起睡？

所有的灵长类动物都会和自己的宝宝"同床共枕"，一直到它们成年，人类则是例外，尽管人类的宝宝在出生时发育得最不成熟——他们的大脑只有成年人大脑体积的四分之一。非灵长类动物出去觅食时会把宝宝留在巢穴里，这段时间宝宝是处于一种停滞状态，以防自己成为其他动物的午餐。但它们并不是真的睡着了，只是非常安静，它们既不哭闹，也不拉屎尿。可人类的婴儿绝非如此，他们肯定会哭、会拉屎尿。[16]

在 WEIRD 文化中，一致意见是建议家长们不要跟孩子一起睡。想要孩子睡整夜觉？大家普遍认可的黄金法则是让宝宝小腿伸直，安安稳稳地平躺在婴儿床里。但这个黄金法则究竟站不站得住脚，很值得探究。也有专家建议家长跟孩子分房睡，原因大同小异：同床睡不利于孩子独立性的培养①，而且会妨碍丈夫与妻子"接触"。[17]因此，专家现在仍然强烈建议母亲们要训练孩子自己睡，这样他们才能睡得好。但从世界各地的证据来看，这种训练方式并不合理。

---

① 我们现在知道，研究数据并不支持这一理论，而且，事实甚至恰恰相反。

第四章
睡眠这件事从来都不简单：从"快去睡觉！"到"怎么还不起床？！"

例如，在日本，有一个概念叫"娇宠心理"，这个词极难翻译，大致上是说孩子对父母的依赖和父母对孩子的宠爱是相互依存的。也就是说，与注重培养独立性的西方工业化国家相比，父母跟孩子同睡在日本要普遍得多，日本文化更注重培养亲近感。[18] 研究表明，与美国六个月到四岁的孩子相比，日本同年龄段的孩子夜里醒的次数更少，吵醒父母的频率也更低，这或许是由两个国家育儿理念的差异所造成的。[19]

在北欧，特别是在冰岛和瑞典，跟孩子"同床共枕"也未显现出任何不良影响。在瑞典，很多孩子和父母一起睡，在八岁之前，大约有三分之一的男孩和一半的女孩至少会在某些晚上跟父母睡。这并不意味着孩子没有独立的空间；确切地说，这是由孩子自主选择的，孩子愿意，家长也喜欢。瑞典皇家医学院的人类学家芭芭拉·韦尔斯-尼斯特罗姆博士说，瑞典的父母根本不担心跟孩子一起睡有什么不利的影响，他们认为这其实是一种满足孩子情感需求的好方法，孩子到了一定年龄自然会跟父母分房睡，而且，跟孩子一起睡也非常温馨。"我们白天几乎看不到孩子，就想在晚上把我们的爱补上。"一位学龄儿童家长解释道。[20]

寒冷的天气跟孩子一起睡当然温馨，可身边躺着一个醒着的小宝宝会不会让你更清醒？跟孩子一起睡似乎能减少睡眠问题。在有些国家，婴儿和学步期儿童就算不跟父母睡一张床，也至少跟父母住同一个房间，大人却鲜有睡眠问题出现。[21] 这似乎有悖常理，有个总把你吵醒的人在你房间过夜，可你却睡得更好，孩子在父母触手可及的距离睡觉（近到能在他们哭闹之前听到他们不舒服时发出的哼唧声），似乎有助于大人的睡眠。

孩子和父母一起睡，母乳喂养也更容易。印第安纳州圣母大学

解码童年：
塑造孩子未来的科学指南

的詹姆斯·麦肯纳教授和托马斯·麦克达德教授全面研究了WEIRD文化中孩子和大人一起睡的风险和好处。他们回顾了各国的相关研究，发现在西方社会，母乳喂养与孩子是否跟父母同睡有着明显的联系。而在其他国家，母乳喂养、孩子跟父母同睡是如此普遍，所以几乎没什么可比性。研究表明，妈妈夜里起来到另一个房间给婴儿喂奶非常麻烦——母乳喂养与同睡是相互促进的。母乳喂养的越多，睡在一起的时间就越多；睡在一起的时间越多，母乳喂养的也就越多。[22]

但是孩子跟大人同睡有危险吗？提倡让孩子单独睡的人认为，这非常危险。但如果仔细分析死亡案例，我们会发现，问题显然并不是由同睡引起的。几乎所有的案例都涉及其他因素，比如父（母）吸毒或酗酒，宝宝是跟兄弟姐妹一起睡而不是跟父母睡，或者睡的是沙发或水床。[23] 而且，很不幸的是，有些悲剧之所以发生，反而是因为禁止孩子跟父母"同床共枕"：英国有项调查访谈了一些失去亲人的家庭，发现至少有两个家庭是因为父母跟宝宝一起躺在沙发上时不小心睡着了而发生事故，这些父母听到的意见是不能把孩子带到床上，造成悲剧的罪魁祸首其实是沙发。[24]

而麦肯纳教授和麦克达德教授的结论是：无论在什么情况下，婴儿都不应该一个人睡。[25] 他们对此直言不讳。他们在2005年发表了一篇综述性论文，论文总结了迄今为止与该问题相关的所有研究成果，论文摘要中的结论如下：父母与孩子同睡，尤其是和母乳喂养的妈妈同睡，哪怕只是睡在同一个房间而不是在同一张床上，也能够挽救生命。同时，这篇论文也极好地解释了为什么我们应该摒弃"无论如何都不应该跟宝宝一起睡"这样的建议，它不仅过于绝对，从科学的角度来讲也不严谨，且极具误导性。与单独睡的母亲

第四章
睡眠这件事从来都不简单：从"快去睡觉！"到"怎么还不起床？！"

相比，与孩子同睡的母亲母乳喂养的时间要比单独睡的母亲长三个月。这是因为母亲和婴儿躺在床上就能实现"夜间喂养"，与奶瓶喂养相比，母乳喂养实际上可以每晚为妈妈多争取 30 分钟左右的睡眠时间。[26]

不过，父母跟孩子一起睡的方式不尽相同。该领域的研究人员越来越注意区分同房睡和同床睡两种方式。更复杂的是，有一部分科学家把可拼接大床的婴儿床界定为与父母同房睡，而另一部分则将其界定为同床睡。不过，只要婴儿附近有"可信赖的、尽心尽力的看护者"，那么同房睡或者同床睡并不会造成很大差别。[27]

至于安全问题，研究结果给我们带来很多启示：

一、家长绝对不能和婴儿或者还不会爬的宝宝一起睡在沙发、水床或其他不稳定的表面上；

二、酒后或服用任何有助眠作用的药物后都不能跟孩子同睡；

三、不能使用过于蓬松的被褥或枕头，因为孩子面部可能会被完全遮盖；

四、在孩子翻身所能到达的区域不要留任何缝隙，比如婴儿床和墙壁之间，这样可以防止孩子滚下去或被卡住。[28]

大样本研究表明，至少 50% 的西方国家的儿童在某个阶段会跟大人一起睡——在母乳喂养的家庭，这个数字更是高达 70%。[29] 但多数家长都不会声张，因为他们觉得跟孩子一起睡似乎与育儿专家们明智的建议背道而驰，这么做可能会给孩子带来危险。对此，麦肯纳教授和麦克达德教授说："母亲的身体仍然被视作潜在的致命凶

解码童年：
塑造孩子未来的科学指南

器——睡着时她们就像木制的擀面杖一样，无论是母亲自己还是婴儿都无法控制。"这一说法虽然略显夸大，但多少也道出了主流社会的看法。事实上，研究人员观察到，与不跟宝宝同睡的妈妈相比，跟宝宝同睡且母乳喂养的妈妈醒来的频率更高，因为她们能觉察到孩子呼吸或位置的变化。麦肯纳教授和麦克达德教授说，与分房睡相比，安全的同睡能让婴儿猝死综合征的概率降低50%："婴儿附近有尽心尽力的看护者，这对婴儿能起到强大的保护作用。"[30]

然而，有些父母担心与孩子同睡会不会增加环境中二氧化碳的浓度。加利福尼亚大学欧文分校医学中心的萨拉·莫斯克博士和她的同事为了弄清楚这个问题，以12组同睡的母亲和婴儿为研究对象，研究人员通过录像观察了他们睡眠时通常采用的姿势。[31]该研究团队发现，一整夜大概有三分之二的时间母亲和婴儿会自动面对面地睡着，且距离不超过20厘米，母亲侧卧面朝婴儿，婴儿侧卧或仰卧。于是莫斯克博士又招募了一些小宝宝的妈妈，让她们侧卧着，同时测量了距离她们鼻孔3厘米到21厘米处的二氧化碳浓度。这些妈妈们侧卧在布娃娃的旁边，布娃娃连着一根取样管，研究人员测量了两种情况下二氧化碳的浓度——脸上盖毯子和不盖毯子。

即便妈妈和布娃娃的脸上盖了毯子，即便是最近的距离，二氧化碳的峰值浓度也不会高到足以造成伤害的水平，却能促进婴儿呼吸。这是因为呼吸冲动不是由氧气缺乏引起的，而是由空气中的二氧化碳引起的。这也是为什么自由潜水①不能靠过度吸气来延长在水下的时间。当身体排出大量的二氧化碳时，呼吸的欲望会降低，此

---

① 自由潜水是指不携带氧气瓶，只通过自身调节呼吸尽量深潜的运动。——译者注

第四章
睡眠这件事从来都不简单：从"快去睡觉！"到"怎么还不起床？！"

时大脑完全无法判断身体是否已经耗尽了氧气。自由潜水员之所以会昏厥、新生儿之所以会被长时间呼吸暂停夺去生命，都是由缺乏二氧化碳造成的。莫斯克博士和她的研究团队认为，含有少量二氧化碳的空气能促进婴儿更有规律地呼吸。

长期母乳喂养还有一个间接的影响，它可以预防婴儿猝死综合征，而不是增加患该病的风险。母乳喂养对于婴儿猝死综合征的发生能起到轻微的防护作用，跟宝宝同睡的妈妈更容易醒，而且妈妈什么时候睡着、什么时候醒，往往跟宝宝一致。也就是说，跟孩子同睡的父母对孩子的困境能更快地做出反应。

所以短期来看，父母跟孩子同睡是安全的。那么长期影响又如何呢？一些育儿领域的意见领袖坚持认为，跟父母同睡会削弱孩子的独立性：这样只会养出来一个永远无法摆脱对父母依赖的"妈宝男"。但数据恰恰相反。那些从几周大开始到一岁，有时候跟父母睡的孩子学习独立技能的速度更快，比如如何穿衣打扮。他们在社交方面也更加独立，主动交朋友和主动跟人攀谈的时间更早，也更频繁。[32] 梅雷特·凯勒教授和温迪·戈德伯格教授提出了一个假设——跟孩子一起睡的父母也是给予孩子更多自主权的父母。虽然这个假设有些道理——那些给孩子更多自由的父母确实对同睡表现出轻微的偏好，但这不足以解释小时候跟父母同睡的孩子与单独睡的孩子的社交能力和实际独立能力的差异。

跟父母同睡的孩子性情似乎也更温和。有科学家以生活在军事训练营的孩子为研究对象，发现跟父母同睡的孩子往往表现得更好，而且与单独睡的孩子相比，他们也更具亲和力。[33] 与那些从未跟父母"同床共枕"大学男生相比，小时候跟大人一起睡的大学男生的焦虑感和内疚感水平较低，自我价值感水平较高。与小时候单独睡的女性相比，小时候跟父母一起睡的女性能够更自如、更从容地付出爱，接纳别人的爱[34]，而且她们的自我价值感水平也更高。[35] **与父母同睡不仅不会伤害自信心、独立性和自我价值感，反而会起到促进作用。**

有一本著名的睡眠训练书坚称，任何想和孩子同睡的父母都应该"仔细地思考一下，他们的感情是不是出了些问题"。[36] 但只要我们认真看一下数据，就会发现严格禁止大人与孩子同睡会在两方面产生负面作用：一是儿童的身心发展，二是安全性。它会减少母乳喂养的时间，让原本正常的睡眠模式趋于病态，而且剥夺了父母和孩子在一起的美好体验。如果大人和小孩"同床共枕"能让全家人一夜好眠的话，你还犹豫什么呢？！

宝宝夜间醒来是正常的

可如果有家长想让孩子单独睡呢？逐步放手是完全可行的，但很多家长总是期待过高，以为孩子一下子就能断了同睡的念想。

失眠、中途醒来、尿床或抗拒睡觉是所有孩子都会经历的——这些行为统称为"睡眠障碍"。睡眠障碍不仅非常普遍，而且它是自限性问题，不会造成持久的伤害，这下你总该放心了吧。[37] 基本上，只要孩子的睡眠没有耗去你大部分的精力和耐心，孩子在社交、发育或学习方面也没有明显落后，那我们就可以称其为"成长挫折"，这个表达更精确。各个国家的孩子都会中途醒来，哭泣，要亲亲抱抱，说他渴了、饿了，或者一口咬定床底下有怪物，要大人再讲个故事，也可能什么也不说，一直哭闹。但不同文化对其有不同的分

第四章
睡眠这件事从来都不简单：从"快去睡觉！"到"怎么还不起床？！"

类方式，而分类方式的差异反映出的正是父母思维方式和主流文化的差异。

研究发现，"睡眠问题"在很大程度上受文化的影响。[38]20世纪90年代，有一项研究比较了意大利和美国学步期儿童的睡眠状况，结果发现，意大利父母不会给孩子规定明确的就寝时间，意大利儿童睡得比美国儿童晚，醒得却早，但他们没有明显的不良反应。意大利儿童参与家庭的社交生活、与父母外出的可能性也大得多，往往等不到回家上床就已经睡着了。[39]在日本，学龄儿童经常会在傍晚时分打个盹，然后父母把他们叫醒，给他们端来茶和小点心；日本的学龄儿童在父母就寝后还要学习很久，这种做法等于是在补充能量，恢复精神。[40]

有些社会甚至都没有就寝时间的概念。据人类学家的报告，在巴厘岛，大家庭的成员会轮流帮助照顾孩子，无论是白天还是晚上都有人抱着孩子。因为社会是围绕着宗教仪式来组织的，而宗教仪式通常在晚上举行，并且一直持续到天亮，所以在社会活动中，成年人和儿童打瞌睡都是正常现象。就算在观看音乐、唱歌和吟诵表演，就算是站在那儿，他们也能随时随地睡着，而且这种能力会一直保持到成年。人类学的先驱人物玛格丽特·米德教授指出，宗教仪式上打瞌睡很自然，不仅观众会打瞌睡，就连表演者也会。[41]

同样，在危地马拉高地的玛雅人家庭中，孩子们只要觉得困了就睡，经常是大人抱着睡觉，或者是由父母带着去床上睡觉。孩子跟妈妈睡一张床，一直到两三岁，然后才会"搬"到父亲或是哥哥姐姐的床上。所有家庭成员都睡在同一间卧室里，父亲和母亲通常各睡一张床，这样每个孩子旁边都能有个大人。[42]当地人觉得孩子独自睡觉非常可怜，当人类学家告诉他们，西方国家的父母让孩子自己睡一间房的时候，他们都吓坏了，觉得孩子受到了冷落。

文化没有对错——它们只是体现了不同的价值观。玛雅人的方法以家庭成员之间的亲密关系和相互支持为重，而 WEIRD 文化则是以培养独立性为重。奥斯卡·詹尼教授和邦尼·奥康纳教授共同撰写了一篇关于睡眠的文化影响和生物影响的论文综述，文中是这么说的："很显然，玛雅人的父母……像美国父母一样，他们都会把孩子的睡眠模式与促进孩子社会化这个目标联系起来。"[43]

可既然让孩子独立地睡整夜觉这个目标难以实现，那 WEIRD 文化为何还如此偏执呢？这可能与我们工作生活的组织方式有关。下面要介绍的这个自然实验能让我们观察到一个社会是如何从基本上能自给自足的农业社会向雇佣社会过渡的，这个实验发生在喀麦隆。[44] 在喀麦隆，自给自足的农民都在同一时间、同一张床上一起就寝，而在父母至少有一人外出工作的家庭中，分床、分时间就寝则是常态，至少对四岁以上的儿童来说是这样。

在 WEIRD 社会中，人们认为"正确"的睡眠方式是要睡整夜觉，或者至少得努力睡整夜觉。我们会训练孩子这么做。但是这种睡整夜觉的睡眠模式——单相睡眠模式——是一个相对较新的概念。[45] 至少早在 13—19 世纪，史料里有"第一次睡眠"和"第二次睡眠"的记录。第一次睡眠是深度、安谧的睡眠，接下来一段时间是醒着却平静的状态，人们会祈祷和冥想。

这一现象早在 17—18 世纪的医学文献中就有记载，文献中建议人们第一次睡眠应采取右侧卧位，第二次睡眠应采取左侧卧位以促进消化，实现更优质的睡眠。根据历史学家的说法，睡整夜觉的倡议是随着"现代照明技术"的出现而出现的。[46]

在 WEIRD 文化中，我们渴望让孩子成为独立的单相睡眠者。

第四章
睡眠这件事从来都不简单：从"快去睡觉！"到"怎么还不起床？！"

但这种独立性，正如我们看到的，并没有被其他国家视为优质睡眠的标准。乔迪·孟德尔是美国国家睡眠基金会董事会副主席，也是圣约瑟大学的心理学教授，根据他的研究，25%的父母——至少在西方城市人口中是这个百分比，称孩子在一到五岁时有某种睡眠障碍，包括夜惊、尿床、磨牙、说梦话、不想睡觉、没有泰迪熊或毯子等特殊物品就无法入睡等。20世纪80年代早期的另一项调查发现，学龄儿童父母向专家寻求帮助的首要原因是孩子说梦话、拒绝睡觉、"没有夜灯就不肯睡觉"。我不确定是我对孩子过于宽容，还是因为我们家附近就有路灯，屋子里从来不会太黑的缘故，我不记得孩子跟我要过夜灯，但无论如何，孩子要夜灯才肯睡觉居然也被视作是"病症"，这实在是有些夸张。有些医生则认为，孩子半夜要吃零食、要喝东西也是病症——照他们的看法，我有时半夜在床上吃烟熏洋葱玉米片不单单会影响我和丈夫的感情，也是一种病喽。[47]

孩子睡不着或者中途醒来常常是由这样那样的问题引起的，这会让家长们非常懊恼，但随着孩子年龄的增长，这些问题自然会迎刃而解，虽然过程很漫长。大约有3%的15岁少年有偶尔尿床的现象，但很少有人提及这一点。而且，哪怕孩子已经有三到六个月没尿床，也会因为疲劳、压力或疾病等问题出现反复。

多达50%的孩子会被噩梦惊醒（令我惊讶的是，据说，高达50%的成年人会做噩梦），他们一般会学着去应对梦魇——宽慰自己，好再次入睡。这是因为噩梦并不会随着年龄增长而消失，但爸爸妈妈也别忘了，给孩子一个温暖安心的拥抱。

噩梦和夜惊的区别在于，噩梦通常会让孩子醒过来；而夜惊往往发生在深睡状态，夜惊时无法被叫醒，他们心跳加速，呼吸沉重，还可能会大汗淋漓、翻来滚去、大声哭闹。孩子入睡后90分钟到两小时内容易发生夜惊，多数夜惊在五分钟内就会停止，但有时也能持续约半小时。

夜惊非常吓人——孩子尖叫着，哭泣着把你从睡梦中唤醒，无论如何抚慰都无济于事，他一边陷入沉睡中，一边又像在跟一群长了翅膀的怪物搏斗，早上醒来却什么也记不得。如果你见识过这样的场景，那真得祝贺你，你从夜惊中挺过来了。看到孩子处于这种状态，父母会非常揪心、非常痛苦，但最好的处理方法就是尽量保证孩子不会伤害到自己，让他们自己扛过去。

多数孩子只有在3—12岁之间会出现夜惊，他们往往能自行处理，不需要外部干预。这真是太值得庆幸了，因为在后面的内容中我们会看到，青少年的睡眠才真的让人头疼。

事实上，所有的孩子每晚都会醒来几次。以色列的研究表明，三岁以下的儿童每晚醒来的频率都差不多，但为什么最终只有部分孩子因为睡眠问题被送到诊所去呢？那是因为他们的父母每次都会被他们吵醒。[48]睡眠训练所要解决的往往不是孩子的睡眠障碍问题，而是父母的问题。我们应该认识到，要想让孩子睡整夜觉是一场艰苦卓绝的战斗：这是由他们的肠胃，而不是由大脑决定的。

乖乖睡啊，宝贝：一岁以内婴儿的睡眠

有时你读到一篇学术论文会这么想："嗯，虽然我有点半信半疑，但看到这组数据我还是挺高兴的。"但有时你心里只会纳闷："这确定不是在开玩笑吗？"

亲爱的读者，就在写这段话之前，我也跟你一样纳闷，想知道

第四章
睡眠这件事从来都不简单：从"快去睡觉！"到"怎么还不起床？！"

为什么吗？请看下文：

"英国和美国的婴儿睡眠标准是在母乳喂养率最低时制定的，结果就造成了医务人员认为婴儿应该睡整夜觉，但实际上只有配方奶喂养的婴儿才具备这样的特点。"读到这里，我特别愤怒。这段话来自杜伦大学的海伦·鲍尔教授，一方面，它让那些母乳喂养的妈妈们感到大为光火，因为她们误以为自己的孩子有睡眠问题；另一方面，她们也松了一口气——我认为所有的产前课程都应该告诉父母这个真相。[49] 配方奶喂养的婴儿能更快地进入快速眼动睡眠（REM）模式，也能更早地戒掉夜奶，相比之下，母乳喂养的婴儿夜里则经常会醒。[50] 母乳喂养自然会如此，却有人将其宣传为"紊乱失调"，实在是有失偏颇。

有关"睡整夜觉"的研究明明已经跟不上时代了，研究结果也不再有任何意义，可它们仍然在为临床实践提供指导。就在新旧世纪之交，英国国家医疗系统每年还要花费约 75 万英镑为 12 周以下婴儿的父母提供建议和指导，因为他们担心孩子夜间"还会"醒。[51] 我们既然已经知道母乳喂养的婴儿就是需要吃夜奶，却还提倡父母以让宝宝睡整夜觉为目标，同时又提倡母乳喂养，这不仅自相矛盾，结果还会适得其反，会让父母们特别灰心懊恼。

事实上，母乳喂养的婴儿很难睡整夜觉不是因为父母做得有任何不妥，而是因为母乳的热量密度不如奶粉。鲍尔教授发现，如果是母乳喂养的话，三个月大婴儿夜间喂养的频率与一个月大时相同（平均每晚两到三次）；而如果是配方奶喂养的话，三个月大的婴儿比一个月大的婴儿平均每晚要少喝一次奶。[52]

但最让我恼火的是，婴儿睡眠标准是根据过时的研究结果制定的，所以在 20 世纪后半叶，吃夜奶被认为是"紊乱失调"，甚至到

解码童年：
塑造孩子未来的科学指南

了 21 世纪依然如此。研究人员并没有关注婴儿的喂养习惯发生了怎样的改变，而是努力地想要弄清楚妈妈的哪些行为会影响孩子的睡眠。在过去 20 年的时间里，收集睡眠关系数据的黄金标准是《母亲对婴儿睡眠的认知问卷》。20 年中，相关研究总是将孩子的睡眠问题归咎于缺乏安全感的、情绪不稳定的或是万般无奈的母亲。专家给爸爸们的建议是，妈妈们无法抗拒婴儿发出的"信号"（也就是"哭闹"），因为她们实在是太牵挂、太关心自己的孩子了。母亲因为无法安慰哭闹的婴儿而感到的痛苦——这明明是正常反应，却被认为是病态。而父亲一般更冷静、更理性，可以任由孩子哭泣而不为所动，这时就该把孩子交给父亲，这就是研究的结论。[53]

直到 2007 年，这个问卷才得以扩展（至少希伯来语版本是这样）为新版——《父母亲对婴儿睡眠的认知问卷》，妈妈们总算摆脱了"心理有问题才睡不好"这个坏名声。[54] 你瞧，原来孩子不好好睡觉，爸爸们也一样着急上火。现在研究人员终于注意到，自 20 世纪 50 年代以来，喂养方式、工作方式和养育方式都发生了变化。然而，期望宝宝能"睡整夜觉"这种心态仍然非常普遍，许多育儿"专家"不假思索地声称，这应当是所有新手父母的目标。

在过去的几十年中，有一种比较流行的方法被称作"费伯法"①。"费伯法"是受到行为主义"消退"理论的启发。20 世纪三四十年代，行为心理学家 B.F. 斯金纳注意到，将一只饥饿的小白

---

① 费伯法就是如果孩子哭，那就让他哭。看护者应在确保孩子安全的前提下先稍等片刻，比如一开始等 5 分钟，慢慢增加到 15 分钟、20 分钟或更长时间，然后过去，简单安慰一下。接下来，看护者走开，宝宝再次啼哭。"孩子哭，看护者等待，看护者去安慰，看护者离开"，一直重复这种方式，直到宝宝停止哭泣。——译者注

第四章
睡眠这件事从来都不简单：从"快去睡觉！"到"怎么还不起床？！"

鼠放入一个有按钮的箱子，每次按下按钮，则掉落食物，那么小白鼠能自发学会按按钮，就算后来没有食物掉落，小白鼠仍然会继续该行为。然而，小白鼠按按钮的频率会越来越低，直至停止该行为，这就是斯金纳的"消退"理论。

但把"消退训练"用在需要安慰、需要换尿布、需要吃夜奶的婴儿身上是完全错误的。为什么呢？因为只有在后天习得的反应得不到奖励的情况下，"消退"才会发生。"消退"理论并不适用于先天性的行为。婴儿因为饥饿、不适或恐惧而哭泣并不是后天习得的反应：这是婴儿与生俱来的行为。

但"消退训练"仍然流行了起来：21世纪初，在波士顿儿童医院的儿科医生理查德·费伯博士的推广下，该方法被广为接受。他的书《解决你孩子的睡眠问题》是一本常年"霸榜"的畅销书，已印刷了三版。不管孩子哭得有多凶，父母在严格规定的时间间隔内都不能实施干预，他在书中如是要求。时间间隔开始比较短，然后逐渐变长。慢慢地，婴儿就能学会如何自己入睡。关于这种方法的最早记载是1999年，当时医生们面对那些拒绝使用"消退训练"的父母（尤其是母亲）感到束手无策——那些父母不忍心看着自己饥肠辘辘或难受不安的孩子哭泣。[55]

如果你也尝试过"消退训练"（或者任由孩子哭泣，或者采用"费伯法"）并且"失败"了，千万不要责备自己。没有任何证据能证明它是适用于所有家庭的最佳方法，也没有证据表明它会给孩子带来任何好处。它能有效缩短父母夜晚醒着的时间，但它仅对父母有利。它或许不会对孩子造成伤害，但也不会带来什么特别的好处。

如果你是个彻头彻尾的单相睡眠者，也没打算改变自己的睡眠模式，而且你的宝宝已经不再依赖母乳喂养，那么让孩子自己睡上

解码童年：
塑造孩子未来的科学指南

几天甚至几周，不啻为一种适度的放手。但家长必须借助一些积极的手段来帮助孩子入睡——比如让孩子放松、听柔和的音乐、给孩子毛绒玩具或"过渡性客体"——这是精神分析学家、儿科医生唐纳德·温尼科特在 20 世纪 50 年代提出的概念。过渡性客体比如心爱的泰迪熊或毯子，可以帮助孩子自己重新进入梦乡。但除了西欧和美国，在其他国家，父母跟孩子一起睡更常见，而过渡性客体较为罕见。

英属哥伦比亚大学的温迪·霍尔博士招募了 30 个家庭，这些家庭的婴儿都在 6–12 个月之间，而且都曾打过新生儿热线电话，寻求睡眠方面的建议。霍尔博士和她的团队提出了一个"四步走"的方法。首先，他们要求父母在白天严格控制孩子的小睡时间，不能孩子一困就让孩子睡觉。其次，他们要求父母试着给孩子戒断外部抚慰（外部抚慰有时被称为消极睡眠关联。"消极"这个说法有些夸大。与自己爱和信任的人酣然入梦本身并不是消极的。在其他文化中，比如玛雅人，他们一定不明白为什么肢体接触是消极的），比如握住孩子的手、抱着孩子、吃奶等。再次，他们鼓励父母给孩子规定就寝时间，并确保他们能坚持下去。最后，他们提出了逐步消退方案。[56]

结果孩子们连续稳定的最长睡眠时长确实显著增加了，但由于该研究没有对照组，所以很难确定这究竟是逐步消退方案起了作用，还是说只是因为孩子们长大了一些。而且，孩子的总体睡眠时长并没有增加，这说明孩子们白天睡得少了才是最重要的原因。

父母通过一些行为去培养孩子的独立性，比如给孩子提供过渡性客体，跟孩子说话但是不把孩子抱起来，或者慢慢延长哭泣的反应时间，可以帮助孩子自我安抚，能帮助孩子晚上多睡上几个钟头。[57]但

第四章
睡眠这件事从来都不简单：从"快去睡觉！"到"怎么还不起床？！"

目前没有证据表明上述做法能增加父母的睡眠时长。

许多父母一旦开始记录孩子吃、玩和睡觉的时间，就会发现它们根本就没有规律可循——这或许是霍尔博士的研究中最有意义的发现。除了跟孩子同睡和母乳喂养之外，另一个已被证明能有效改善睡眠的方法（对儿童和成人都是如此）就是规定就寝时间和睡前仪式，并坚持下去。有一项研究调查了1,000多个家庭的行为，结果发现，有规律的作息（电子产品不得带入卧室）最为重要，它能大大增加孩子们一夜好眠的可能性。对于三四岁的孩子而言，每晚按时就寝不仅能促进睡眠，还能帮助他们更好地学习。[58]

美国国家睡眠基金会的乔迪·孟德尔教授根据每周家长要求孩子按时就寝的天数将家庭分为五组：第一组每天要求孩子按时就寝，第二组每周有五六天会这样要求孩子，第三组三四天，第四组一两天，第五组从来不做要求。他们发现，孩子对于就寝时间有"剂量依赖性"效应：也就是说，哪怕家长一周只要求两三天按时就寝，也总比一天都不要求的好。而且，孩子每天的就寝时间越是一致，睡眠就越多：上床时间早了，入睡也快了，晚上醒的频率也低。[59] 这或许是因为有规律的作息能减少压力，也或许是因为有热情，且有足够的时间和精力督促孩子按时就寝的父母也可能是早早就鼓励孩子独立睡眠的父母。我们都知道，对于食物和住房都难以保障的家庭而言，夜间作息被打乱的概率更高。[60]

给孩子规定就寝时间、睡前仪式，并要求孩子按时睡觉的好处在于，他们不仅不会在睡前哭闹，而且很快就会习惯到点就睡觉：习惯可真是个好东西。对于年龄稍大点的孩子，家长还可以跟他们谈一谈，如何才能养成好的睡眠习惯。毕竟，一次性跟孩子把问题讲清楚比每晚都来一场争吵要容易得多。

解码童年：
塑造孩子未来的科学指南

那么，到底什么时候睡觉合适呢？这不仅取决于孩子的年龄，还取决于你生活在哪里。我们要再次感谢乔迪·孟德尔教授，他研究了来自17个国家的近30,000名三岁儿童，发现这些孩子的就寝时间有的在7:30到8:00之间（英国、新西兰和澳大利亚），也有的在10:00之后（韩国、印度）。虽然早睡与高加索文化之间似乎存在某种联系，但这种联系并不十分明确。例如，据康涅狄格大学文化、健康和人类发展研究中心主任萨拉·哈克尼斯教授的回忆，西班牙某个节日的学前儿童庆祝活动直到晚上11点左右才开始。[61] 这时间可真是太晚了，别说孩子，就连我那会儿也已经酣然入睡了。

世界各地儿童的睡前仪式也各不相同。在美国，60%的家庭会在睡前洗澡，英国则是81%。印度尼西亚的家庭更习惯在其他时间洗澡，只有6%的家庭会在睡前给三岁左右的孩子洗澡。从神经学的角度来看，理想的睡前仪式应该包括哪些活动并不是确定的——重要的是要来回重复某项固定的活动。这就跟节食一样，每个人适合的方式并不相同，你得选择适合你的，这样才能坚持下来。

证据表明，**家长没必要非得遵循某种特定的睡眠训练方法，孩子具备独自入睡能力也并不意味着他在童年阶段或成年后会比其他人在某些方面更独立**。实际上，对于那些小时候父母就让一个人睡，并在六个月内就睡整夜觉的成年人而言，有超过60%人要么入睡困难，要么睡眠太浅。睡眠训练并不能让人获得终身受益的睡眠技能。我们应该尝试对所有家庭成员都有用的方法，比如父母跟孩子同睡、多相睡眠或早睡早起。关键是要获得足够的睡眠，无论使用什么方法。但也别高兴得太早：等到了青春期，孩子的生物钟很可能又要乱套。

第四章
睡眠这件事从来都不简单：从"快去睡觉！"到"怎么还不起床？！"

昏昏欲睡的青少年？不仅仅是电子产品的问题

我记得我十一二岁时经常会这么想："等我长大了，我想什么时候睡就什么时候睡。"那会儿我怎么也没想到，长大以后，我居然经常八点半就上床睡觉了。

青春期能够改变过程C（我们的昼夜节律）和过程S（睡眠压力），能把大多数青少年变成夜猫子。至少从柏拉图时代开始，就有关于懒散拖沓的青少年的记载。当孩子进入青春期时，一些生理变化会让他们出现长时间的时差反应。大约在13—15岁，孩子的昼夜周期开始延长。在整个人群中，昼夜节律并不相同，有些人的昼夜周期——两次体温峰值之间的间隔略短于24小时，而大多数人的自然节律略长于24小时。无论孩子之前的昼夜节律如何，当进入青春期后，他们昼夜周期会逐渐延长。

除此之外，青少年时期对睡眠的渴求——也就是过程S——似乎在减弱。请记住，虽然我们不能直接测量睡眠压力，但与睡眠充足的人相比，在前几个睡眠周期，睡眠不足的人的大脑慢波活动要多得多。但青少年只有在睡眠极为不足时才会出现这种情况，而且即便是出现这种情况，他们大脑的慢波活动也不会像儿童或成人那样明显增加；他们对于睡眠的渴求被抑制了。过程S和过程C都能促进睡眠，但这两个过程发生了改变，并欺骗了青少年的神经。所以，光靠意志力或睡前仪式无法解决青少年熬夜、不肯睡觉等问题。

最近有一项研究考察了1,351名年龄分别在10岁、12岁和15岁的中小学生的睡眠模式。大约71%的儿童在10岁时睡眠是充足的。到 15 岁时，这一比例已降至 19%。有近 25% 的 15 岁孩子说他们白天很困，而在 10 岁时，只有 13% 的孩子会这么说。与男孩相比，女孩会更早地出现睡眠缺乏，而且缺得也更多，整体而言，女孩睡眠减少的幅度更大，12 岁时减少得最为显著。[62]

许多家长、决策者和教师将青少年睡眠不足归咎于社交媒体。的确，**社交媒体的使用会在三方面扰乱成年人和青少年的睡眠模式。** 第一个方面，也是直接影响睡眠的，那就是如果你来回看手机信息，那就没法睡觉。第二个方面，占用做正事的时间，"时间置换"——反复查看手机内容会占用本可以用来做其他事情的时间——这一点已经得到充分的证实。[63] 第三个方面，电子产品的使用——特别是社交媒体的使用——也会让人兴奋，从而延迟睡眠。"心理刺激"效应指的就是在睡前浏览或观看有争议、令人不安、令人恐慌的内容所带来的影响。[64] Facebook、Twitter 和 Youtube 是最重要的广告平台，你花在这些网站和应用上的时间越长，它们赚的钱就越多；你停留的时间越长，广告商向你推销产品的机会就越多。因此，这些平台的理念与赌博或博彩的理念一脉相承——想办法给你一些甜头，让你"欲罢不能"。在这些平台上，你会看到最具煽动性的内容，它们能劫持你的杏仁核，让你在感到愤怒、恐惧、绝望的同时却又渴望更多。[65] 要说什么最让人夜不能寐，那肯定是在网上看到有谁做的事明显不对，而想要指责他、纠正他，因此情绪变得十分激动。

伦敦大学学院和帝国理工学院的研究人员对 800 多所学校的近 10,000 名儿童进行了为期两年的跟踪调查。研究人员收集了有关青少年心理健康和幸福感的数据，以及他们浏览社交媒体的频率、睡眠时间、是否在网络上受到霸凌、是否定期外出锻炼的数据。13 岁

第四章
睡眠这件事从来都不简单：从"快去睡觉！"到"怎么还不起床？！"

时，超过一半的女孩和三分之一的男孩会"非常频繁地"（每天三次或更多次）访问社交媒体。到 16 岁时，则有四分之三的女孩和近三分之二的男孩每天多次访问社交媒体。[66]

研究人员确实发现社交媒体使用得越多的儿童，报告有焦虑、不快乐、对生活不满等情绪的概率也越大。但当他们仔细分析这些数据时，又发现社交媒体似乎不太可能是直接的原因。**缺乏睡眠、缺乏锻炼、更容易受到霸凌比社交媒体的负面影响更大**。所以家长没必要逼着孩子卸载抖音，但一定要和孩子谈谈，刷抖音视频是否能让他们觉得快乐，刷抖音的时间是否能用来做其他更有意义的事情。

有了这些研究结论做基础，我们普通家庭不妨在家里做个实验。跟孩子商讨一下，可不可以每天固定一段时间，在这期间大家都不用电子产品，或者利用手机的限制使用功能减少社交媒体的使用时间。体验一下，哪些方法感觉更好，哪些不好。要以家庭为单位，去不断摸索合适的办法，因为这不仅仅是孩子要面对的难题。

该项研究的带头人、伦敦大学学院的罗素·维纳教授解释说："我们的研究结果表明，社交媒体本身不会造成伤害，但频繁使用社交媒体可能会扰乱一些对心理健康产生积极影响的活动，比如睡眠和锻炼，同时年轻人也会接触到更多的有害内容，尤其是网络暴力这样不愉快的体验。"

最后，电子产品的使用与失眠有着直接的生理联系。社交媒体会给我们成人造成有害的影响，对青少年也一样——事实上他们甚至比我们还要精通社交媒体。[67] 青少年也喜欢深夜使用电子产品。2019 年的一项研究调查了伦敦 6,616 名青少年，结果发现 71% 的青少年会在夜间使用至少一种电子产品。[68]

解码童年：
塑造孩子未来的科学指南

无论内容如何，电子产品的使用都是个问题，因为从视网膜细胞到大脑的不同区域都有专门的联系，这些区域负责调节睡眠、警觉性和情绪。[69] 这些联系由光谱蓝色部分的强光触发，它们的作用就相当于授时因子，它们会扰乱昼夜节律，欺骗我们的身体，让身体误把夜晚当成清晨。研究告诉我们，这些特定的联系确实会影响睡眠：艾伦·鲁普教授和他在约翰斯·霍普金斯大学、西北大学的团队先编辑了一部分小鼠的基因，然后半夜时将未编辑基因的小鼠与编辑过基因的小鼠都暴露在蓝光下，结果发现，未编辑基因的小鼠的睡眠模式被扰乱了，而那些视网膜与大脑之间的联系被切断的老鼠则不会受到夜间光的影响。[70] 除非你能有幸像鲁普教授的小鼠那样，基因发生改变，否则夜间使用电子产品可能会让你整夜都难以入眠。

所以无论是大人还是孩子，在睡前一两小时左右都不应该看手机。一项对 6,000 多名伦敦青少年的调查发现，约三分之一的青少年在黑暗中使用手机，约三分之一在有光线的情况下使用手机，还有约三分之一的人根本不用手机。[71] 这个比例刚好适合做一个自然实验，于是迈克尔·米雷库教授和来自英国几个大学的同事对比了青少年不使用屏幕、在有灯光的房间使用屏幕和在黑暗中使用屏幕所造成的差异。

与睡前不使用手机的青少年相比，睡前使用手机的青少年晚睡、睡眠不足的概率更大，报告总体感觉较差的人数也更多。那些在黑暗中使用手机的青少年尤其容易失眠，容易感觉较差。米雷库和他的团队提出假设——低水平的环境照明会让瞳孔变大，从而会有更多的屏幕蓝光穿过瞳孔。那么，打开手机的夜间模式，减少屏幕发出的蓝光，又会产生怎样的影响呢？遗憾的是，到目前为止，还没

第四章
睡眠这件事从来都不简单：从"快去睡觉！"到"怎么还不起床？！"

有相关方面的研究。但如果你确实需要在晚上使用手机，哪怕是正在读这本书，我都建议你最好待在光线柔和的房间里，千万不能关着灯。光线不足或没有光线会让使用者对直接来自屏幕的光更加敏感。

虽然睡眠不足通常不会造成长期的损害，但它确实会在短期内影响大脑功能。我们已经知道，睡眠不足的青少年冒险的概率更大。北卡罗来纳大学发展性社会神经科学实验室主任伊娃·特尔泽教授研究了睡眠不足的青少年在玩带有冒险性质的游戏时的大脑活动情况。

她用的是气球模拟风险实验，这项实验的任务非常简单，被试只要躺在核磁共振成像仪内即可。（大家记好了，下次要是看见《科学家发现大脑的某区域与×任务相关联》这样的标题，可千万别以为该区域只执行这一项任务，比如，它起码还得处理身体的各种感觉。我做被试的时候，脑袋里经常会想"刚刚应该去趟洗手间的"。大脑的某个区域在忙着与×任务建立神经关联的时候，说不定还得忍着不打喷嚏、不放屁、不尿裤子呢！）被试在屏幕上会看到一个气球，按下按钮就能给气球充气。当气球是白色时，被试随机给气球充几次气后，气球就会飞走；当气球是红色时，每按一下被试就会得到25美分的奖励，不过一旦爆炸，那么被试就一分钱也拿不到。问题是气球越大，它就越有可能爆炸，为了避免这种情况，被试可以随时按下另一个按钮，将气球和得到的钱存起来。[72]研究人员提前告诉被试，实验结束时，奖励的钱将归他们所有。

特尔泽教授和她的团队想知道，睡眠不足是否会影响被试按下充气按钮的次数。那些称睡眠质量较差、睡眠时间较短的被试，确实会更频繁地按按钮，因而气球爆炸得更多，遭受的损失也更多。

解码童年：
塑造孩子未来的科学指南

　　为了搞清楚原因，特尔泽教授和她的团队还研究了被试在玩游戏时大脑的激活状况。在白气球实验中，每个人大脑中的活动是相同的。他们想知道红气球试验中会发生什么。对于那些没冒太多风险的青少年来说，大脑的背外侧前额叶皮质部分更活跃，而那些冒更多风险的青少年则较不活跃。从其他研究中，我们知道背外侧前额叶皮质有助于协调我们的执行功能；能帮助抑制无益的行为、评估风险、制订长期规划，该区域一直到25岁左右才停止发展。关于这一点，我随后还会进一步解释。

　　那些冒更多风险的被试的岛叶更活跃，这个区域在我们感受到强烈的情绪时，在我们更关注现在而不是过去、未来时，通常会比较活跃。

　　特尔泽教授的研究并没有回答疲劳是否会导致更难调动背外侧前额叶皮质部分（更容易调动岛叶），也没有告诉我们，是否背外侧前额叶皮质部分更发达的青少年也能更好地调节睡眠。值得注意的是，睡眠不足的成年人在面临风险时表现得更像青少年。睡眠不足的成年人更冲动，更不懂得克制，更可能选择快速回报、小的回报，而不会延迟满足，等待大的回报。睡眠不足会导致皮质醇升高，而褪黑素的缺乏使得多巴胺保持在较高水平，这两种激素的高水平会促使成年人和青少年更冲动、更具攻击性。[73]

　　斯泰西·罗卡斯教授和艾丽萨·米勒教授认为，我们很难确定究竟是睡眠不足导致青少年更易冲动，还是压力导致青少年睡眠不足，从而更易冒险。这些特征可能是青春期的不可或缺的一部分。与保守的成年人相比，青少年从激素水平、情感和社交三个方面来看，都更倾向于过放荡不羁的生活，或者更容易出现生命危险。因而有一些研究人员推测，青少年在人类过去的历史中可能扮演着重

第四章
睡眠这件事从来都不简单：从"快去睡觉！"到"怎么还不起床？！"

要的"守夜人"角色，因为他们不怕自己的生命受到威胁，他人酣睡时，他们仍然能保持清醒。在某种程度上来说，这些几乎成年却没有后代的年轻人是一个部落最理想的成员，因为夜深人静时他们可以照看其他人。但就像进化心理学的所有理论一样，这个推测很难证实。只能说从我们现在的观察结果来看，可能确实如此。想想你家里不安分的孩子吧——他们喜欢四处游荡也许是进化的结果呢。

第五章

如何与宝宝沟通：

"给我好好听着！"

Listening Ears On, Please!
How to Communicate with Babies

家长所说的话并不是都能起到正面作用，有些话"多说无益"，说了只会适得其反。孩子听到的指令和命令越多，他们的语言技能发展得就越慢。

在三岁之前，人就会发展出语言能力，这一能力将持续发展到青春期。实际上，婴儿天生就会与人沟通，在张口说话之前他们就具备了这项能力。

不到一岁的宝宝已经掌握了一系列沟通的技能，他们表达感情的能力真是令人惊叹，会哭、会利用肢体语言和面部表情与人沟通。很小的婴儿就会玩声音游戏：他们发现，打嗝、咂舌或是咯咯笑能获得看护者的积极反应。婴儿最初发出的声音、所做的动作都是极为有效的交流方式，看护者很快就会明白这些声音和动作的意义，知道婴儿处于何种情绪状态。举个例子，将某个婴儿的啼哭声录下来，与其他四个随机抽取的婴儿哭声的录音放到一起，即使几天过后，该婴儿的父母仍然能分辨出哪个是自己孩子的哭声。[1]

有人认为，婴儿在会说话之前不会进行有意义的交流。这纯粹是一派胡言。语言固然令人赞叹，但它只是交流形式的一种。婴儿用哭声、面部表情和基本肢体语言，如抓握、伸手、推搡来表达他们的愿望和需求；成年人也是如此，我们行走坐卧的姿势、衣着打扮的风格、对他人行为的反应，都能充分说明我们的情绪状态、健康状况、个性等。动物王国的大多数成员也会通过类似的方式交流：蜜蜂跳舞，蚂蚁分泌踪迹信息素，狗嗅彼此的屁股（肛门腺是狗信息的重要载体，它能透露出很多关于狗的饮食、健康、性和情绪状态的细节信息）。

第五章
如何与宝宝沟通:"给我好好听着!"

非语言交流不仅很有效,而且很普遍。对于前语言阶段(0—12个月)的婴儿和学步期的儿童来说,非语言交流极其重要。儿童只有先学会理解语言,然后再过上几个月,才能学着使用语言。这主要是因为嘴唇、牙齿、舌头、声带、肺和横膈膜的协调非常复杂,这个技能不容易掌握——尤其是大部分的发音器官都是隐藏的,孩子没办法直接看到发声的过程,模仿起来很有难度。所以毫不奇怪,如果同时教婴儿使用符号语言——符号语言可直接观察,且易于模仿,那么婴儿会先学会用手势,而不是张口说话来表达自己的想法。[2]

只要跟一个蹒跚学步的孩子待上一小会儿,你就会发现,他们所能理解的内容远远超过他们所能表达的内容。即便是很小的孩子也能理解一些简单的指令,比如"请拿上你的外套""该收拾积木啦""请给妈妈冲杯茶"。孩子或许并不会真的去给妈妈冲杯茶,但给孩子发布类似的指令有一定的好处:无论是对于儿童还是成人来说,理解指令并不意味着一定要遵从指令。

在孩子张口说第一个词之前,多数大人(和大孩子)跟他们对话时,都希望他们能明白自己的意思。证据表明,要想给孩子奠定交流的基础,这种单向的对话必不可少。和孩子一起玩好处多多。问孩子一些简单的问题,比如"你能把红色的积木递给我吗""泰迪熊喜欢这杯茶吗",他们会以非言语的方式正确地回应。孩子很小的时候就开始玩合作类游戏、角色扮演类游戏,这说明在会说话之前,他们已经懂得如何交流。

理解能力和(非言语)回应的能力显示出孩子非同小可的智慧。想象一下,假如你有个同事只会说萨摩亚群岛的语言或南非科萨语,想要跟他沟通是不是很困难?如果他跟你说"Faamolemole pasi mai a'u le piliki mumu(萨摩亚语)"或者"Ndicela undigqithisele isitena esibomvu（科萨语）"，恐怕你多半不会明白，他是要你把红色的积木递给他。

假如听到一种完全陌生的语言，我们可能连单词的起始位置都会觉得很难判断，这也是学习一门新语言的首要难题。母语是英语的成年人很容易就能区分下面两个表达："I wrapped the parcel with the grey tape（我用灰色胶带封好包裹）"与"I wrapped the parcel with the great ape（我用大猩猩封好包裹）"，第二个表达非常滑稽，虽然语法上并没有错误，但是从语义的角度来看，很不现实。那么"组块"的过程是如何发生的？孩子怎么把连续不断的声音或手势分解为一组独立的单词？要想回答这两个问题，我们首先需要了解，大脑的哪个部分负责接收声音或信号、如何接收、如何将其转化为意义。在出生前就已经形成的语言偏好为孩子出生后头几年的语言学习做好了准备。

大脑的语言功能区

语言功能区主要在左脑，这个观点目前已被主流医学接受。最早的文献可以追溯到20世纪60年代，法国内科医生保罗·布洛卡发表了一篇关于患者Tan的尸检研究报告——"Tan"并不是该患者的真名，而是他能发出的唯一一个音节。在长达20多年的时间里，该患者几乎完全失语，最后右侧身体瘫痪。

Tan死后，布洛卡对他进行了尸检，他发现Tan的左侧大脑有一个充满了液体的囊肿。布洛卡报告了这一情况，后来其他内科医生遇到病人失语状况时，就会向布洛卡求助。布洛卡研究这些病人，

第五章
如何与宝宝沟通:"给我好好听着!"

直到他们死亡,死后还会对他们进行尸检,毕竟那个年代的科技比较落后,观察人类大脑的唯一办法就是尸检。他注意到一种模式:失语病人大脑的左半球通常都受到了某种损伤。

以这个模式为基础,布洛卡得出结论:"我们是通过左半球实现与人对话的。"从某种程度上而言,他的结论没错,但人类的语言功能远比这复杂。首先,左脑损伤影响的不仅仅是言语对话功能,所有表达性语言——无论是手语、书面语还是口语——一旦特定的大脑区域受到损伤,表达功能都会受到影响,该区域通常位于左半球,现在被称为布洛卡区。使用手语的人如果布洛卡区受到损伤,手语能力也会丧失。[3]

其次,大脑的右半球与语言功能也不是完全没有关系。核磁共振成像数据表明,大脑的右半球能帮助我们确定声音特征,比如说话者的性别。[4]此外,如果说左脑处理的是语言的"核心"问题,例如声音、语义和句法,那么右脑似乎负责的是语用学——弄清楚在特定语境下,说话者真正的意思——这项工作同样重要。[5]右半球受损的人听不懂笑话,理解不了话语中的讽刺和修辞,也无法判断出说话人是否在委婉地提出请求。他们说话的语调往往跟正常人不一样,也很难听出弦外之音。[6]他们似乎也不会骂人。这样看来,骂人倒算得上是跟实际情境联系得最为紧密的语言形式了。[7]

但这种左右脑分工模式只适用于约95%的右撇子和70%的左撇子,约有5%的人的左右脑分工模式刚好相反。[8]撇开个体大脑语言能力的差异和分工模式的不同,不少人对大脑两个半球的"特性"产生了一些令人匪夷所思的想法。当然,这些看法多半是猜测,缺乏数据的支撑。纵观西方历史,你会发现,左撇子通常被认为是邪恶的——英语单词"sinister"是"邪恶的"意思,而"左撇子"的

解码童年：
塑造孩子未来的科学指南

单词是"sinistral"，这两个单词属于同根词。在维多利亚时代，布洛卡的观察结果似乎说明，大脑的左侧负责身体的右侧——不邪恶的那一侧——也是唯一负责语言功能的区域。布洛卡的观察结果再加上后达尔文时代人类身份的焦虑，连同想要证明人类已进化成有别于其他动物的物种的强烈诉求，导致有些人得出了这样的结论：大脑的左半球才是人类文明的起源。

他们认为，由于人类是唯一会说话的动物，而语言是大脑左半球的"产物"，这就说明：一、人类是独一无二的，只有人类才有资格将大脑划分为文明和不文明两种；二、左脑是有教养的，文明的，它属于男性，而妇女、儿童和"野蛮人"（这里指的是所有不穿三件套西装、不戴礼帽的人）则是右脑的奴隶。男人——或者至少是受过良好教育的绅士——拥有高贵文雅的左脑，而且比动物（以及妇女、儿童和不穿西装的人等）更高一等。

这种观点甚至在当时的大众文学中也有流露。罗伯特·路易斯·史蒂文森于1886年出版的《化身博士》就借鉴了这一新理论——左脑是文明的，右脑是动物性的。主人公杰基尔博士集维多利亚时代人所认定的"左脑"特质于一身——男性、白人、理性、受过教育、文明。而他的另一面则是"阴郁沉闷"，容易"歇斯底里"，举止阴柔。史蒂文森的小说最先提出了"分裂的大脑"这一概念，它影响了一个多世纪以来大众对于神经科学的普遍理解（或者说是让大众形成误解）。[9]即使是在过去十年中，仍有研究人员坚持认为大脑偏侧化是人类区别于其他物种的特点，[10]而有些热门书籍之所以能挤进畅销书排行榜，正是因为它们信誓旦旦地宣称，我们可以利用大脑偏侧化这一特点。

但几十年以前我们就知道，大脑偏侧化并不是人类所独有

第五章
如何与宝宝沟通:"给我好好听着!"

的——从土豚到斑马,很多动物都有这一特征。自 20 世纪 80 年代以来,很多研究人员都记录下了老鼠和青蛙发出叫声时左半球的活动。[11] 我们的近亲——黑猩猩的大脑左半球对手势做出反应的区域比人类的还要大,而且这些区域与人类的与语言关系最密切的两个区域非常相似。交流有一个清晰的进化谱系:虽然人类是唯一有语言的物种,但交流却普遍存在于动物世界。

诺姆·乔姆斯基认为人类能"自然而然地"获得语言,这个观点和把"右脑型人"同邪恶或女性挂钩一样没有科学道理。[12] 科学家几十年的研究结果所支持的假设是,在进化记录中,语言的发展是可追溯的,能够识别手势和动作是语言发展的起点。[13] 读者朋友们可以找来奥克兰大学迈克尔·科尔巴力斯的《左脑、右脑:事实与空想》读一读,这篇文献综述不仅简洁易懂,且可以免费下载。[14]

乔姆斯基认为人类的语言获得机制是与生俱来的,他的观点严重低估了人类进化遗传的作用,罔顾人类经过漫长的时期才发展出文明的事实。进化遗传使得我们的大脑有多个负责交流的专门区域——包括语言交流和非语言交流。要想在交流的过程中明白其他人的意思,离不开这些专门的区域。因此,婴儿需要学习很多东西。

婴儿是如何学习语言的?

乔姆斯基在 20 世纪 70 年代提出疑问,除非婴儿的大脑中有一个特殊的"黑匣子",不然他们怎么能学会正确的语言呢?[15] 但早在 1971 年,心理语言学领域的一位先驱苏珊·埃尔文-特里普教授就反驳说,乔姆斯基不能因为自己弄不清楚婴儿是如何学习语言的,就断定语言不是通过学习获得的。她认为，要想弄清楚语言学习的过程，只需要更好地理解儿童的语言环境，乔姆斯基所提出的特殊机制纯属多余。[16]实际上，在此之前，科学家们（主要是女性科学家）已经研究父母（主要是母亲）与孩子的说话方式达十年之久。

这些研究表明，大人跟孩子交谈时用的是一种特殊的语言，过去被称为"妈妈语"。无论在哪个国家，除了母亲，婴儿的父亲、祖父母、哥哥姐姐和专业的婴儿看护者都会使用"妈妈语"。现在学界通用的是更准确的术语——婴儿导向式语言（infant-directed speech, IDS）和儿童导向式语言（child-directed speech, CDS）。[17]

使用新的术语很有必要。因为在有的社会中，就算没有"妈妈语"，也总有其他的看护者会使用婴儿导向式语言和儿童导向式语言。例如，在萨摩亚，母亲并不会经常跟孩子说"妈妈语"，倒是孩子的哥哥姐姐——或是孩子的舅舅姑姑等——更可能是"照顾"孩子最多的人。科学家们记录了萨摩亚孩子与他们的看护者的对话方式，结果发现看护者们会用很多婴儿（儿童）导向式语言。[18]

尽管有人嘲笑它们为"儿语"，但实际上看护者使用的语言结构极其复杂。它就像一个伴随孩子语言能力的发展而不断升高的支架，为孩子提供必要的支持，帮助他们进入到下一个语言发展阶段。在每个阶段，成人（和较大的孩子）都在帮助婴儿理解，帮助学步期儿童张口说话。

例如，如果你能留意人们与婴儿和幼儿交谈时所使用的句子的长度，留意他们所使用的词汇的变化和词汇量，你就会发现，当看护者与孩子交谈时，句子往往比较短，词汇比较简单，只略微超过孩子的语言水平——既要让他们感觉到有一些挑战，又不至于让他们轻易放弃。[19]看护者会用很多简短的表达（通常只有一两个词，

第五章
如何与宝宝沟通:"给我好好听着!"

且有很多重复:"狗狗。是的,狗狗。快看,狗狗!"),直到孩子能够辨别出单个的词汇,但他们自己往往意识不到这一点。

下一个阶段是看护者对孩子做出回应时,会在单个单词(通常是名词)的基础上添加新词。孩子说"狗狗",看护者就说"是的,大狗狗"。接下来,一旦孩子能自己把两个单词组合起来,看护者就会添加更多的单词("那边有一只大狗狗。"),或者开始与孩子对话("你喜欢狗狗吗?"),或者帮助孩子准确发音(比如要是孩子发成了"gugu",大人会回应道"是的,狗狗"——这是一个典型的修正性重复的例子,在语言学家研究的所有文化中都存在修正性重复)。

在婴儿导向式语言中,重复的频率非常高。我在图书馆写这一章的时候,刚好图书馆在举办婴儿唱歌听故事活动。看护者组成的合唱团表演的是《五只小鸭子》(偶尔还能听到早熟的宝宝们兴奋的"嘎嘎,嘎嘎"声)。我快速统计了一下,这首歌的歌词中只出现了 25 个不同的单词,但总单词数是 135。"嘎嘎"这个词反复出现了 20 次,这也是为什么有些宝宝能跟着唱的原因。歌曲《一辆红色大巴士》的结构则更具重复性,总单词数是 52 个,但词汇量只有 7 个——三年前,我陪女儿参加唱歌听故事活动听到了这首歌,到现在它居然还在我的脑袋里盘旋,这下你该知道是什么原因了吧。

最终,看护者们开始转向比鸭子和红色大巴士更抽象的概念。在许多文化中,下一个阶段的词汇通常与身体感觉有关("你饿了吗?""暖和吗?"),然后是情绪("你好像挺难过。"),最后是和信仰、欲望有关。看护者们会改变他们的语言模式,要想让孩子能从中不断地学习,他们使用的语言必须足够复杂。[20] 尽管我们大多数人都没有接受过语言学的培训,但我们仍然能够通过"儿语",适应

解码童年：
塑造孩子未来的科学指南

孩子复杂的学习需求。

墨尔本大学的托尼·克洛斯教授是该领域研究的先行者之一，她做了一项非常全面的研究。她将 20 对母子（女）的对话录下来，每组录音一小时，然后又不辞劳苦地把对话的每一部分都编上了代码。克洛斯教授进行这项艰巨的工作时，还是在 20 世纪 70 年代，当时所有的编码都必须手工完成，运气好的话也可能用的是穿孔卡片。她研究了母亲的语言模式与孩子在测试中表现出的语言能力水平之间的关系；研究了母亲对孩子所说的话进行扩展、重复或修正性重复的频率；研究了单词、句子的长度和复杂性；观察了母亲主要谈论的是不是孩子能看到的事物，是不是孩子正在做的事情，以及母亲说话的速度和清晰度。每次母亲明确纠正或指导孩子时，她甚至都会编码。在她收集的 62 个不同的数据项中，母亲语言的 45 个特征与孩子的理解能力、语言能力、表达能力密切相关。根据她的观察，每一位母亲都能做出复杂的调整，来帮助孩子发展新的语言技能。例如，只要孩子说话足够流利，母亲就不再重复或修正性重复孩子所说的话，开始使用更复杂的语言，而不是以孩子年龄的大小为参照标准。[21]

尽管克洛斯教授的研究对象只有母亲，但我们现在知道，所有看护者使用的都是相似的模式。[22] 那么，父母、哥哥姐姐和其他的看护者是如何知道该这么做的呢？这个问题的答案目前还不清楚。研究表明，母亲跟孩子交流时能看到孩子，并判断他们的接受程度，效果似乎更好。在 1972 年的一项研究中，研究人员将被试分为两组，一组妈妈是用录音机把给孩子的指令录下来，另一组妈妈是面对孩子发出指令，结果发现，第二组妈妈对语速、音高、语调和词汇调整的次数更多。[23] 可见，婴儿（儿童）导向式语言是针对孩子

第五章
如何与宝宝沟通:"给我好好听着!"

当前的语言水平量身定做、精心设计的语言输入。它也有错误,但它的结构合理且巧妙,且能最大限度地发挥作用。

我们也知道,父母通常会低估他们使用的婴儿(儿童)导向式语言的数量和频率。这是一种非常普遍的跨文化现象。科威特大学的玛德琳·哈根教授询问了82位家长,问他们是否认为自己在和孩子对话时会改变说话方式。[24] 有18位家长信誓旦旦地说这绝不可能,但哈根教授研究了这些父母与孩子对话的录音后发现,他们不仅改变了说话方式,更夸张的是,其中有位46岁的家长——一位化学博士,是这么跟孩子说话的:

"图片里的这个人是谁呢?嗯?这是谁呀……那又是谁呀……贾西姆在干什么呀?他在干什么呀(孩子回答'车'。)是的,他坐在车里。坐在那儿的是谁啊?那是谁……你不知道这是谁吗?这是阿卜杜拉。你叫什么名字……妈妈呢?她叫什么名字……去拿球吧,这样我们就可以去外面玩了。球。球。去拿……嗯,没错,红色的球。"

这18位家长都声称他们在与孩子互动时没有使用婴儿导向式语言。实际上,无论是在德语、西班牙语、意大利语,还是在希伯来语、日语和汉语中,科学家们都观察到了婴儿导向式语言所特有的高音调、慢语速、夸张的语音。[25]

要想当场抓住父母使用婴儿导向式语言,得偷偷摸摸才行。你大概也能猜到,当有研究人员在场时,家长就不会使用婴儿(儿童)导向式语言。但如果研究是采取录音的方式,也就是没有陌生人在场的情况下，父母跟孩子互动时就会一直使用婴儿（儿童）导向式语言。

证据表明，每一种文化都存在某种形式的婴儿（儿童）导向式的语言。虽然确实也有孩子被大人忽视或孤立，状况非常悲惨，但那只是少数个案，而且这些个案研究也从另一面证实，要想学会语言，每一个孩子都离不开关心他、照顾他的成人（或哥哥姐姐），因为每一个孩子都需要专门的语言输入。

一起玩耍

婴儿一出生，看护者通常就开始使用婴儿导向式语言，但当婴儿能够共同注意时，看护者使用婴儿导向式语言的时长才会出现爆炸式增长。共同注意是指在互动的过程中，一个人和他人建立眼神接触，跟随或指示他人注意同一个物体或事件，两个人指向同一物体和事件的共享注意的过程。看护者愿意关注婴儿的注意力，并努力引导婴儿的注意力，这很重要。20世纪90年代至今，有不少科学家对被试进行了跟踪研究，结果发现，那些能跟随孩子的目光的父母、给孩子指物频率最高的父母，他们的孩子说话最早，也最流利。如果看护者能花更多时间去看孩子看的东西、去互动，而不是忽视孩子所关注的内容，让孩子把注意力转移到自己所关注的内容上，那么孩子就能获得语言学习的优势。[26]

在宝宝们还不会张口说"嘿，看那儿"之前，他们就能通过长时间凝视或手指的方式来引导他人共同注意。研究人员招募了50对母亲和她们13个月大的宝宝作为被试，结果发现，当宝宝伸手去拿

第五章
如何与宝宝沟通:"给我好好听着!"

东西、用手指某样东西或是通过其他方式以获得母亲的关注时,母亲做出回应的速度和频率能够很好地预测孩子20个月大时的语言水平。最关键的是在孩子玩耍时做出的回应。通过了解看护者花了多少时间跟孩子一起玩过家家的游戏能够预测孩子将来的理解能力。孩子们可以模仿父母的语言,但理解力的发展离不开共同经验。[27]

不过,家长所说的话并不是都能起到正面作用,有些话"多说无益",说了只会适得其反。孩子听到的指令和命令越多(做这个,不要做那个……),他们的语言技能发展得就越慢。[28] 可能的原因有两个:一些指令(特别是像"不"和"放下它"这样的基本指令)并不复杂,往往只包含一个动词或对象,这种形式的语言输入起不了多大作用;另一个原因可能是这种育儿方式主要是成年人在控制孩子的行为,所以孩子不太有机会指引大人去共同注意,而共同注意对于儿童的语言学习来说是必不可少的。[29]

凯瑟琳·塔米斯-乐蒙达教授和她的团队对40位母亲和她们13个月大的孩子在家中活动的情况进行录像。(需要明确的是,这项研究讨论了"母亲"话语对孩子的影响,但我们并不清楚,父亲同孩子的对话是不是也表现出同样的规律。几乎没有理由认为,父亲的就业状况会影响其与孩子的互动模式——本研究中有一半以上的母亲在工作,而就业状况与母亲说话的次数只呈弱相关。)在这30小时的互动中,母亲们总共对孩子说了60,000个单词。在喂饭和玩耍时,这些母亲平均每分钟对孩子说40个单词,在给孩子讲故事、洗澡、穿衣以及做其他梳洗活动时,平均每分钟说60个单词。她们主要谈论身体部位、食物、自己在做什么、宝宝在做什么、房间里有什么东西、动物、玩具,也就是婴儿环境中具体和直接能看到、接触到的东西。但母亲与母亲之间的差异非常之大,有些母亲

解码童年：
塑造孩子未来的科学指南

一分钟说不到 10 个单词，即便是跟孩子一起看书的时候。一天下来，每个孩子听到的单词数量差别很大，母亲说话方式的差异也很大：那些听到最少单词的孩子，听到指令和命令的概率也最高。

但即使是那些非常爱说话的母亲，词汇和句式也没有太多的变化。塔米斯－乐蒙达教授发现，她们所使用的词汇具有高度的重复性。在她记录的所有不同的场景中，都出现了可预测的词语模式。这也不奇怪，"水龙头"和"洗发水"等与洗澡有关的名词几乎只在洗澡时出现，身体部位和衣服的词语会在穿衣服时出现，烹饪动词、食物、器具名称会在用餐时出现，等等。

我还记得那种感觉，就是单纯的重复。"现在让我们一起把你的袜子穿到脚上""看，小狗在追树叶"——来回重复这些简单的语句，再加上每天照顾婴儿就像例行公事一样，所以在孩子出生后的第一年，父母会觉得每天过的都是同样的日子。但这种重复起着至关重要的作用。在塔米斯－乐蒙达教授做这项研究之前，大家并不是很清楚母亲跟孩子整天都在谈论什么，虽然研究结果在大家意料之中——母亲会跟孩子谈论他们正在做的事情、看到的东西、发生了什么——但这是第一次有数据支撑之前的假设：儿童通过重复的"脚本"来理解语言。

在语言学中，脚本是机械的重复或是每天要说上好几遍的例行对话[30]（比如"你好吗？""我很好，你呢？""您可以点单了吗？""我要一杯红葡萄酒。"），这些句子有它们固定的意思，我们不必去弄清楚单个单词的意义：通过语境，我们就可以理解句子的意思。塔米斯－乐蒙达教授研究中的妈妈们基本上在做同样的动作时会一遍又一遍地重复同样的语句，这样孩子通过语境就能领会句子的意思。

第五章
如何与宝宝沟通："给我好好听着！"

塔米斯－乐蒙达教授还发现了许多重复的填充句子结构，如"看……""好大的……""你看到了……吗？"。研究表明，这些重复的结构大有裨益，能引起婴儿的注意。斯坦福大学的安妮·费纳德教授和诺里达·乌尔塔多教授给24个一岁半的孩子展示了他们熟悉的动物（物体）照片，每张照片里都有一对动物（物体）：一个婴儿和一只狗、一辆汽车和一本书、一只鞋子和一个球。然后他们给孩子们播放了一段录音，孩子们听到的是一位女士用两种不同的方式说这些名词。一种方式的名词是孤立的，比如"宝宝""狗狗"，然后该女士问，"你喜欢它吗？"另一种方式则是把单词放到句子里，比如"看那个……"。与在第二种情境中的反应相比，在第一种情境时，宝宝看向相对应的图片的速度更慢（正确率也更低）。也就是说，在第二种情境中，句子框架能够发出更清晰的信号——马上要有名词出现了。给出一致的、重复的提示，并把名词留到句子末尾——大人之所以使用这样的框架结构，就是为了适应婴儿语言学习的需求。

在某些时候，我们必须帮助婴儿超越脚本和框架。语言的最大优点是它的抽象能力。我们怎样才能从只谈论眼前的事物，转换到从时空的角度来看比较遥远的事物呢？婴儿导向式语言的特征将再次发生变化，目的是为了培养幼儿的抽象能力。要做到这一点，我们需要一点想象力。

当你和孩子一起阅读，或者玩一个想象游戏时，你开始向他们介绍语言最神奇的功能之一：谈论并非在此时此刻发生的事情。塔米斯－乐蒙达教授说，当父母跟孩子玩过家家、在假装的茶会上跟孩子谈论食物的时候，当父母跟孩子一起看图画书、谈论动物和屋子外面的事物的时候，奇妙的事情就发生了。想象力和阅读是"通向去情境化语言的早期桥梁"——去情境化语言谈论的是"彼时彼处"而不是"此时此处"。正是这种抽象性将人类语言与其他形式的交流区分开。象征性的交流——用文字来代表事物——是人类文化的基础。游戏和故事自有它们的使命，伴随着玩过家家游戏和听大人讲图画书，儿童迈出了走向抽象语言的第一步。

音素：语音的最小单位

到一岁时，婴儿因为不断地从看护者那里得到语言输入，俨然已经成了语音方面的专家。音素指的是某种语言包含的最小的声音单位。每种语言都有这样的基本单位，包括手语，手语的基本单位是手的形状、手的位置、手的动作、身体位置和面部表情。

新生儿可以说是"万能的倾听者"，具备理解所有语言中所有语音的能力和发出所有语音的能力。但在生命的头12个月里，这种能力会逐渐减退，婴儿慢慢只能区分母语中语音的差别，这是因为他们听到的都是母语中的语音——语音能够加强神经联系，母语中没有的声音与突触之间的连接则会被切断。

就英语口语而言，任何跟孩子一起学过自然拼读的人更熟悉的都应该是音素，而不是字母名称。至少在英国的学校里，老师们不太可能教孩子把字母"A"读成"ay"，也就是单词"hay"里那个音。老师会告诉孩子们"A"应该读成"a"，也就是单词"ant"里那个音。老师的教导非常有效，以至于孩子和家长最后记住的很可能是字母所对应的音，而不是字母名称。但明确的语音系统非常有帮助，特别是在像英语这样发音不规则的语言中。

第五章
如何与宝宝沟通:"给我好好听着!"

正因为如此,早期阅读对孩子而言非常重要,也正因为如此,读绘本时故意发出愚蠢可笑的声音不仅有趣,而且非常有好处。以儿童绘本《咕噜牛》为例:蛇嘶嘶地叫,哧溜溜,猫头鹰哗啦啦,狐狸飞快地就开溜,这些动物都问小老鼠,"咕噜牛?咕噜牛是谁啊?当我们故意夸张地读出"嘶嘶""哧溜溜""哗啦啦""咕噜牛"时,实际上是在给孩子提供了一组"对照数据"。感谢《咕噜牛》的作者朱莉娅·唐纳森,这组"对照数据"能让宝宝们听到,同样的音用不同的语调和语气读出来是什么样。所以,多跟孩子一起读书吧,毕竟,能教孩子学习音素的时间并不多。

如果孩子需要掌握的音系不止一套的话,那么语言学习的速度就会减慢。双语儿童的父母有时会比较担心,据报道,双语儿童词汇量的增长比较缓慢,双语儿童的阅读能力也会比同龄人滞后几年。在英国,英语是第二(或第三)语言的在校儿童数量一直在增长,对此,政策制定者感到担忧。事实上,跟只接触一种语言的孩子相比,那些在上学之前几乎没接触过课堂所使用的语言的孩子,会面临更大的困难。相关数据表明,双语儿童在入学后头几年的关键期里,很难理解别人(也很难让别人理解自己)。但最近的研究又表明,双语有着巨大的优势,这些优势能大大地弥补最开始暂时性的语言差距。

小时候学习第二语言有个最广为人知的优点,那就是学习者在以后的生活中能更轻松地掌握更多的语言。这主要是由生理因素所决定的:你能区分和发出的音素越多,你掌握其他语言的发音的可能性就越大。如果你学的语言中恰好有一种是声调语言,那么影响会尤其明显,比如许多东南亚国家、撒哈拉以南的非洲国家、亚太国家的语言。事实上,有"调位"的语言约占世界已知语言的70%。

解码童年：
塑造孩子未来的科学指南

儿童学习声调的方式不同于元音和辅音的音素学习，后者是以元音和辅音为基础。[31] 对于只会通过声调来表示强调，不会用声调来表达意义的人而言，等过了青春期再去学习声调语言将是一个巨大的挑战。

更重要的是，从大约七岁开始，多语言环境下长大的孩子比那些只会说一种语言的同龄人更容易记住新的单词。即使"单词"是胡乱编出来的，这种优势依然存在。[32] 会说多种语言的儿童开始词汇量增长比较缓慢，但慢慢增长会加速，等到了九岁时，多语儿童和单语儿童的阅读能力已经没有明显差异，即使其中有某种语言是入学后才开始学习的。[33] 双语环境中长大的孩子在执行能力方面也显现出优势，因为他们在早期语言学习的过程中会遇到很多挫折，而且跟别人交谈时，大脑会刻意压制冲动，不说对方听不懂的语言。[34] 他们对沟通障碍更为敏感，更善于排除障碍，也更善于通过非语言线索识别对方情绪。[35]

遗憾的是，整天播放外语，用外语来"轰炸"孩子的耳朵并没有多大用。要想学会一门语言，你必须使用它，而且对话的频次和起始时间决定了儿童的语言水平。[36] 许多成年人之所以学不会一门新的语言，是因为他们不喜欢犯错，也不愿意说。但孩子的经验告诉我们，大胆地张口说是掌握一门语言的唯一方法。人年龄越大，学习一门新语言就越困难，但只要我们能放下自己的面子，勇于犯错，也不是完全不可能。

在多种语言环境下成长的孩子就像在攀登一座陡峭的山峰，但多语言环境能积极地塑造儿童的大脑，相比之下，早期的困难不足挂齿。我们不仅不应该排斥双语学习的浪潮，还应该对它表示欢迎。

婴儿在张口说话之前就能弄清楚母语中有哪些音素，他们这

第五章
如何与宝宝沟通:"给我好好听着!"

样做的目的很简单——减少需要掌握的音素的数量。不同的语言有不同的音素。对于母语是英语的人来说,"r"和"l"明显不同。对于母语是日语的人来说,这两个音听起来却差不多,他们觉得"ra""re""ri""ro""ru"跟"la""le""li""lo""lu"听起来也一样。你可以试着感受一下,发英语中的"r"音时,舌头应该向后卷曲,接触到上颚中央的位置。而"l"音时,舌尖应该轻轻碰到上颚前部。发日语中的"r"音时,舌尖的位置应该在上颚中央和上颚前部的中间。但即使听到的是母语,某一个音素发出来究竟是什么样,还取决于说话人的面部内部结构(十年前,我给门牙做了烤瓷。到现在我还是不太习惯用烤瓷牙发"f""th"两个音)、说话人的情绪,以及说话人是在打电话、面对面讲话、通过屏幕对话还是在另一个房间讲话,是大声说话还是窃窃私语。对于孩子而言,这些都是巨大的挑战,但他们仍然能在张口说话之前,学会辨别不同的音素。

不同的语言具有一系列不同的音素,因此,只有通过一定的训练,我们才能把母语中没有的音素排除,把母语中有的音素保留下来。比如,在英语中,没有介于r/l两者之间的音素;印地语有两种方式发"d"音;在安哥拉、纳米比亚和博茨瓦纳,有些语言中的"咔嗒"声多达50种,人们利用嘴唇、舌头、牙齿和喉咙的不同位置发出不同的"咔嗒"声。在北美原住民的语言中,也有各种各样的"咔嗒"声。虽然音素的多样性让语言学习者感到困惑,但对儿童的发展研究来说却是一个福音。

以印地语为例,它有两种"d"音:一种是要用舌头抵住上腭前部才能发出来,类似于英语的"d";还有一种是舌头放在上腭后部才能发出来,英语中没有这个音。所有的新生儿都能分辨出这两种

"d"音之间的差异,无论他们的看护者说的是什么语言,英语、法语还是印地语。但到了一岁时,几乎所有母语不是印地语的婴儿都不再能区分两者之间的差异。[37]

为了弄清楚婴儿究竟是什么时候丧失这种能力的,什么时候从一个万能的倾听者转变成一个单一语言者,英属哥伦比亚大学的珍妮特·沃尔克教授做了大量的工作。但因为七个月大的宝宝不会说话,没法告诉我们他是否听到了两个音之间的差异,所以沃尔克教授想出了一个新的范式,这个范式不仅适用于最小的婴儿,也适用于大一点的孩子和成人。在之前的研究中,科学家们通常用的都是高振幅吸吮范式,但该方法并不适用于食用固体食物的儿童。

沃尔克教授设计了"转头程序"。她在房间的一头放了一个有机玻璃盒子,并在里面放入"电子激活玩具"——沃尔克教授是这么形容的。听起来有点吓人,不过看了沃尔克教授所分享的实验照片,你就不会那么想了:电子激活玩具是一只会敲钹的玩具熊和一只会打鼓的兔子。沃尔克教授的团队对五个半月大的婴儿进行训练,婴儿只要听到声音有变化,就会转头去看盒子,如果他们的判断是对的,盒子就会亮起来,里面的玩具就会开始演奏乐器。

研究人员给婴儿、儿童和成人播放的由一个一个的音素组成的音节,如"ba、ba、ba、ba、ba、pa、pa、pa、pa、pa、pa……"如果音素变化时他们会转头看玻璃盒子,那说明他们能听出差异。沃尔克教授和她的同事们给被试播放的不仅仅包括英语中非常清晰易辨的音素,还播放了一连串听起来非常相似的"t-a"音(发这个音时要用舌头抵住牙齿)和"t-a"音(发这个音时要用舌头抵住上腭)。母语是印地语的人和所有的婴儿很容易就能区分开这两个相似音,但90%的母语不是印地语的成年人却不具备这种能力。

第五章
如何与宝宝沟通:"给我好好听着!"

接着,沃尔克教授招募了一些 4—12 岁的儿童。之前科学界的假设是,我们大概会在青春期丧失辨别新的音素的能力,因为这个阶段的大脑会进行感官重组,按照这个假设,到了小学的某个阶段,孩子们分辨音素的能力会有所下降。但真实情况是,沃尔克教授发现,所有学龄儿童的表现和母语不是印地语的成年人一样糟糕。

这就意味着,实验得从头再来。科学从来都是如此:它的进步靠的不是一瞬间的顿悟,而是锲而不舍的、勤勤恳恳的观察和研究,当结果跟预想的不一样时,必须推倒假设,重新来过。

在新一轮的实验中,沃尔克教授招募了两组说 Nthlakampx 语的长者,他们都来自加拿大北部。在这种濒危语言里有两个音素:"k'i"和"q'i"。第一个类似于英语中的"k"音:发这个音时舌根部要顶住上腭,阻止气流从口腔顶部通过,迫使气流从舌头两侧出去。相比之下,发"q'i"这个音时得把舌抵在悬雍垂上,迫使空气向上流动而产生的。我曾经在咖啡店尝试发这两个音——我可是认真的——但我的发音真是太蹩脚了,听着就像被噎住了一样,当时我甚至担心,我再继续下去,保不准会有人给我用海姆立克急救法[①]。这两个音在语言中极其罕见,目前说 Nthlakampx 语的只有 200 人,孩子们不可能听到过这两个音。

这一次,沃尔克教授和她的团队最开始招募了一些年龄在六个月到八个月之间的婴儿作为被试,并跟踪测试了他们在八个月到十个月之间、十个月到十二个月之间的辨音能力,目的是要了解随着时间的

[①] 海姆立克急救法(Heimlich Maneuver)是由美国医生海姆立克研究发明,1975 年被美国医学会以他的名字命名的一项急救技术,主要用于气道异物梗阻的现场急救,及时阻止窒息、昏迷、心脏骤停等危险的发生。——译者注

推移，每个孩子的能力是如何变化的。最开始婴儿完全能区分"ba"和"da"、"T-a"和"t-a"、"k'i"和"q'i"。但到十个月大时，这种能力已经开始减弱，十二个月大时，已经下降至成人的水平。[38]

通过跟踪观察这些孩子辨音能力的下降特点，科学家们发现，最年幼的婴儿之所以能够区分很多音素，并不是因为他们接触了多种多样的语言，而是因为辨音能力是天生的。数据表明，随着年龄的增长，婴儿会逐渐丧失区分母语以外音素的能力。这种"选择性聚焦"会发生在所有人身上，而且相当早。

英语的语调一般是用来表示强调或有着语用学的功能。但在世界三分之二的已知语言中，声调的变化可以构成不同的词。例如，汉语普通话的元音是有声调的：ǎ 先高后低，然后再高；ā 的声调是平的；而 à 是先高后低。在汉语中，mǎ 的意思是"马"，而 mā 的意思是"母亲"——对于母语是非声调语言的人来说，这些声调听着都费劲，更别提说出来了。

声调语言有比较多优势，比如，它非常适合使用双关语，这在不方便说某些词时显得机智而幽默，猜出谜语会让人会心一笑。又比如，更容易识别音高的变化。母语为汉语的四岁孩子比母语是英语的四岁孩子更善于发现乐曲音高的变化，但两者辨别音色的能力几乎没有差异，这表明声调对于普通话而言确实很重要，并不是因为中国孩子总体接触到的音乐更多。[39]

你真的没听到吗？

在出生后的第一年，婴儿忙着学习母语中的音素，尽管在他们

第五章
如何与宝宝沟通:"给我好好听着!"

的生活环境中充斥着各种各样的噪声。正如我们所看到的,婴儿导向式语言能够有效帮助婴儿学习语素,但婴儿在与看护者互动的过程中,仍然能听到其他人的交谈声、音乐声、汽车喇叭声等。从感知的角度来看,从背景噪声中过滤出看护者发出的语言信号需要调动大量的脑力。但孩子很早就会那么做了:在两岁之前,他们就有能力通过语境明白看护者所说的某个新单词的含义,前提是看护者的声音比背景声音至少高10分贝。

对于成年人而言,如果有什么东西没听明白,你还可以回放对话内容。成年人只需要很短的记忆缓冲,大概几秒就够了。这种特殊类型的短期记忆被称为"语音环路",它能让我们在大脑中回放刚刚听到的内容,以增强理解。但孩子们的语音环路要短得多——至少需要十年的时间,才能发展到跟成人相当的水平。

加利福尼亚大学欧文分校的艾米利·萨姆纳教授做了一项研究,以确定儿童的语音记忆长度。[40] 在这篇标题为《蛋糕还是西蓝花?近因偏差对儿童言语反应的影响》的论文中,我们了解到,该研究的被试是24名学龄前儿童,研究人员向他们提出了一系列问题,这些问题都是选择疑问句,比如"罗伊(卡通画角色)喜欢苹果还是香蕉?"疑问句中有时还会包含一些编造出来的词,比如"我们应该叫这个玩具Stog还是Meeb?"对于绝大多数问题,孩子们给出的答案总是第二个选项。而且,句子中音节的数量越多,他们就越有可能选择第二个选项。这表明,儿童声音记忆的"缓冲"最多只有几秒钟。

在另一项以40个学步期儿童为被试的实验中,威斯康星大学麦迪逊分校的布莱安娜·麦克米伦教授和詹尼·萨弗兰教授编造了两个新单词"tursey"和"coro",前者指的是"边缘弯弯曲曲的、布

解码童年：
塑造孩子未来的科学指南

满点点的蓝色椭圆形"，后者则是指"红色的四角形"。[41]

研究人员把这两个词嵌入句子中，并把句子录下来："the tursey is on the table（tursey 在桌子上）"，"the boy dropped the coro（那个男孩把 coro 放下了）"。当播放句子时，孩子们能看到相对应的图片。

只要这两个图形名称的声音比背景噪声高 10 分贝，孩子们就能够明白这两个词的意思。一段时间过后，他们能从一系列没见过的形状中识别出"tursey"和"coro"。但是，如果该声音比背景噪声只高 5 分贝，孩子们就学不会这两个新单词。

不过，真正有趣的是第二个实验，麦克米伦教授和萨弗兰教授引入了两种新的形状："pif"和"blicket"。这一次，孩子们也听到了类似的句子（"the blicket is on the table"，"the pif is under the tree"），但他们没有看到对应的形状。研究人员在孩子们听句子时播放了一段自然场景的视频。也就是说，他们只是听到了这两个词，却不知道这两个词指的是什么。

然后，研究人员在孩子听录音的同时给他们展示新形状的图片，但这次录音音量仅比背景噪声高 5 分贝。尽管背景干扰很大，但这一次，孩子们确实学会了新单词。即使是很小的婴儿，一旦确信自己的语言中有某个单词，就会跃跃欲试地准备好学习这个单词，哪怕语境并没有提供太多线索，之后听到这个单词时，他们就会立刻识别出来。无论周围的环境如何，一岁以内的婴儿总是能充分利用语言输入。你也许会觉得跟婴儿的对话不仅要来回重复，还很无聊，听起来傻乎乎的，但玩过家家、唱幼稚的儿歌却很重要，是它们把孩子领入奇妙的语言世界。他们不需要天生的语法模块——他们需要的是你的帮助，所以，别停下来，继续说吧！

第五章
如何与宝宝沟通:"给我好好听着!"

婴儿的第一个单词

婴儿可能天生就会非语言沟通,但到了一岁多时,婴儿通常会张口说第一个单词,这个变化似乎开启了一个新的时期。婴儿会说的第一个单词是哪个单词?实际上,这个问题直到近些年才引起人们的关注——有不少人有写日记的习惯,还有人出版了自己的日记,在这些日记公之于世之前,有关婴儿第一个单词的记录非常少。

杜兰大学的琳达·波洛克教授共研究了91本被妥善保存的日记,这些日记写于16—19世纪。在这91本日记中,只有19本日记记录了孩子们说的话,只有9本提到了孩子说的第一个单词。由于当时婴儿的死亡率非常高,所以儿童的语言发育似乎并不是父母特别关心的问题。

到了维多利亚时代,一些事情改变了当时人们对儿童语言的看法,并开始出现一股风潮——把孩子开口说的"第一个单词"记录下来。1877年,达尔文将自己几十年来写下的日记出版(同时以德语、俄语和法语出版)。根据达尔文的日记,他第一个儿子最先会说的词是"mum",那是在1839年。但达尔文认为,这个词指的不是父母,而是"食物""给我食物"。

在写下日记将近40年后,达尔文才将它们公之于众,当时其他的自然历史学家也开始写日记。受过良好教育的男性的日记现在成了科学数据的可靠来源,研究儿童发育也成了人类生物学的一个重要分支。"有不少我认识的人对心理学产生了极大的热情",心理学家詹姆斯·萨利在1881年写道,"这些人大多是年轻的已婚男子,

解码童年：
塑造孩子未来的科学指南

对于他们而言，婴儿期的种种现象非常新鲜，让他们着迷。"许多自然学家的共同愿望是，婴儿和儿童一步一步的成长能揭示出人类是如何进化、如何到达维多利亚时代顶峰的。

这一潮流很快就在中产阶层中流行起来，当然，他们也很幸运，因为中产阶层的孩子一般不会在五岁前夭折。在20世纪的头十年，还兴起了一股做"婴儿记录册"的风潮，这种风潮一直持续到今天（到了今天，这股风潮很显然已经演变为"记录宝宝的第一次，记录宝宝具有里程碑意义的发展标志"：在社交网站上贴上宝宝的照片，然后输入文字——"今天我一周了""今天我会爬了""今天我一夜都没醒"等）。最开始的"婴儿记录册"虽然一般不会记录婴儿说的第一个单词，但记录了孩子的生日、重大节日、饮食穿衣和睡眠情况。后来的"婴儿记录册"开始出现"婴儿语录""宝宝十八个月会说的词"，但最最值得记录的是："第一个美妙的单词是什么？"

其实孩子会说的第一个词通常都不是词。作家迈克尔·埃拉德将其称为"婴儿想要表达的意图与成年人想要理解的意愿的重合"。[42] 他以莫·威廉斯的书《古纳什小兔》（*Knuffle Bunny*）为例。在整本书中，小特里西想要告诉爸爸她把她最喜欢的玩具给丢了。"Aggle flaggle klabble."[①] 她喊道。可爸爸却完全没当回事。"是的，我们要回家了。"爸爸答道。后来特里西找到了玩具，高兴地喊道"Knuffle Bunny"，这时爸爸才知道女儿是在跟自己说话，虽然之前小特里西一直在努力跟爸爸沟通。

这个故事不仅很温暖，也提醒我们：孩子第一次张口说话并不一

---

① 英语中并没有这些单词。——译者注

第五章
如何与宝宝沟通:"给我好好听着!"

定是可识别的单词,并不一定是清晰的语言。婴儿从出生那一刻起就在与人沟通,我们很快就能理解他们的语言。同时,对于还不会说话或者不够自信的孩子,我们需要给予特别的关注。尽可能地耐心,对孩子的表达欲要足够敏感。放低自己的语言水平,跟随着他们的视线,设身处地为他们着想。要知道,我们照顾的是一个正在努力掌握说话艺术的孩子,也可能是一个痛苦焦躁的青少年。只有这样,我们才能够理解他们迫不及待地想要表达的内容。

第六章

孩子如何学会自我表达:

从说话到阅读

From Speaking to Reading:
How Kids Learn to Express Themselves

在儿童到达入学年龄时,最富裕家庭的父母跟孩子所说的单词数量比最贫困家庭父母所说的要多出 3000 万个。

尽管婴儿张口说的第一个"词"都算不上是个词，但在孩子的一生中，像第一次张口说话那样，能引起父母如此多的关注，能让父母如此喜悦的里程碑时刻并不多。那么为什么孩子第一次说"mama"或"baba"会让大家如此感兴趣呢？这主要是因为，就算父母也会"争风吃醋"——都希望孩子张口先喊的是自己，当然，这是一场"友谊赛"——更是因为语言对于人类这个物种而言意义重大，用语言表达是人类最显著的特征之一。

佛罗里达大西洋大学语言发展实验室主任艾瑞卡·霍夫教授指出，正常的婴儿大脑天生具备学习语言的能力，而负责教学的就是婴儿周围的人。在上一章中，我们了解到婴儿的沟通方式有许多种，了解到当我们使用语言时，他们是如何理解我们的。但要想成为一个完全合格的对话伙伴，儿童还需要学习一套非常具体的行为以及复杂的规则，只有这样，他们才能够随心所欲地表明态度、提出问题、表达请求。

那么，语言的构成要素是什么呢？语言学家通常将语言研究分为五个领域：语音学、词汇学、形态学、句法学和语用学。

在前一章中我们深入了解了语音学：早在张口说话之前，孩子就已经把母语中的音素作为专门学习的对象了。一旦他们掌握了母语中的音素，所有的口语表达不过是这些音素的组合。你能够使用一套词汇让别人理解自己，这就是你的词汇量。从形态学的角度来看，

第六章
孩子如何学会自我表达：从说话到阅读

词汇的学习有一些捷径可走，比如英语中的名词复数一般都是在名词末尾加字母"s"，动词过去式通常是加"ed"，比较级加"er"，对于这些规则，大人们早已司空见惯，但孩子在学习这些规则的过程中会犯一些典型的错误。

那么，孩子们是如何学习这些语言要素的呢？证据表明，孩子要想学会母语，父母的角色极为重要。特别要强调的是，想让孩子跟你说话，你就必须倾听。你会发现，很快他们就有很多话要跟你说。

无论张口说的第一个词是什么，婴儿最开始学习新单词的速度大约是一周一个，直到掌握的单词量达 50 个左右。接下来发生的事情会让你瞠目结舌：孩子的词汇量呈爆炸式增长，1—2 岁的孩子每天都能学会一两个新单词，然后会再次加速，2—6 岁的孩子每天最多可以学习 10 个单词。这也是为什么孩子在七岁前就能掌握大约 14,000 个单词的原因。[1]

你可能会觉得 14,000 个单词并不算多。那么接下来登场的形态学则能真正解锁语言的力量，它会让语言优于其他的交流方式。与学习更多新的符号相比，根据一定的规则将已经学会的符号组合起来，会让我们表达的内容更多，也更快。如果没有形态学——而是用全新的词来表示"更快""最快"（与汉语不同，英语可以通过在形容词后加"er"和"est"来表示"更……""最……"）——那么要想表达新的意思，我们就得多付出几倍的努力来学习新的词语。

无论是哪一种语言，表意无外乎两种方式，要么是改变词语的顺序，要么是加前缀或后缀。有些语言会用助词来改变意思（如汉语、日语），有些语言则能给一个词干加上多达八个语素（如俄语）。所以日语里的名词没有复数形式，但会通过助词来表达复数。在日语中，扁平的物体、长形物体、容器、小动物、鸟、鱼有不同的计数词。就连河里的鱼和盘子里的鱼，都有不同的计数方法。我和丈夫一起学了一段时间日语，但一直是云里雾里搞不清（不过倒是增进了夫妻感情）。汉语也一样，中国人不用"cats"，而是说"一些猫""两只猫"，有时听者也能从语境判断，究竟是"一只猫"还是"一些猫"。孩子们通常在六岁以前就能通过语境掌握母语的规则。而且，他们也一直在学习如何构建出有意义的句子。他们需要对语法有一定的认识。

句法

学步期的孩子在积累丰富的词汇和语素的同时，也在学习句法：大人是怎么把单词和复合词组合到一起的。在英语中，最常见的句型是主谓宾结构，比如"詹姆斯吃了巧克力"。大约三分之一的语言都遵循这种模式，有一半的语言用的更多的是主宾谓结构（如德语"James hat die Schokolade gegessen."）。孩子们需要学习从声音的不同排列中获得意义，这些声音构成了单词，单词又构成了复合词。再次强调，父母与孩子特殊的交谈方式是必不可少的。

对于母语是英语的人来说，主语和宾语的区别在于它们在句子中的位置（动词的前边还是后边），大多数名词变成复数只需要在词尾添加一个"s"。对于母语是俄语的人而言，主语和宾语、名词的单数和复数是通过大量的形态素来实现的。如果母语是日语的话，主语和宾语可以通过位置来区分，要想把名词变成复数，则必须借助虚词。人们会觉得成年后再学习第二门语言非常困难，因为除了

第六章
孩子如何学会自我表达：从说话到阅读

要学习新的词汇，还要学习新的语法规则。儿童不仅仅要学习音素、词汇和语素，还要把语言输入内化成语言的规则。

幼儿学起语法来似乎毫不费力，真是令人艳羡。 哪怕是两岁的孩子都能分清楚，某个词什么时候充当动词（we *house* the horse in the stable，我们把马关在马厩里），什么时候做名词（the horse's *house* is the stable，马住的屋子就是马厩）。**在能说出灵活变化的句子之前，他们就已经能理解并分辨出这些发音相似的单词之间的区别。**

是语境帮助孩子们区分词汇不同的语法功能吗？还是说词汇在充当不同的语法成分时听起来会有差异，从而为孩子提供了特定线索，帮助他们理解说话人的意思？为了找到问题的答案，索邦大学的亚历克斯·德·卡瓦略教授研究了16名年龄在三岁半到五岁之间的儿童。[2]研究人员总共录了16个句子，这些句子每两个为一组，每组均包含一对同音异义词（一个是动词，一个是名词）。例如，la ferme（农场）和elle ferme（她关上）。他们请母语是法语的人录制了一些句子，这些词在句中承担不同的语法功能，例如：la petite ferme est tre s jolie（这个小农场很漂亮）和 la petite ferme la fen tre（小女孩关上窗户）。

然后，研究人员把句子录音放给孩子们听，但"ferme"这个词后面的所有的声音都被盖住了：研究人员对后面的声音进行了处理，听起来非常模糊。接着，孩子们要从屏幕上显示的两张图片中选择一张——一张是玩具农场，另一张是一个女孩关上玩具箱的图片。三岁半的孩子在该项任务中表现得非常好，正确率达到了三分之二，而五岁的孩子表现得还要好，正确率为85%。请记住，他们所听到的只是"la petite ferme"，后面都是干扰音。这意味着，孩子们到

**解码童年：
塑造孩子未来的科学指南**

七岁时，多数都能分清楚某个词是名词还是动词，只是因为语言的韵律为他们提供了线索——说话人的重音和语调。即使上下文并不完整（动词的主语、宾语或名词的指向不清楚），孩子们仍然能够识别动词或名词，因为我们说话的韵律和节奏感为他们破解语法规则提供了重大线索。

但要想掌握语法中的不规则变化，孩子们就得多花些时间和力气。在学习语素和句法的过程中，儿童会出现语言泛化现象，且该现象会持续数年之久。二到六岁的儿童普遍会过度使用已掌握的形态学规则。文献中记载的一些例子非常有趣，比如儿童会把厨师叫作"cooker"[①]，把"sit"的过去式说成"sitted"[②]。儿童的语法泛化现象通常是指把不及物动词误用为及物动词，比如让人忍俊不禁的"don't giggle me"（正确说法是"don't make me giggle"），还有"I don't want any more grapes; they just cough me"（正确说法是"they'll make me cough"）。[3] 随着时间的推移，孩子们开始明白语法规则也有特例，但泛化现象往往会持续很长时间。

事实上，这些特例之所以不符合一般的语法规则，只不过是约定俗成的缘故。既然足球运动员可以叫"footballer"，设计师可以叫"designer"，那厨师为什么不能叫"cooker"呢？在学习一门语言的同时，年幼的孩子们还会自己"发明创造"新的用法。我们之所以要打压他们的"脑洞大开的发明"，主要是因为我们希望别

[①] 在英语中经常在动词后面加上"er"或"or"表示"从事某个职业的人"，但也有例外，比如动词烹饪是"cook"，厨师仍然是"cook"。——译者注
[②] 英语中动词变为过去式通常是加"ed"，但是也有例外，比如"sit"的过去式是"sat"。——译者注

第六章
孩子如何学会自我表达：从说话到阅读

人能听懂他们在说什么。既想让孩子学会自我表达，又得阻止他们"发明创造"，亲子关系难免会紧张一段时间。

值得注意的是，第二语言学习者即使成年后，也会犯类似的错误。这表明，泛化不是阶段性的——不是说到了一定的年龄段，语法就一定会变好。事实上，如果到了十几岁再去学习一门新语言，你很可能会发现，大脑在学习语言方面的可塑性已经开始减弱：随着年龄的增长，我们越来越不擅长学习新的语言。

成年人和孩子学习一门语言最大的区别（也是最遗憾的）在于，当出现泛化错误时，会受到差异化的对待——感受到的羞辱程度也不一样。要是孩子说错，大人们一般都只是修正性重复一遍孩子的话，孩子说"i sitted and drawed all day"，大人则回应"oh! You sat and drew all day? How nice！（你一整天都坐在那儿画画啊？太棒了！）"成年人可享受不到这种优待，别人既不会那么宽容，也不会用儿童导向式语言来给出（纠正性）反馈，这或许是成年人语言学习道路上的绊脚石之一：以清晰明确的方式教授成年人语法规则，剥夺的正是成年人通过反馈来掌握语言中隐含规则的机会。

目前我们仍然无法确定，成人不能像小孩子那样通过不断尝试、不断犯错、不断闹笑话的方式来学习语言，到底是因为过了青春期我们对语言输入的敏感度降低，还是因为青春期后大脑变得不那么可塑，抑或是因为我们不愿意犯错，很可能这三方面的因素都有。

成年人学习第二语言时，别人同他们说话的方式不会像跟孩子说话那样。为了了解婴儿导向式语言是否有助于成人的语言学习，罗伯塔·米奇尼克·戈林科教授和安东尼·阿利奥托教授请一位说中文普通话的女性分别用成人导向式语言和婴儿导向式语言描述了十样很常见的物品,并录音。她要用两种方式(假想听众是成人,假想听众是婴儿),把预先准备好的句子读出来。

这些成年人的母语是英语,在听录音并观看物品图片之前,他们没有学过中文。听完录音之后,研究人员对他们进行测试,让他们听与物品相对应的中文词汇(单个词),看看他们能不能从一组图片中选出正确的物品。

虽然听的是相同的句子,但73%听婴儿导向式语言的被试正确率超过了25%,这才算是真正意义地进行了单词学习,他们不是瞎猜的。而听成人导向式语言的被试,坦白承认自己在瞎猜。[4] 看来要想学一门新的语言,得让别人把你当成婴儿那样讲话才行!

语用学

最后,要想游刃有余地与别人沟通,孩子们还需要学习语用学。人类创造了语言这种不可思议的技能,却又会通过语言来掩饰自己的本意。这么做有各种各样的原因:为了搞笑、为了避免正面冲突、保全别人的面子。我们并不总是通过最直接的方式来表达自己的想法、感受和需求。"这里可真冷"的意思可能是"麻烦你关上窗户"。"是,亲爱的,这是一个很好的主意"可能是想说,"别一条腿站在那摇摇晃晃的板凳上,看,你马上要摔下来了。万一摔伤了,我可没时间带你去看医生,行行好,赶紧下来吧。"孩子们很早就学会了这些特殊的规则。

掌握词汇固然重要,但单词在句子中的确切含义有时很难弄清楚。我们家五岁大的孩子用"邪恶的(wicked)"这个词来形容三

第六章
孩子如何学会自我表达：从说话到阅读

岁大的弟弟，这可让弟弟难过极了——五岁大的孩子以为"邪恶的"就是"酷酷的（cool）"的同义词。而在三岁的弟弟看来，故事里"邪恶的"女巫最后都会死。总之，**孩子们要学的不仅仅是单词，也要学习单词在不同语境中的不同意义。**

对孩子来说更具挑战性的是，成年人所说的不一定是心里所想。儿童导向式语言比成人的语言更直接，但研究表明，儿童也不是不会说反话。事实上，四岁的儿童已经能很好地分辨出哪些是讽刺，且平均正确率能达80%。令人吃惊的是，同样是这些孩子，完成心智理论①任务平均只能得20分；五六岁的孩子的平均分为40—45分，但识别话语讽刺的能力并没有提高。[5]尽管在入学后的头几年，孩子们的心智能得到显著的发展，但这似乎并不能让孩子更好地理解挖苦及其他形式的讽刺，至少在这个阶段如此，儿童洞察其他人想法、情绪的能力还相当薄弱。他们学会这项技能很可能是因为听到了父母言语中的讽刺。

华沙大学的纳塔利娅·巴纳希克·杰米尼亚克教授研究了儿童口语语料库（Child Language Data Exchange System，CHILDES），该语料库中包含大量儿童交谈的数据。她在听了50个小时的两到四岁的儿童与母亲的对话后发现，讽刺可以分为几种。有一些一听就是母亲在比较恼怒的情况下对孩子说的。杰米尼亚克教授举了个例子，妈妈正在准备晚饭，三岁的儿子总是弄出很吵闹的声音，于是妈妈说："威廉，你在等着吃松饼的时候能不能找点事情做，这声音可真是太'好听了'！"我确信，我在非常疲惫或沮

---

① 心理学术语，是指我们感知和理解别人的想法、欲念、情绪、感觉的能力。——译者注

解码童年：
塑造孩子未来的科学指南

丧时也会用这种方式跟孩子说话。

但是杰米尼亚克教授发现，尽管孩子们会听到很多讽刺，但这些讽刺并非专门针对他们。很多时候，妈妈只是在被动攻击，宣泄怒气，孩子们稀里糊涂地就成了妈妈的出气筒。杰米尼亚克教授举例如下：

孩子（假装自己在和娃娃说话）：我不想回自己房间。
妈妈：你不想回房间？
孩子：不想。
妈妈（疲惫）：很遗憾。也许你觉得，妈妈在厨房永远忙不完。真巧了，妈妈也是这么想的。

杰米尼亚克教授指出，虽然有些家庭更喜欢使用讽刺，但总的来说，讽刺是一种应对机制。并不是每个家庭都会用夸张或反问句，一般人们在沮丧或疲劳时才会这么用。孩子们最开始是通过模仿学习讽刺。**情绪化的语言很容易引起儿童的关注，这也是为什么孩子们不费吹灰之力就能学会骂人的原因。**

但孩子要再花上十年的时间才能创造性地使用讽刺。**到了青少年时期，心智才会帮助他们解读别人的"话中话"。**我们能了解到这一点，要归功于西奈山伊坎医学院的王廷（Ting Wang，音译）教授的一项研究，她请10-13岁的青少年和成人看两组漫画，并用fMRI技术观察他们的大脑活动。比如，漫画中有个场景是布莱恩和蒂娜在吹气球。第一种情况是布莱恩成功地把气球吹好了，第二种情况（搞笑反讽）是布莱恩把气球给吹炸了。在这两种情况下，蒂娜都说了句："干得好！"研究人员要求被试看到卡通人物使用反讽

第六章
孩子如何学会自我表达：从说话到阅读

时按下一个按钮，如果卡通人物说话是真心诚意的，则按下另一个按钮。结果表明，与10—13岁的青少年相比，成人识别反讽的能力略好（但不明显）。但真正值得关注的是，两组被试在识别反讽时，大脑被激活的是不同的区域。

对12名成人和12名青少年进行的一系列fMRI扫描显示，成年人大脑被激活的区域是负责处理面部和声音线索的区域，相比之下，青少年的内侧前额叶皮层（MPFC）则更活跃，——也就是在执行心智理论任务时，大脑最活跃的区域。[6]换言之，要想识别出反讽，青少年必须先解读说话人的真实想法，而成年人似乎可以绕过这一步，更依赖声音和面部表情的提示。这就意味着，首先，孩子确实具备创造性讽刺的能力；其次，成年人对于讽刺已经司空见惯了，所以大脑的反应比较机械麻木。

质与量，哪个更有帮助？

所以，除了教会孩子们什么是讽刺，父母一定还做了很多事情，否则孩子们怎么能如此轻松地掌握一门语言呢？难道仅仅是因为他们的大脑像海绵一样具有可塑性吗？确实有证据表明，儿童的大脑在语言学习方面独具优势，但语言学习的过程非常复杂，我们尚不了解其全貌。

一旦失去与看护者交流的机会，任何儿童都无法学会语言。[7]天生耳聋，但父母听力正常的儿童自己会创造一系列的肢体语言与父母交流，但这些手势并不能称得上一门成熟的语言。[8]儿童与会说话的人进行互动可以学会语言，但创造一门语言却需要许多人达成共识。语言是流动的，是永远在变化的，而这种流动性也是由我们交流时产生的共识驱动的。

对大多数孩子来说，看护者是他们人生中的第一位老师。我女儿说的话听起来跟我（和家里其他人）说的话如出一辙。我爱说"没事儿"，她也经常说："没事儿！"每次听她这么说，我觉得很温暖，很安心。但遗憾的是，我爱说"马上好"，她也经常说："马上好！"听到这句话，我的心头就会涌起一阵愧疚，看来我平时没少让她等着。研究表明，儿童是通过模仿来学习语言，至少在十岁之前是这样，儿童需要父母、祖父母和其他看护者同他们说话，并会大量借鉴他们的语言。

然而，教学资源的分配并不平均。在科学家们所研究的大多数文化中，社会经济地位较高的父母说的话更多，跟年幼的孩子说话时也会使用婴儿（儿童）导向式语言。社会经济地位只是一个大致的标准，可以细化为很多方面，通常被定义为"社会秩序中不同层次人群的不同的基本生活条件"，在研究中一般指的是母亲的受教育水平。社会经济地位明明是个很复杂的概念，最后却等同于母亲的受教育水平，非常不严谨，令人费解。社会经济地位还应该包括个体的医疗保障情况、饮食是否健康、是否有时间锻炼、工作的稳定性、住宿条件以及陪伴子女时间的长短。

凯瑟琳·塔米斯－乐蒙达教授和她的团队做了一项突破性的研究，他们计算了每位被试母亲的单词率，她发现母亲的社会阶层越高，和孩子在一起时就越健谈。[9] 目前还不清楚所有的影响因素，但我在前文提到的系统性不公很可能会导致孩子语言水平的差异。与压力大、筋疲力尽或生病的父母相比，压力小、时间充裕、健康状况良好的父母与孩子聊天的可能性更高。

第六章
孩子如何学会自我表达：从说话到阅读

然而，也有人提出，母亲的社会经济地位与跟孩子所说的单词量之间的关系正在改变。遗憾的是，这并不是因为收入低或收入不稳定的人的生活变得容易了，而是因为中上阶层的父母花在电子设备上的时间越来越多，与孩子交谈和玩耍的时间自然会越来越少。[10]

然而，不同阶层的家庭同孩子说的单词数量一直存在差异。20世纪90年代有一项非常有影响力的研究指出，**在儿童到达入学年龄时，最富裕家庭的父母跟孩子所说的单词数量比最贫困家庭父母所说的要多出 3,000 万个。**[11] 在这项研究之后，陆续又有许多研究表明，与需要政府救济的父母相比，蓝领阶层的父母同孩子说的话更多；而具有专业技能的父母又比蓝领阶层的父母说的要多。[12] 家庭越富裕，受教育的时间越久，父母就越可能有足够的资源、经济能力和时间陪伴孩子阅读，陪伴孩子玩游戏。

这种差异会对儿童的发展产生影响：在两岁零九个月大的时候，中产阶层家庭的孩子平均语句长度大约是三个单词，并会使用简单的介词比如"in"和"on"，低收入家庭的儿童在一年后才能达到相同的语言水平。[13] 低收入家庭的孩子在入学一年后，语句的平均长度才跟中产阶层幼儿园毕业的孩子相当。这很重要，因为言语的流畅度较低势必会打击孩子的自信心，从而影响孩子上学后的表现，并且，早期的差异往往随着儿童年龄的增长而越来越大。

从政治的角度来看，目前有一种趋势——既然社会经济地位低的家庭"耽误"了孩子，那不如向这些"有风险"的群体提供补救资源。但为什么我们不把视角放开阔一点，不要只盯着穷困家庭的父母哪里做得不好，也思考一下，为什么在富裕的家庭，父母会更多地运用儿童导向式语言呢？他们需要自己打扫房间吗？需要亲自出门买食物或生活用品吗？答案很可能是否定的。他们需要为衣食

解码童年：
塑造孩子未来的科学指南

住行而操心吗？答案同样是否定的。而贫困家庭的父母有没有长期患病的呢？答案是肯定的，尤其是在极度缺乏社会保障和医疗保障的国家。如果 3,000 万个单词的差距确实存在——或者至少是差不多的差距——那么我们有必要付出努力，确保将来所有家庭都有机会陪伴孩子。英国有个项目叫作"每个孩子都要说话"，其目标是要为孩子学说话提供帮助。我倒觉得我们更该做的是为父母提供支持，让他们有更多的时间陪伴孩子，这难道不是更好的干预措施吗？

孩子在探索语言的过程中，有个最重要的影响因素是大人陪伴孩子读了多少书。你也许担心自己和孩子说的话不够多，其实解决的办法很容易——跟孩子一起玩玩具时父母说的话固然不少，但一起阅读则讲得更多。看护者在陪伴孩子阅读时不仅说的词更多，用的句型也更复杂。而且，阅读时父母的说话方式整体而言更放松，没有那么多指令或禁令。相反，读书时的亲子对话往往围绕着这样的问题展开——滑稽的兔宝宝在做什么，为什么灰姑娘浑身上下只有那一只水晶鞋没变回去（这是灰姑娘故事的大漏洞，我觉得孩子应该跟我一样百思不得其解！）[14]。无论哪个年龄段的孩子，亲子阅读都是帮助他们大力提高语言技能的好办法。

怎么读并不重要，重要的是得读起来。慈善组织英国图书信托基金会做得非常好，他们致力于让每个孩子都能拥有若干本书。图书馆也是宝贵的社区资源。艺人、乡村音乐歌手多莉·帕顿真的太无私了，不仅仅为我们奉献了《朝九晚五》这样的好电影，每年还为孩子们捐赠数千本书。确保每一位家长都有时间、有自信、有精力和资源与孩子一起阅读，这是推动学龄前儿童语言发展的最重要因素。

书本就像有一种魔力（你看，读这本书的时候，你有没有感觉

第六章
孩子如何学会自我表达：从说话到阅读

到我像是在跟你说话），那么，孩子们借助故事音频或视频听故事如何？遗憾的是，研究表明，被动地听音频、看视频对语言学习并没有多大帮助。虽然大一点的孩子和成人能通过视频、播客获得信息，但只有在与他人互动时，负责语言的大脑结构才会发展。例如，有些孩子的父母不会说话或不跟他们说话，那么这些孩子会去看电视，但有充分的证据表明，看电视并不能教会这些孩子说话。[15] 事实上，儿童接触到的电视节目的数量与他们的语言发展呈负相关。虽然说并不是孩子看了电视就学不会语言，但电视节目却会取代其他形式的游戏、人与人之间的互动或阅读等对孩子的语言发展起到积极作用的活动。[16]

有一个例外：有研究观察到三四岁的孩子能从专门为学龄前儿童所设计的教育性节目中学会一些词汇，特别是当他们与看护者一起观看时。[17] 这倒是有可能，女儿和我从《海底小纵队》中学到了许多海洋生物学的知识，从英国广播公司（BBC）的科普少儿类节目《你知道吗？》中学到了大量的科学和工程学的知识。而且确实也学到了很多专业词汇！但要想产生这种效果，电视节目必须能激发成人和大孩子之间的讨论，所以，大家还是需要时常抽出点时间，陪孩子看节目才行啊。

走向抽象的语言

孩子一岁前父母所使用的婴儿导向式语言词汇量非常有限，且重复率非常高。父母使用婴儿导向式语言的时长大约为 13—20 个月。在这段时间里，与孩子的交谈仍然围绕日常生活展开，并来回

解码童年：
塑造孩子未来的科学指南

重复。但之后，儿童导向式语言开始发展。看护者会使用去情境化语言。[18]爸爸妈妈们不会再反复念叨"这是你的小脚，这是你的袜子……"。相比之下，儿童导向式语言包括更多的解释、想象和叙述。比如，"嗯，我们不能把它们放在巴士上，因为巴士已经装满了积木"或者"遥控器在工作，所以灯必须亮着啊"，这都是解释。下面的例子则是想象："我会把你从邪恶的姐姐那里救出来"，"我们现在必须请警察来做事故报告哦"。叙述是谈论过去已经发生过或未来将要发生的事情，比如，"他会检查你的鼻子、喉咙和耳朵""哦，是的，我们去看电影时吃了爆米花，还记得吗？"。而且，儿童导向式语言中的互动也更多，孩子们在谈话中的占比也越来越多。

马里兰大学的梅瑞迪斯·罗教授研究了 50 对父母和他们的孩子。她第一次与这些孩子见面时，有的孩子才 18 个月大，有的 30 个月大，也有的 42 个月大。（大约对应的是婴儿、学步期儿童和学龄前儿童）12 个月后，她再次与这些孩子见面，看看他们的语言能力进展如何。她发现，不同的家长跟孩子所说的单词量的差异很大，90 分钟的时间里，有的跟孩子说的单词只有几百个，而有些家长则说了将近 10,000 个单词。学步期儿童和学龄前儿童的父母开始使用不同的词汇，其中有 6% 的词汇是"不常用词汇"（即四年级学生也不知道的词汇）。在孩子三岁那年，父母所使用的儿童导向式语言发生的变化最为显著。罗教授发现，学步期儿童和学龄前儿童所听到的语言的最大差异在于去情境化语言；相比之下，学龄前儿童听到的解释和叙述要多得多。学龄前儿童的游戏也变得更加复杂，角色扮演也越来越多。语言的抽象程度和游戏的想象程度是相辅相成，互为促进的。

要想通过儿童导向式语言促进儿童语言水平的提高，究竟是语

第六章
孩子如何学会自我表达：从说话到阅读

言的量更重要，还是语言的多样性更重要？这取决于孩子的年龄。对于 18 个月大的孩子而言，只要父母说的单词更多，他们能学会的单词就更多，词汇类型并不重要。但是，30 个月大或 42 个月大的孩子对父母说话的多少则没那么敏感。也许是因为到了这个年龄段，孩子会说的话越来越多的缘故。从学步期到学龄前这段时期，家长给孩子的语言输入量通常会下降，这表明亲子对话有了更多的互动，不再是父母的"独白"。但在三四岁时，父母语言类型会对孩子产生很大影响。家长所使用的词汇越丰富，学步期儿童就学得越快，而家长如果能使用更多的去情境化语言——特别是解释和叙述——那么学龄前儿童的收益也会越大。

去情境化语言和富有想象力的游戏的作用相辅相成。这不仅是因为孩子在玩想象性游戏时需要假想出各种各样的怪物，需要"穿越"到遥远的国度，还因为角色扮演为孩子们创造了机会，让他们在熟悉的社交情境中进行新的尝试，让他们与伙伴一起回忆，一起描述。在打开想象的同时接触抽象，这似乎是促进儿童社交能力发展和语言发展的必不可少的因素。在 WEIRD 家庭中，父母一般都会参与到孩子的游戏中去，家长参与的越多，孩子的语言和社交技能发展得就越快。[19]

实际上，只要我们仔细观察这种具有社会性的儿童角色扮演游戏就会发现，幼儿园的孩子就已经对权威和权力的运作有所了解。苏珊·厄尔文 – 翠普教授回顾了相关研究，她注意到，学龄前儿童明显已经把他们接触的最多的两种职业——老师和医生的语言内化为自己的语言。[20] 比如，他们很喜欢用"那么……（well…）""我来看看……（let's see…）"，这是医生给小孩子体检看病时的常用语，也喜欢用"很好（okay）"和"好，接下来……（now then…）"这是幼儿园老师常说的话。

在游戏时,孩子们会根据自己扮演的角色是医生还是病人、老师还是孩子来确定自己的地位,他们不仅会模仿这些角色的身体特征(如模仿低沉的声音,会用手指或比画),还会模仿一些术语。

所有的孩子都通过模仿和表演来学习语言,他们学的不仅仅是词汇和语法。语言游戏还能够让孩子了解所处环境的社会结构和文化结构。你和他们玩的时候,你(也许是无意中)影响了他们探索世界的方式。虽然没有人刻意去教他们,但孩子们自己会注意到"那么""很好""我来看看"是对话关系中地位较高的人(医生、老师)常说的话,而地位较低的人(病人、孩子)用的更多的是"哦,好的""可以"。可见,孩子们学习的不仅仅是短语的表面意思。

无论母语是法语还是英语,与扮演病人或学生相比,学步期儿童在扮演医生和教师时,通常会使用更长、更生僻的单词。在厄尔文-翠普教授所举的例子中,我们会看到儿童故意使用比较难的单词和地位标记性话语:

> 孩子(假装是医生):嗯,我觉得你得了疚气。
> 成人(假装是病人):什么是疚气?
> 孩子:就是一种病症,跟疾病一样。[稍事停顿]嗯,她死了。[21]

第六章
孩子如何学会自我表达：从说话到阅读

孩子们怎么知道说什么合适？

学龄前儿童（3—5岁）和六七岁的儿童看起来似乎懂很多，部分原因是因为他们是神奇的小小模仿家。但是，他们真的明白自己在说什么吗？真的了解别人的状况吗？

长期以来的看法是，要想与他人进行有意义的对话，我们必须具备非常成熟的心智；要想最大限度地减少沟通的失误，我们得了解其他人对于某个话题知道多少、其他人可能的想法。然而，最近的研究表明，完全成熟的心智并非不可或缺。即使是学龄前的儿童，也知道哪些话不用说，别人也知道。有一项研究以74名三岁儿童和74名五岁儿童为被试，研究人员根据年龄和性别，将两个本来就认识的孩子分为一组。[22] 然后，研究人员告诉孩子们，有一种动物叫"selks"。这种动物在真实世界中并不存在，它们喝紫色的苏打水，吃石头，在水里睡觉。有三分之一的孩子是一起了解了有关该动物的信息，另外三分之一的孩子是研究人员分别告知他们信息，还有三分之一中，只有一个孩子知道这些信息。

然后，孩子们要选择给"selks"什么东西比较合适：一根香蕉还是一块石头、一盒果汁还是一瓶紫色苏打水、一个池塘还是一个沙坑。一起了解"selks"的孩子轻松地就完成了任务，彼此之间没有任何解释，也不需要互相交代原因——因为他们都了解"selks"，知道这种动物的喜好，所以意见很一致。而分别被告知信息和只有一个孩子了解"selks"的那些组更有可能会互相讨论为什么"selks"需要石头（苏打水、池塘），而不是香蕉（果汁、沙坑），他们一边讨论一边说"selks就喜欢吃石头"或"这些动物睡在水里"之类的话。

你可能很熟悉学步期的孩子跟别人解释的方式,"妈妈,我们每天都刷牙,这样牙齿就不会脏了"或者"爸爸,那些杯子不能放到洗衣机里洗,因为它们会坏掉"。你可能会觉得孩子这么说简直太可爱了,也可能会觉得很烦很没劲,这就看你有没有耐心了。对于家长而言,除非你跟孩子一起学习,否则你很难想象,孩子正在经历的是怎样的过程,至少对于学龄前孩子而言是这样。无论是一起散步、玩游戏,还是读书,我们和孩子都会有很多新的发现。和孩子共同探索,共同发现,不仅能促进他们的语言学习,增加他们对世界的了解,还能让亲子关系更紧密、更融洽。因为语言是一切的基础。

语言与抽象思维

正如前文所言,孩子在四五岁时对自己语言水平的自信程度,是预测孩子十三岁时词汇量的一个重要指标。最重要的决定因素是看护者是否跟孩子进行了大量的语言交流。但不要以为语言能力的衡量标准仅仅是孩子所内化的单词数量,能否运用所内化的词汇来促进抽象思维的发展才是真正的标准。

让孩子们触摸(不看)藏在袋子里的某个物品,然后给他们看同样的物品,但不准触摸,如果他们能准确无误地把两者匹配起来,那么我们就可以认定,孩子对这种物品有了抽象认识——这也是最早的抽象思维测试。看起来毛茸茸的东西摸起来也应该是毛茸茸的:在很小的时候,你就能把这两种不同的感官联系起来,并能将其特

第六章
孩子如何学会自我表达：从说话到阅读

点抽象出来，给它贴上标签。

能够使用语言，将抽象标签应用于感官数据，这与抽象思维能力是互为促进的。纽约阿尔伯特·爱因斯坦医学院的苏珊·罗斯教授和她的同事研究了 148 名儿童，研究人员先是在袋子里放了一些比较不常见的物件，接着请每个孩子把手伸到袋子里去感觉这些物体，最后让孩子看一些物体的图片，并指出哪张图片里的物体与袋子里的物体最接近。

这项研究跟踪三岁的儿童直到十三岁，她发现，匹配任务完成的更好的学步期儿童十年后的语言能力也更强。而且，无论是三岁还是十三岁，匹配任务完成得最好的孩子语言能力也最强。

给物体命名的能力有助于跨感官识别吗？或者说，具备整合不同类型数据的能力会让孩子在语言方面有优势吗？任务完成得更好或许只是意味着，总体而言，这些儿童的大脑能更好地建立联系，将词汇与物体、行为与质感相联系的能力略好，他们学习词汇的速度更快；也可能是这些儿童知道的单词更多，尤其是形容词，帮助他们更好地完成交叉知觉模式任务。能够用言语表达——哪怕只是在大脑中实现这一过程——某个物体是粗糙的还是光滑的，弯曲的还是直的，尖的还是圆的，当然能帮助孩子更好地完成匹配任务。

其他研究表明，会使用"描述性语言"能帮助儿童完成实际任务。例如，擅长使用介词的儿童的空间意识也更好。威斯康星大学麦迪逊分校的希拉里·米勒和同事招募了 41 名四岁的儿童（主要来自中产阶层白人家庭），他们想知道，是否会使用"空间词汇"（比如介词"在……下面""在……旁边"等）和像"旋转"这样的动作动词与空间思维能力有没有关系。[23]

研究发现，那些使用空间词汇更熟练的儿童，也更有可能出色

解码童年：
塑造孩子未来的科学指南

地完成空间推理任务。长期以来在科学界一直有种假设，空间词汇可能有助于空间认知，因为儿童可以借助空间词汇向自己描述对象的方位，而这 41 名儿童在实验中的表现支持了这一假设。更重要的是，教会孩子空间词汇能让他们更好地完成空间任务。

通过语言，我们可以对各种抽象事物进行推理，如时间顺序、因果关系、相关性。只要你读过开头是"很久很久以前……"，结尾是"从此之后他们幸福地生活在一起"这样的故事，你对这一套概念就应该很熟悉。听听孩子们自己编出来的故事，你就会对他们抽象概念的发展略窥一斑。从很小的时候开始，儿童就会自己编故事，这些故事为我们打开了一扇窗，让我们了解到，孩子对于因果关系的理解是如何发展的。大多数孩子三岁时开始自己讲故事。我的女儿刚好三岁大，正是古灵精怪的年龄，为了能晚睡一会儿，她每天都会想尽一切"诡计"跟我们作斗争。她想让我再讲一个故事，但我要是不答应，她并不会像以前那样发脾气。是的，她狡猾着呢。她会不慌不忙地给我讲个故事，而且她会把这个故事编得既有新意又错综复杂，反正能拖多久就拖多久，只要不睡觉就行。当然，学龄前儿童编的故事通常都不太合乎情理。

下面要介绍的这项研究已经有些年头了——游戏专家布莱恩·萨顿-史密斯教授和发展心理学家吉尔伯特·博文录了很多儿童讲自己编造的故事的音频。他们发现，三岁孩子、六岁孩子和九岁孩子讲的故事类型并不相同。

"小鸭子去游泳，接着来了只螃蟹。一只龙虾来了。一根冰棍自己在玩。"这是他们于 1977 年所收集的一个故事，故事是一个三岁孩子编的。你会发现，故事里有不同的角色，角色似乎是相关的（除了冰棍），但是故事里所发生的事件没有任何联系，只是一件接

第六章
孩子如何学会自我表达：从说话到阅读

一件地发生而已。

孩子到六岁时编的故事开始有一些情节。例如，下面的这个故事前后就很好地呼应起来：

> 从前有一个小女孩，她去树林里散步，很快天就黑了。天太黑了，她找不到回家的路。她哭了又哭。一只猫头鹰听到了她的声音，问她是否迷路了。她说是。猫头鹰说他会帮她找到回家的路。他飞到空中，四处看了看。猫头鹰找到了回家的路，对女孩说："好，跟我来。"然后他领着女孩走出树林，带她回家。女孩回到家，非常高兴。她友好地亲了猫头鹰一下，向他表示感谢，还告诉她的父母，她再也不会独自去森林里散步了。

但即使到了六岁，故事中的人物也很少。此外，根据萨顿-史密斯和博文教授的说法，六岁的孩子一般编不出这样的故事——至少在1977年如此——因为它讲述了主人公的感受，这应该是九岁的孩子才能做到的。《蝙蝠侠》《蜘蛛侠》和《神奇女侠》也会描述主人公的感受。[24]（但《燕子号与亚马逊号》才是有史以来最好的儿童读物。哪个小孩不想驾驶着燕子号前往梦寐以求的湖中小岛冒险，哪个小孩不想要那样开明的爸爸妈妈啊。）

40多年过去了，没有人再去复制这项研究，但在此期间，每一代人都从未停止过编故事、讲故事，尽管儿童文学发生了一些变化，逐渐开始关注其他主题，不再局限于中产阶层儿童和狗狗的冒险经历。最近的研究表明，随着年龄的增长，儿童虚构的故事也越来越复杂——这一发展模式已经相当稳定。[25]虽然每一代人故事中的角色会改变，但随着儿童与外界互动的经验越来越多，他们虚构的故事越来越长，情节越来越有逻辑，细节也越来越丰富。

在童年和青春期，思维和语言的发展似乎是齐头并进的。思维的成熟促进语言能力的发展，语言能力的发展也能促进思维的成熟。分析问题的能力与抽象思考问题的能力能让儿童的思维摆脱直接和具体，获得长足的进步。跟十几岁的孩子讨论一些问题，比如点外卖的优缺点、开车与步行分别有哪些好处、最晚几点他们必须到家、某部电影他们能不能观看，家长跟孩子讨论得越多，给孩子陈述自己观点的机会越多，他们的语言技能发展得就越快。注意，我不是让你和孩子吵架——是讨论，要在互相尊重的基础上，通过语言和论证进行交锋。记好了，下一次跟孩子讨论开车对于北极冰盖的影响时，要是你好不容易才忍住没冲孩子大吼"我说开车就开车！你给我滚到车里去！"，这恰恰说明孩子的语言水平已经非常出色，容不得你小觑啦。

这是好事还是坏事？谁知道呢。

交流、交流、交流

在孩子语言发展的过程中，我们应该尽情欣赏孩子良好的沟通能力。虽然与一两岁的婴儿相比，青少年语言沟通技能的发展没那么显著，但他们仍然在进步。俄勒冈大学的玛丽莲·尼波德教授研究了 10—15 岁青少年的语言发生了怎样的改变。她发现，在这个阶段，青少年与朋友的对话频率和对话时间都大幅增加，但没有证据表明同龄人之间的对话会取代亲子对话。

第六章
孩子如何学会自我表达：从说话到阅读

青少年在这个阶段确实更喜欢向朋友倾诉自己的担忧和困窘。这可能是父母有时会觉得自己"不再了解"孩子的一个重要原因。但如果是事关人生的重大选择（比如是否要放弃某一门课程），青少年仍然认为父母的意见最有分量。其实青少年仍然非常关注父母，虽然看起来并非如此。

语言模式也开始发生变化——从 10 岁到 15 岁，他们会慢慢专注于一个话题，从对话的录音来看，他们突然转换话题的频率越来越低。孩子们开始用更生僻的单词、更复杂的句子结构。他们会大胆地使用习语、类比和暗喻，而且他们也越来越擅长实现语言的社会功能：跟同龄人和父母对话时，会区分对象，把握分寸。[26] 他们还会说："真的吗？""我知道你想说什么！"通过这些语句来告诉对方"我一直在听"，并时不时插入问题，以让对话继续。简言之，他们的说话方式越来越像成人。

这是社会化的结果——十七八岁的青少年跟成年人接触的时间越来越多，而这时成年人已不再跟他们说儿童导向式语言——但这也是执行功能增强的一个迹象：他们注意力集中的时间变长了，并能理解他人的想法。在整个青春期，青少年也开始使用更复杂的句子结构，将多个想法结合在一起，并能绘声绘色地谈论事情。亲子对话仍然很重要，因为你的孩子开始确立自己的身份。所以，我们要继续交谈，继续聆听，给他们尽可能多的尊重、尽量清晰的解释，这样他们才会用同样的方式对待我们，"人必先爱人，而后人爱之"。父母的习惯，好也罢，坏也罢，都会影响到孩子。

第七章

故事和游戏是给孩子最好的陪伴：

独角兽、机器人、消防员和公主

Unicorn-Robot-Firefighter-Princesses:
Why Stories and Play are the Best Thing
You Can Share with Kids

玩耍是严肃的事情。游戏不是生存的必需品，却是孩子健康成长的必需品。

要想研究人类的大脑是如何发育的，也不能总是依赖核磁共振成像仪，或者依赖科学家精心设计的各种刺激，我们也得走入孩子们的真实世界——混乱但无拘无束的世界。假定游戏看似是儿童时期最无秩序的活动，却是真正能让孩子对世界形成秩序感的活动，正是通过假定游戏，父母们才有机会第一次亲眼见证孩子好奇心和创造力的发展。

婴儿大约在一岁时学会走路，他们会拿起各种各样的物品并探索他们的可能性。教育心理学家安妮塔·休斯称该阶段为"我能用它做什么"的探索阶段。休斯注意到，多数孩子到两岁时，玩耍的方式会发生变化，她将其称之为"它能变成什么"阶段，这是一次创造力的飞跃。孩子们会把鼓当成帽子顶在头上，把杯子当鼓敲。[1] 这样的游戏看起来"傻乎乎的"，却是我们与猿类的共同特征，通过这些游戏，孩子们不仅能看到物体的特质，也能看到它们潜在的用途。在玩的过程中探索，人类才能把石头变成工具，把植物纤维和兽皮变成乐器，把记号变成图画，把图画变成文字，把文字变成抽象的概念。游戏大大地提升了人类的智力水平，文化才得以发展。

游戏本来就富有教育性，不需要成年人来帮孩子们设计。尽管早教玩具现在已经发展成了一项产业，但有研究表明，与简单的物品相比，比如一桶沙、一碗水和几个杯子，复杂的、精心设计的玩具并不能更有效地帮助儿童学习。这是因为在"它能变成什么"阶

第七章
故事和游戏是给孩子最好的陪伴：独角兽、机器人、消防员和公主

段，儿童第一次有机会锻炼自己的创造力，所以，给孩子一些简单的物品，让他们自己去发明新的用途非常重要，或许比让孩子玩规则明确的游戏或有详细说明的玩具更重要。[2]

"教育性玩具"有着悠久的历史：生活在公元一世纪的演说家昆体良就发明了类似自然拼读闪卡的玩具，"我非常赞成（给孩子们）玩象牙字母，只要是能让孩子感到乐趣的游戏，我都非常赞成。"[3]但更简单的"玩具"出现的时间要比这早得多。在考古资料中，我们可以看到孩子们的绘画、雕塑和雕刻作品。在埃及石棺和罗马墓穴中，孩子的身边摆放着铅制的小玩偶、黏土制的拨浪鼓、亚麻和芦苇做的球。[4]

考古学家和历史学家面临的一个最大的挑战是，孩子们不仅仅会玩玩具，还会"发明"游戏，会编造故事，手里有什么，他们就玩什么。即便是在当今时代，仅英国一个国家的玩具年销售总额就超过30亿英镑的时代，孩子们仍然喜欢玩"用洗衣筐拖着弟弟妹妹到处跑"的游戏，通过这个游戏，他们能了解到摩擦力、冲力和基本急救的宝贵知识。

现代科技的产物——在线游戏，引起了人们相当多的关注。有评论家警告说，20年来，互联网一直在破坏儿童的健康和福祉。但伴随着互联网一起长大的千百万人向我们证明，在社会发展的过程中，互联网也可以成为一个有用的部分。比如青少年（和许多成年人）在网上聊天就有点类似角色扮演游戏，而青少年在网上所进行的活动则具有假定游戏的特点，有趣且富有创造性。[5]这绝不是一种全新的交流方式，实际上，孩子们满屏的各式各样表情包的聊天与我们小时候傻乎乎的举动并无不同：上课时跟班上同学传纸条、下课后跟好朋友厮混在一起。[6]

但只依靠互联网显然是行不通的。现实中的游戏中还可以培养身体的灵活性，增强身体力量，促进社交技能的发展，这些都很重要。通过捏面团，孩子能发展精细动作；通过"抓人游戏"等对抗性游戏，孩子能够发展人际交往技能。几乎每种哺乳动物都会玩格斗游戏或是追逐游戏，只不过游戏的形式会有所差异，似乎所有哺乳动物大脑的发育都离不开追逐打闹。近年来的研究表明，为孩子创造无风险、无冲突的环境，结果只会适得其反——会造成儿童缺乏基本的社交技能，既缺乏自信，也不知道该如何协调人际关系。[7] 父母看到孩子第一个从滑梯上滑下来，看到孩子的朋友使劲地抱住他或是轻轻掐他的脖子，可能会感到惊慌（也可能会觉得好玩，这取决于家长的性格）。但每个孩子都需要这种勇于挑战极限、大胆玩乐的精神——说实话，大人同样需要——它可以帮助我们释放压力、发展技能、了解自己的极限。

什么是玩耍？

玩耍是儿童学习的方式——至少在英国，人们秉承着这样的幼儿教育理念。[8] 可是当我们去寻找实证研究的数据支撑材料时，很快就遇到了问题——对于同样一件事情，科学家的定义很可能会千差万别。玩耍很难定义，在不同情境、不同文化中，玩耍的定义是变化的。而且，虽然会玩耍是人之所以为人的一个关键因素，但玩耍总会让大家觉得有些"不务正业"。

我们不能简单地将某些类型的活动归类为"玩耍"。例如，钓鱼或捕捞算是玩耍吗？小孩子在水塘里捞蝌蚪当然是玩耍，但是在远

第七章
故事和游戏是给孩子最好的陪伴：独角兽、机器人、消防员和公主

洋渔轮上专门从事捕捞工作显然不是。那么，假装在照顾"受伤"的同龄人与学习如何进行急救又算不算玩耍呢？[9]就我个人而言，写作有时候很好玩、很有乐趣，有时则完全是折磨。

因此，如果我们不能靠行为活动来定义玩耍的话，那么是不是应该由个体的目的来决定？有一些研究人员对玩耍进行了分类。常见的类别有社交型玩耍、客体型玩耍、运动型玩耍（大体来说，其实就是跟伙伴一起疯玩或借助工具来玩）。[10]但这种分类方式很容易重叠——比如儿童在跟伙伴玩球的同时也发展了社交技能，再比如学步期儿童用茶壶茶杯来假装开茶会时（客体型玩耍），可以假想自己是另外一个人，同时还要跟伙伴商量着如何轮换角色（社交型玩耍），而模仿倒茶又能发展运动技能（运动型玩耍）。所以这种分类方法并没有多大帮助。

还有一些理论家则认为玩耍要么是快乐论型（hedonic）——孩子们玩耍单纯是因为觉得快乐，要么是实现论型（eudemonia）——因为在玩耍的过程中能发展或运用自己某方面的能力而觉得快乐。弹奏一首非常熟悉的钢琴曲属于前一种，而花一个小时练习不熟悉的钢琴曲则是后一种；动手烹饪方便又美味的食物是前一种，而尝试烹饪更具挑战性、更复杂的美食则是后一种。但同样，有些玩耍兼具快乐论型和实现论型的特点，仍然容易混淆。

那玩耍是否就是"参与了游戏"？事实上，很多游戏并不好玩。从本质上讲，游戏都有一套规则和约束（否则那就不是游戏，而是无政府状态）。游戏一般也有评分系统。游戏可不像过家家那样，玩起来轻松有趣，孩子可以大胆创造，相反，游戏非常结构化。然而，游戏往往被视为玩耍的一种形式，游戏的目的是要让孩子们参与学习。使用数学游戏作为教学工具确实有效，因为游戏有一定规则和

解码童年：
塑造孩子未来的科学指南

秩序。但那能被称为玩耍吗？可能玩耍的成分很少，所以佐治亚理工学院的艾米·布鲁克曼教授称之为"巧克力包裹的西蓝花"。[11]

基于规则的游戏有很多约束和限制，且玩法固定，而玩耍则不一样，《美国玩耍杂志》认为玩耍应该是"多层面的、多样的和复杂的"。该杂志还认为，玩耍不能简单定义，它牵扯到许多学科。大卫·埃尔金德教授提倡儿童应该多玩耍，他将游戏定义为"创造力的运用——可以培养孩子的想象力、好奇心和幻想"。[12] 这个定义固然是好，但把儿童必需的体能玩耍排除在外，只能说是一个狭义的定义，不符合我们的要求。

有一些科学家则脑洞大开，他们直接去问孩子们，什么是玩耍。在2002年的一项研究中，英国斯旺西大学的贾斯汀·霍华德教授给111名3—6岁的儿童看了一组照片，照片共26张，拍的都是孩子在幼儿园或学校义务劳动的场景，然后请他们把照片分为"在玩耍"和"不在玩耍"两类。结果这111名儿童一致认为，只要孩子是在沙坑里、拿着玩具、在户外就是玩耍。但他们对于画画的观点则不太一致，一些儿童把它归类为玩耍，而另一些孩子则说那是在工作。所有与纸张相关的活动——比如阅读和写作——都被归类为工作，这真是太叫我伤心了。[13]

就连玩耍的主力军——孩子们对于玩耍的定义都有分歧，我只能说玩耍的定义实在是太模糊了。玩耍是复杂的，而复杂的现象需要复杂的定义——至少对我来说——最有说服力的描述来自田纳西大学的生态学与进化生物学教授戈登·伯格哈特。他认为游戏应该满足五个标准，才能算得上"好玩"。[14] 当然这个定义也有例外和临界情况，我们一起来看看是哪五个标准：

第七章
故事和游戏是给孩子最好的陪伴：独角兽、机器人、消防员和公主

一、玩耍不是出于生存的直接需要。假装的堡垒并不能提供真正的防御，玩具汽车也没办法载着孩子去任何地方。按照这个定义，下面两个例子也属于玩耍——如果天气好，公交车又特别拥挤的话，你宁愿走一站路，享受灿烂的阳光；或者偶尔在外面胡吃海喝一顿，而不用回家动手做经济又营养均衡的一餐。我个人很喜欢这条标准，因为它让我认识到，生活中有很多乐趣。

二、玩耍本身应该是自发的、自愿的、有益的和有意为之的行为。因此，体育课、戏剧课不是玩耍，因为乘坐的公共汽车抛锚而不得不下车走也不是玩耍，因为烤箱爆炸而不得不点外卖也不是玩耍。用这个标准来界定时必须相当谨慎：虽然对我来说，越野跑有很多好处，但有些人的看法跟我则完全相反。玩耍就算不是自愿的行为，也不应该是在诱导、贿赂或者威胁的基础上产生的行为。按照这个标准，零和博弈游戏[①]也不能算作是"玩耍"，因为游戏者的动机是要当赢家，而不是享受玩耍的过程。跟小伙伴踢球是"玩耍"，但是为了能让校队杀入决赛而拼命进球得分则更像是工作。

三、（儿童的）玩耍是不完整的、夸张的、自愿的、早熟的。比如，扮演医生的孩子并未上过五年医学院。他们在玩耍的过程中也会觉得腻烦，说是去给我拿药（其实就是块饼干）好治好我的脚趾头，可半途人却不知道跑哪里去了。在我们家，孩子们在泰迪熊茶会上的表现经常很夸张：一杯"茶"倒起来就没完没了的。大人根本无需哄骗小孩子去厨房"帮忙"，他们纯属自愿。想想一个蹒跚

[①] 博弈论的一个概念，它是指参与博弈的各方，在严格竞争下，一方的收益必然意味着另一方的损失，博弈各方的收益和损失相加总和永远为"零"，双方不存在合作或共赢的可能。——译者注

解码童年：
塑造孩子未来的科学指南

学步的孩子手里拿着扫帚，这是一幅多么美好而惊悚的景象啊，就像一座刚刚开始冒烟的火山：他们时时刻刻都可能帮倒忙、搞破坏。也正因为如此，我们才会目不转睛地盯着他们（其实是一刻也不敢大意）。可悲的是，按照这条标准，严格意义上来说，我们大人并不会玩耍。我自愿做的事情可算不得是早熟行为，比如，当我坐了太久，一边呻吟一边站起身时，当我抱怨饭店太喧闹时，我的样子看起来比我的实际年龄要老上30岁。我这么做不仅不是出于自愿，也没有任何乐趣，更不是早熟，这个叫未老先衰。

四、玩耍是会不断重复的。我已经记不清为了配合女儿，我当了多少次"病人"了，更别提参加了多少次茶会。孩子们不会因为重复而对某种形式的玩耍失去兴趣——至少对青少年来说是这样。而年幼的孩子就是喜欢不断的重复，每次只有一点微小的改变。他们会以真实茶会中的语言"脚本"为基础，在某种看不见的框架的引导下，放心大胆地去发挥创造力。正如作家看到完全空白的页面感到灰心丧气一样，完全缺乏结构的玩耍也不能让孩子感受到玩耍的乐趣。灵活的，又能为孩子提供支持的理想语境，再加上孩子懵懂地模仿大人说话的方式，这两点因素就能催生出孩子玩耍时的脚本。看女儿一本正经地打着电话，我常常忍俊不禁——"喂？嗯。好，我等会儿给你打回去好吗？嗯。好的，等会啊，谢谢，再见。"虽然她压根不知道接电话的人是谁，却装得有模有样，像个小大人一样。

五、当你感到快乐或放松时，你才会玩耍。当饥饿、愤怒、紧张或生病时，没人有心情玩耍，无论是大人还是小孩。很多学校已经认识到这一点，于是通过早餐计划、免费早餐等方式，先保证学生吃饱吃好，然后再借助正念和健康计划来帮助孩子们获得安全感，

第七章
故事和游戏是给孩子最好的陪伴：独角兽、机器人、消防员和公主

只有这样，孩子们才能在实验和玩耍中学习。从新陈代谢的角度讲，好奇心和玩耍是一种奢侈。但对孩子而言，玩耍就是他们的任务。为孩子提供足够的资源，让他们舒适、安心地玩耍是我们的职责，不仅是父母的职责，也是整个社会的职责。

玩耍的好处

任何物种的未成年个体都会玩耍，但玩耍不仅会消耗能量，而且也不利于族群的安全（会影响狩猎、守卫、养育……），但玩耍既然是一种跨物种现象，就一定有它的好处。[15] 根据剑桥大学已故的帕特里克·倍特森教授的说法，玩耍是"发展的支架"。一旦使命完成，个体已经实现了发展，他们就不再玩耍。[16] 多数灵长类动物的未成年个体都会玩耍。人工环境下养大的黑猩猩、倭猩猩、大猩猩和红毛猩猩在洗澡、弄东西吃和喂食玩偶时会玩耍。[17] 他们还会把物品想象成其他东西：例如，大猩猩科科会把瓶子放在头上，用手势告诉人那是帽子——而这也是幼儿经常做的事，只不过他们顶在头上的可能是裤子。

对多数成年人而言，我们唯一能参与想象性玩耍的机会是和孩子们一起玩。[18] 人们常常把说书艺人、发明家、即兴表演家、演员或艺术家看作是特殊类别的工作人员，但他们的工作实际上对我们的情绪幸福感和社会幸福感至关重要。儿童文学桂冠作家迈克尔·罗森在《玩耍》一书中热情洋溢地鼓励各个年龄段的人继续玩耍。他写道，玩耍"帮助我们适应变化、享受变化或利用变化"。这样一种心态会让"我好奇——要是我尝试了这个，可能会发生什么呢"，却

解码童年：
塑造孩子未来的科学指南

又不用担心结果，它可以培养一种在意外发生时仍然能泰然自若的心态。[19] 对各个年龄层的人来说，这样的心态都大有裨益。

孩子到了多大开始不玩假定游戏呢？原因是什么呢？这两个问题的答案目前尚不明确。毫无疑问，假定游戏在幼儿时期更为普遍，大约进入青少年时期后，孩子们会玩得越来越少。也许是因为学校课业的要求更高了，也许是因为自我意识增强了，也可能是因为随着心智的成熟，他们不再需要假定游戏。[20] 然而，随着同人小说、在线角色扮演游戏、《龙与地下城》等游戏的流行，说明青少年也并不是彻底与假定游戏分道扬镳。

随着年龄的增长，玩耍会越来越少，这是件遗憾的事情，因为玩耍也是一种学习方式，而且是必要的学习方式。给孩子塑造更好玩的氛围，不仅能让孩子学得更快，也能让他们更好地掌握技能。南威尔士大学的凯伦·麦金尼斯博士以年幼的孩子为研究对象，设计了一个实验，让孩子们玩拼图游戏。她与前文中提到的贾斯汀·霍华德教授共同进行了这项研究，她借用了霍华德教授对于"玩耍"的定义。根据这一定义，麦金尼斯博士将 30 名学龄前儿童和刚到入学年龄的儿童分为两组。第一组的孩子有机会去"练习"怎么拼拼图：他们坐在桌子旁，研究人员告诉他们，要把拼图拼好，并安排了一个大人和他们坐在一起，以确保他们能完成任务。第二组是"玩耍"组，孩子们就坐在地板上，有一个大人鼓励他们去玩拼图，但并没有直接给出指令，只是让孩子们自己玩。[21]

乍一看，"玩耍"组的孩子没有第一组的孩子专注。他们会四处走动，变换位置，看起来有些坐立不安。但当研究小组分别分析了两组儿童八分钟的录像后发现，很明显，受到监督的儿童也会分心。与"玩耍"组的孩子相比，他们会花更多时间讨论与拼图无关的事

第七章
故事和游戏是给孩子最好的陪伴：独角兽、机器人、消防员和公主

情；而且往往会来回重复毫无用处的行为，比如一遍又一遍地拿起和放下同一片拼图。相比之下，"玩耍"组的孩子们多数时间都在谈论拼图，谈论自己是怎么推理的。与在严肃气氛中的孩子相比，在轻松的玩耍气氛中的孩子尝试了更多的系统解决问题的策略。严肃气氛中的孩子更坚持，但他们往往对错不分，对的坚持，错的也要坚持。一旦发现哪片拼图拼错了，玩耍的孩子更可能会迅速放弃，换另一片试试看。玩耍似乎给了他们一种许可，让他们能用宽容的态度看待自己的错误，接受错误，然后继续前进。

但行为上存在这么多差异，是否也意味着两组孩子在接受拼图技能测试时，速度也会有所不同？结果表明，第一组的孩子比之前第一次拼拼图快了 15 秒，而第二组的孩子则快了 40 秒。一周后，研究人员又对两组孩子进行了测试，结果发现，第一组的孩子比第一次快了 18 秒，而第二组的孩子居然快了 1 分 13 秒。所以，尽管玩耍看起来是非结构化的，且目标不明确，相比之下，在大人监督下的练习目标清晰且具计划性，但这些终归是表象，结果恰恰相反。

在世界各地的许多文化中，父母都不与孩子"玩耍"——或者说，至少他们不会总是陪着孩子玩想象性游戏。[22] 但在科学家所研究过的每一种文化中，大人都会给孩子提供可以玩耍的东西，然后任由他们探索。孩子会经历一段以模仿和尝试为主的玩耍期，从玩耍中他们能学会成年后所需要的实用技能。比如，在亚马孙，有的家长允许孩子玩（非常锋利的）刀，因为他们认为，学会怎样才能不割伤自己也是学习的一项重要内容。毗拉哈部落的父母们很乐意让孩子通过试错（有时难免要忍受疼痛）的方法来学会这项技能。[23]

在其他文化中，孩子在玩耍时也许用不着要跟刀这样危险的工具打交道，但都会模仿成年人的行为。比如，孩子会模仿大人准备

解码童年：
塑造孩子未来的科学指南

食物、打猎或耕种，这也是玩耍。阿丁·根居教授和苏珊娜·加斯金斯教授观察到，四岁的奎卡特克（墨西哥印第安部族）儿童大部分时间都在母亲身边"工作"。这些孩子在玩耍，因为他们"很高兴自己掌握了玉米饼的做法，虽然只是通过象征性的动作再现脚本"——这句话比较学术，你可能看不太明白，其实意思就是，孩子"假装做玉米饼"。[24]

但根居和加斯金斯注意到，工业化国家的孩子玩的是不同种类的游戏：WEIRD 孩子——特别是上幼儿园的孩子——"在教室里会通过象征性的玩耍来解决与父母的分离焦虑"。我女儿会假装先把我送到"幼儿园"，然后自己去"上班"。2020 年，新冠疫情肆虐全球，我女儿经常会扮成妈妈跟她的孩子说："我们不能出门逛街，因为有新型冠状病毒。"虽然不会像大人那样忧心忡忡，但她似乎在努力去理解成年人的行为。看着女儿以她自己的方式去应对巨大的社会变化十分有趣（当然，陪玩也十分累人），我非常欣慰——甚至有点嫉妒孩子们——他们通过玩耍（角色扮演）就能很好地适应环境的变化。

与美洲原住民的父母相比，WEIRD 家长们不会给孩子旧的农具或是压饼器，倒是更可能给孩子用旧的笔记本或是淘汰的手机。在 WEIRD 社会，孩子确实也不需要学习怎么给鱼开膛破肚，他们需要学习的是如何与人交往。因此，WEIRD 父母也能更积极地参与孩子的角色扮演游戏。[25] 这种参与方式——正如奎卡特克父母做玉米饼一样——能教会孩子基本的生活技能：怎么去看医生、打电话应该怎么说、怎么招待朋友。即使是通过现实生活中并不存在的场景——超级英雄、机器人、公主和龙——父母也能把自己认为正确的价值观传递给孩子：集体主义或个人主义、勇敢还是谨慎、先人

第七章
故事和游戏是给孩子最好的陪伴：独角兽、机器人、消防员和公主

后己还是先己后人。

像这样的角色扮演也能教会孩子们如何通过语言描述自己的感受，如何与别人协商。宾夕法尼亚大学的蒂娜·斯科尼克·维斯伯格教授回顾了几十年来的相关研究，她发现玩耍主要是通过几种方式促进语言的发展。[26] 首先，如果孩子们对玩耍能有一定的掌控，而且是他们感兴趣的内容，那么学习的效果最好。也就是说，在玩耍的过程中，即便有成年人参与，也应该以儿童为主导。

其次，"社会戏剧性"玩耍（socio-dramatic play）中使用的语言——孩子表演的是日常社交互动——往往比儿童平时使用的大多数语言更复杂，而且，要确定什么时候该谁说也并非易事。例如，孩子们一起商量谁来扮演什么角色（"我是店主，你是买东西的女士""我的猫不太舒服，你来当兽医好吗"）。孩子在扮演不同的角色时也会使用优美的抽象语言，比如告诉小伙伴自己想象出来的猫、简餐店是什么样。除此之外，与其他类型的对话相比，儿童在角色扮演的过程中会更多地谈论他们需要或渴望得到的东西，并说明自己的理由。[27]

角色扮演对于儿童而言不可或缺，还因为它能促进儿童社交技能的发展。那些在玩耍时会涉及"情感内容"（"你很伤心，我会照顾你的""你害怕了，让我来安慰你吧"）的孩子，往往比其他孩子更受欢迎。[28] 那些玩假定游戏最多的孩子，尤其是那些在玩角色扮演游戏的过程中会谈论情绪状态的孩子，同理心发展得最快，会关心同情别人，也能够比较好地处理自己情绪的波动。[29]

与其他文化的家庭相比，在孩子出生的头几年，WEIRD家庭花在陪伴孩子玩耍上的时间要多得多。不过，兄弟姐妹和同龄人很快就会取代父母，成为孩子的玩伴。到了四岁的时候，多数WEIRD

孩子与其他文化中的四岁孩子一样，更喜欢跟同龄人，而不是跟父母玩耍。等孩子到了五岁，你会发现，他们的语言、价值观和想法大部分都是从和小伙伴玩耍的过程中获得的。所以，不要觉得陪伴孩子玩耍是个苦差事，无论是被邀请参加孩子的茶会，还是假扮医生给孩子的泰迪熊包扎伤口，我们都应该把它当成一种享受。亲密无间的状态不会太久，孩子很快就会有自己的玩伴。

与他人玩耍

疫情居家隔离期间，我再次成了女儿中意的玩伴。她想象出一个混合家庭，在这个家庭中她有个"姐姐"，一半的时间她可以跟姐姐玩，但当姐姐不在家的时候，她就要拉着我玩一些让人丈二和尚摸不着头脑的游戏。她跟我说"假装你是妈妈，我是你的孩子"（本来就是啊），这明显是同龄人之间的游戏。她需要社会性游戏，哪怕它跟现实的日常生活完全相同。正如我们在拼图实验中看到的，玩耍的情境和气氛很重要，孩子需要它们。

凯伦·麦金尼斯博士的拼图研究还表明，对孩子而言，单独玩耍同样有很多好处。但是与单独玩耍相比，与小伙伴一起玩耍可以锻炼大脑的不同区域。在个体发展的某个阶段，与他人玩耍能够更大程度地激活大脑的某些区域，这些区域会参与计划和决策的过程，也与同理心和心智相关。

华盛顿大学西雅图分校简·迪赛特教授所领导的一项实验，为这一结论提供了最有说服力的证据。研究人员请12名20多岁的年轻人（男女各6名）躺在核磁共振成像仪中玩一个简单的电脑游戏。

第七章
故事和游戏是给孩子最好的陪伴：独角兽、机器人、消防员和公主

这个游戏必须很简单，原因有二：首先，核磁共振成像仪的通道非常狭仄，被试顶多也就能用指尖戳戳屏幕，不能有幅度更大的动作；其次，成像仪会发出连续刺耳的噪音，被试玩简单的游戏已经需要十二分的专注，玩复杂的游戏几乎不可能。

这个游戏有点像俄罗斯方块和四子棋的混合。屏幕顶部每隔两秒钟就会有圆盘落下，蓝色圆盘和黄色圆盘交替出现。被试必须移动黄色圆盘，拼出刚刚屏幕上显示的简单图案。他们可以用手指按下按钮，来移动圆盘向左或向右。

每个被试都用三种模式玩了这个游戏。在"单独玩家模式"中，蓝色圆盘随机掉落——没有人能控制它们最终落下的位置，而蓝色圆盘掉落的位置是有助于玩家拼出图案，还是阻碍了玩家拼出图案，完全靠运气。在"双人对抗模式"中，会有另外一名被试在核磁共振成像仪的控制室加入游戏。他们会控制蓝色圆盘掉落的位置，并试图阻止躺在成像仪中的被试拼出图案。在"双人合作模式"试验中，会有另一名被试控制蓝色圆盘掉落的位置，但目的是为了帮助成像仪中的被试拼出图案。

从认知的角度来看，三种游戏模式的难度都差不多，不管蓝色圆盘是随机掉落的，还是由他人控制掉落的位置。因此，研究人员才可以将"单独玩家模式"下被试的脑部活动与"双人对抗模式"和"双人合作模式"下被试的脑部活动进行比对。如果在这三种模式中都出现了同样的脑部活动，那么我们可以认为，它们是由被试要完成的任务——通过按按钮来移动黄色圆盘拼出图形所激发的。但双人模式所激发的脑部活动比单人模式要多，那么这些多出来的神经活动就应该是由与他人的互动引起的。[30]

结果表明，是对抗模式还是合作模式，这不重要。在这两种模

解码童年：
塑造孩子未来的科学指南

式下，大脑的同一区域都在获取大量氧气——这是神经元被激发的明显迹象。与单人模式相比，所有被试大脑中最繁忙的区域都包括眼窝前额皮质区。之前有研究表明，在个体将情绪状态与风险、回报联系起来时，大脑的这一区域扮演着非常重要的角色：比如，眼窝前额皮质区受到损伤的个体，在轮盘赌博任务中输了之后，往往无法感知到悲伤、气愤、沮丧或恐惧等情绪。[31] 在迪赛特教授的这项研究中，被试都是健康的个体，当他们在对抗模式下玩游戏时，眼窝前额皮质区的活动水平要高许多，这表明与单人模式游戏相比，被试会更在意输赢，尽管他们在两种模式下玩的是相同的游戏。

此外，在双人模式下，被试的前脑岛区域更活跃。当我们感受到共情，或是在进行元认知思考（即对认知的认知）的时候，前脑岛会被激活。与其他人一起玩耍能锻炼我们的前脑岛，因为它会试图模拟他人的想法和感受。而独自玩耍时，我们根本不需要考虑那么多。

请记住，在这项研究中，对手绝不会出现在屏幕上：被试只是被告知有人在与他们对抗。所以，好消息是，借助电子产品远程对抗某个玩家确实能锻炼我们的社会认知。网络游戏，无论是国际象棋、《堡垒之夜》，还是《动物之森》游戏，至少都能帮助我们保持基本的人际交往能力。

那么这些大脑结构是什么时候开始发挥作用的呢？遗憾的是，相关的数据非常之少，但我们知道的是，孩子到了一定的年龄确实需要玩伴。[32] 在 20 世纪初的一项研究中，研究人员请成年人被试玩"网络球"游戏——其实就相当于孩子们玩的接球游戏，只不过是通过网络的形式进行。被试要从名单中选择一个人做搭档。第一种情况，游戏顺利进行；第二种情况，被试被告知游戏无法进行，因为

第七章
故事和游戏是给孩子最好的陪伴：独角兽、机器人、消防员和公主

游戏系统"崩溃"了；第三种情况，被试被告知游戏无法进行，因为没有人选他们，向他们扔"球"。娜奥米·艾森伯格教授与来自加利福尼亚大学洛杉矶分校和麦克里大学的研究人员分别分析了被试在三种情况下大脑的活动情况（核磁共振成像），他们发现，当被试感觉自己被故意排除在外时，大脑前扣带皮层的活动明显增加：该区域与痛觉有关。艾森伯格教授与加利福尼亚大学洛杉矶分校和俄勒冈大学的另外两个研究团队又重复了这项实验，他们以 23 名十二三岁的青少年为被试。他们再次发现，当被试感觉到社交排斥时，大脑中负责处理疼痛的区域会被激活，而这些区域的活动越频繁，青少年感受到的痛苦就越深。[33] 也就是说，被排斥确实会带来生理的痛苦。

但这并不是说孩子一个人玩肯定不好。**独自玩耍也是一种十分必要且健康的玩耍形式。**"沉默不语"——看着其他孩子玩，却不参与其中，所有的孩子时不时都会这么做。只要孩子不焦虑，不会总是自己玩，那父母就没必要担心孩子偶尔出现的疏离状态。[34] 这跟吃饭一样，给孩子施加压力只会适得其反。如果孩子害怕交新朋友，父母不要急于让孩子"参与进来"。只要跟其他孩子待在一起，无论有没有互动，对孩子社交技能的发展都是有好处的。尤其对幼儿来说，玩"平行游戏"——两个或两个以上的幼儿在一起玩，操作同样的或相似的玩具，开展同样的或相似的游戏，但各玩各的——是一种低风险、无威胁的交友方式。[35]

随着孩子们的成长，他们对玩耍的需求并没有减少，尽管由于学业压力或家庭责任的增加，他们玩耍的机会可能会减少。**但为青少年腾出玩耍的时间才是明智之举。**美国的一项小型研究发现，那些在青春期早期经常运动的孩子和保持爱好的孩子，学习成绩和表

现也略好于其他孩子。³⁶ 别忘了，青少年（和成人）同样可以从想象性玩耍中受益。

关于青少年想象性玩耍的研究非常少，也许是因为大多数青少年都背负着重重的社交压力，迫使他们放弃这种"幼稚"的玩耍方式。有时人们会嘲笑同人小说和角色扮演游戏——青少年中最普遍的两种玩耍形式。但它们为青少年构建了一个有趣且充满幻想的世界，在这个世界中有许多社交机会、想象性玩耍的机会，它们是青少年（也是许多成人）迫切需要的感情和思想的出口。

同人小说的作者通常用的都是笔名，特别是一些写言情小说的年轻女作者。但根据我的了解，同人小说的作者之间可以建立持久而真诚的友谊，他们会对其他人丰富的想象力做出回应，并进一步丰富自己的想象。乐观地看，同人小说就好比是一群孩子们在齐心协力挖沙坑。

悉尼大学的安吉拉·托马斯教授研究了一个名为"中土痴迷者"的在线社区，该社区由两个十几岁的姑娘"狄安娜"和"珍道夫"共同创办和管理，成员不到 500 人。他们共同创作故事、歌曲、诗歌和其他形式的艺术，灵感均来自奇幻类文学作品，尤其是中土世界（《魔戒》）和星球大战的故事。这些作者们跟自己作品的"试读者"感情非常深厚——"试读者"指的是那些被说服或自愿阅读作品，提出改进方案，并给予作者鼓励的读者。作者与试读者之间是互相信任的关系，他们通常还会联手创作作品，通常是由一方先写一部分，另一方接着往下写，如此继续。³⁷

托马斯教授指出，"中土痴迷者"的成员主要是十几岁的女孩，她们的写作能力在创作过程中得到了很大的提升。同时，她们也发掘了自己的个性。写同人小说能让她们去尝试新的身份，通常是通

第七章
故事和游戏是给孩子最好的陪伴：独角兽、机器人、消防员和公主

过角色扮演的形式，比如女版的夏洛克·福尔摩斯、卢克·天行者。这些女版的角色能让姑娘们创造出一个新的世界，她们可以将所有被认为只属于"男性英雄"的特点注入女性角色中去。成功的作品会得到更多社区成员的评论。

大多数同人小说社区的成员都很有热情，创作者们会互相鼓励，并培养新人。但自20世纪70年代同人小说出现至今，其传播主要是通过复印的杂志和小规模的聚集，这种以青少年为主、以女性为主的玩耍形式鲜有人研究，也没有得到广泛认可。

如果说同人小说主要是女性作者，那么想象性游戏《龙与地下城》的参与者则主要是（虽然并不全是）青少年男性。20世纪80年代末，这个游戏引发了全社会的道德恐慌，人们谴责该游戏引发了一连串的自杀和谋杀事件。这场恐慌引发了一波研究的热潮，研究结果让人出乎意料。

佛罗里达爱迪生社区学院社会科学部的阿曼多·西蒙教授研究了86名《龙与地下城》的玩家，年龄在15—35岁之间。他发现，玩游戏时间的长短与情绪稳定性之间根本没有任何关联：《龙与地下城》的玩家与其他人的情绪稳定水平是相同的。[38]

事实上，与同人小说一样，《龙与地下城》等角色扮演游戏对青少年的幸福感能产生积极的影响。[39]加利福尼亚大学圣塔芭芭拉分校的奥布里·亚当姆斯教授发现，参与《龙与地下城》在线社区的玩家更愿意帮助别人，表现得更民主，他们关注的是公平、正义这样的伦理问题。

在过去的30年中，互联网让青少年以新的方式进行想象游戏，这种方式是他们的父母年轻时从未体验过的。虽然到目前为止，还没有大量的研究证实同人小说和玩角色游戏会对孩子的文化发展和

社交技能的发展产生怎样的影响，但种种迹象表明，它们的影响是积极的。沉迷于幻想和想象的青少年（成人）似乎适应性更强、更快乐，也更体贴，哪怕他们在游戏中扮演的是邪恶的男巫。

与他人发生冲突

当你的小天使突然开始和朋友打架，在社交媒体上跟人争吵、在操场你一拳我一脚时，你会怎么做？了解事情的来龙去脉很重要：无论是谁欺负谁，对双方而言都不好。坐下来找出冲突发生的原因，是帮助孩子找到非暴力解决方法的第一步，也是很重要的一步。

但有时，打斗或攻击性的游戏实际上是无害的。参与双方都觉得好玩的打斗游戏是孩子成长过程中必不可少的一部分。动物王国中所有的哺乳动物幼崽都会打打闹闹，或者把同伴假想成猎物。科学家们研究得最多的是猕猴，因为猕猴具有攻击性却没有什么危险，而且它们体形很小，便于饲养。科学家发现，打斗最多的幼崽成年后最擅长捕猎，而且也不会欺负同伴。这表明打斗和假装捕猎有助于这些技能的发展。[40]

一定程度的攻击性游戏是必要的，能促进大脑的发育。从没机会玩打斗游戏的老鼠很难识别出哪些是真正的攻击，更不知道如何保护自己。它们会患上"鼠类妄想症"，要么随时随地都觉得有其他老鼠要攻击自己，要么察觉不到其他老鼠发出的攻击警告信号，受到攻击时完全没有防御能力。[41]

动物（不包括人类）幼崽的攻击性玩耍的时间实际上非常惊人。例如，老鼠幼崽平均80%的玩耍时间是在打斗。[42]在整个动物王国

第七章
故事和游戏是给孩子最好的陪伴：独角兽、机器人、消防员和公主

（包括人类），打斗玩耍会在未成熟阶段的中期达到顶峰，随着动物在群体中位置相对固定下来，打斗玩耍会逐渐减少，这表明幼年阶段的打斗有助于社会等级秩序的建立。[43] 随着前额叶的成熟，花在打斗上的时间往往会减少。[44] 但与其说是前额叶的成熟减少了打斗玩耍，倒不如说打斗玩耍促进了前额叶的发展。不是说长大了所以就不打斗了，而是打斗促进了成长。

不过，我们的孩子不是老鼠幼崽，也不是小狒猴。在一个不是通过狩猎或打斗，而是通过财富的多少、教育程度的高低、汽车的贵贱、衣服的好坏等多种衡量标准来确立统治地位的社会里，打斗是否重要？也许不重要，但孩子们花时间来打斗玩耍，也并不值得大惊小怪。威斯康星大学绿湾分校的名誉教授弗格森·P. 休斯认为，想象性游戏中包含一些假想的攻击性内容完全正常——只要孩子不是一直假扮成攻击性的角色就没问题。多数孩子除了会假扮吸血鬼、士兵或怪物，也会假装老师或医生。

我们能判断出孩子是否在玩格斗，透过孩子攻击性的表现，你会发现孩子快乐的迹象——许多灵长类动物在玩格斗时都会露出一副特殊的表情。[45] 打斗玩耍比真实的打斗更温和：动物幼崽和人类宝宝看起来是在出拳头，实际上并没有真用力。因此，参与者很少会受伤。如果确实是不小心伤到了对方，伤人的孩子通常会道歉；而动物则会通过帮对方捉跳蚤、整理毛发等行为安抚对方，以重建信任。

儿童（和其他动物幼崽）很清楚打打闹闹时应该把握什么度。大多数适应良好的动物在与比自己年龄小或体形小的对手较量时会控制自己的力度。[46] 对于人类而言，即使是儿童，在开玩笑时也知道言语不能太过分，对方不介意才行。[47]

打斗玩耍不仅比真正的暴力更温和,而且是互惠互利的。参与者会轮流扮演"好人"和"坏人"。[48] 善于玩冲突性游戏的儿童在有效沟通、合作和理解他人意图等方面也具有优势。[49]

当然,并非所有的攻击都是在玩耍。根据休斯教授的说法,你可以分辨出打斗和"有目的的攻击"之间的区别。"有目的的攻击"是指有人为了得到他们想要的东西而打、抓、咬或大叫。遇到这种情况时,最好认可孩子的感受,但要给孩子解释,他可以通过其他更好的方法来实现自己的目的,比如告诉别人轮到自己玩玩具了,或者等待,或者先玩别的东西。[50]

人类社会远比实验室饲养的狒猴和老鼠之间的关系复杂。作为成年人,我们绝不能仅仅期望通过身体上的优势来实现我们的目标。**孩子擅长模仿成年人遇到冲突时所使用的技巧,无论是通过谈判、说服、鼓舞,还是领袖才能。**要想让孩子茁壮成长,你首先得做个榜样,无论你希望孩子拥有的是哪种影响力——自信从容、富有同理心,还是具有人格魅力。

对电子产品的恐慌

虽然我们知道,玩耍中孩子会故意表现得咄咄逼人,但我们仍然会坐立不安。特别是在过去 30 年中,出现了一波又一波的恐慌,人们担心电子游戏对儿童心理产生不好的影响。但随着第一代游戏玩家的年龄越来越大,他们自己也已经为人父母,我们不禁要问,家长的担心有必要吗?

自 20 世纪 90 年代中期以来,有人对"数字原生代(digital

第七章
故事和游戏是给孩子最好的陪伴：独角兽、机器人、消防员和公主

natives）"的社交技能和身心健康做出了可怕的预测。1997年，发展心理学家弗兰克·普特南警告说："我预测十年后，我们要面对的是讨厌社交、孤僻内向、沉迷于虚拟世界的青少年。"[51]20世纪60年代的英国父母们担心孩子过度沉迷于音乐，维多利亚时代的父母担心孩子踢球成瘾，相比之下，普特南的担心是不是更有道理呢？事实上，在18世纪中叶，随着新形式的有趣的童书出现，当时人们还担心年轻人会嗜"读"成瘾呢。

那么新的电子产品真的能扼杀孩子爱玩耍的天性吗？还是说这只不过是一代又一代家长的老生常谈，"我们年轻时候没有……不也很好吗？"美国的智库儿童联盟（Alliance for Children）坚定地认为电脑是有害的。它发表了一份白皮书，结论是从儿童发展的角度考虑，任何形式的数字技术都不适合儿童，它们与健康的童年是对立的关系。报告说："美国所有的学校都要电脑化，从幼儿园开始，但这么做只关注到了人类众多能力中的一项，也是按照生长规律发展得最晚的一项——分析和抽象思维能力——这种做法只是在拔苗助长，过早地结束了孩子的童年。"[52]

但本报告的作者们将开发软件所需的技能——抽象分析思维能力——与使用软件所能锻炼的能力混为一谈。实际上，就像颜料和纸、竖笛或鼓、木偶或书一样，电脑为儿童和成人开辟了富有创造力的玩耍方式。

庆幸的是，最近有大量研究关注了上网带来的好处（并且公允地评估了在网络时代我们必须面对的真实挑战——比如隐私可能会受到威胁、数字资源分配不均）。荷兰乌得勒支大学的杰弗里·戈登斯坦教授说："人们对于网络游戏玩家有一种刻板印象——不爱运动、肥胖、被孤立的青少年，这种想法大错特错。"有不少研究表明，大

解码童年：
塑造孩子未来的科学指南

多数游戏玩家都懂得节制（一天玩一到两小时的游戏，要知道普通人平均每天看三到四个小时电视或手机）。他们参加体育运动的概率也略高一些，无论是在现实生活中还是在虚拟空间，都有很多朋友。哦，对了，他们的平均年龄是 30 岁，从上小学的儿童到已经退休的老年人，都有。[53] 此外，玩合作性电子游戏的青少年更可能表现得慷慨大方，并称自己与朋友的关系也更亲近，但竞争性电子游戏的效果则正好相反。[54]

到目前为止，这种观点已经遭到了彻底的驳斥：计算机导致了一代人的肥胖、社交能力低下、语言表达能力低下，把一代人变成了社会边缘人物。即便如此，我们仍然经常能看到耸人听闻的新闻标题：使用电子产品如何危险，儿童如何不健康、如何心理失调，等等。研究表明，父母使用电子产品倒是更有可能对孩子的发展产生持久的负面影响，因为它占用了我们与孩子交谈的时间。你看电子屏幕的时间越多，很可能孩子花在电子产品上的时间也就越多。[55] 如果家长担心孩子使用电子产品，那么首先要做的是控制好自己看屏幕的时间，孩子对于电子产品的依赖与家长有很大关系。有很多儿童正是因为看护者在养育的过程中总是使用电子产品而患上抑郁症，或变得叛逆，而那些一心一意的父母所养育出来的孩子往往更幸福，也更有合作精神。[56]

大约一半的小学适龄儿童都有过在虚拟世界中玩耍的经历。谢菲尔德大学的杰克·马什教授研究了某小学的 175 个孩子，学生主要来自白人劳动阶层家庭。在这些 5—11 岁的孩子中，有一半以上的孩子曾经玩过芭比女孩、企鹅俱乐部、尼奥宠物等儿童友好型游戏。她访谈了三组玩过这些游戏的孩子，目的是要了解他们通过网络可以得到什么。她发现，对大多数孩子来说，在线游戏是现实生

第七章
故事和游戏是给孩子最好的陪伴：独角兽、机器人、消防员和公主

活的延伸：他们在虚拟空间玩耍，就跟我们这一代人放学后等到六点再给朋友打电话一样——从六点钟开始，电话费就是谷时计费，我们会跟朋友聊聊八卦、讲讲搞笑的事、说说自己的计划和一天的经历。[57] 在虚拟环境中，孩子做的其实是跟我们小时候差不多的事，只不过他们同时能联系更多的朋友，玩耍的空间也更广阔。

马什教授研究的这些孩子们除了参与结构化游戏（structured games），还会花很多时间玩富有想象力的社交游戏。例如，在企鹅俱乐部，多数孩子喜欢装扮成企鹅海盗或企鹅美人鱼。他们喜欢编造复杂的故事。游戏的设计——以虚拟的事件为背景，设置寻宝环节——有时也能为他们提供帮助，但孩子经常是自己想象"游戏"。

从现实的校园生活到虚拟的网络世界，角色扮演并不是孩子们热衷的唯一玩耍形式。情窦初开的孩子们还会通过传小纸条、发信息的形式来传递情愫——"我的朋友说她喜欢你"。

"我喜欢看信息，喜欢企鹅女孩们。我大概有五个女朋友。我得先挣爱心，然后再送给她们。"一个很机灵的七岁男孩这么说道。

在网络世界，孩子们也有调皮捣蛋的自由。一个七岁女孩说："我喜欢四处转悠，看看他们有没有照顾好自己的宠物（虚拟宠物），要是他们安了摄像头，我会向他们扔雪球，叫他们看不见我。"这样的破坏行为微不足道，且对现实世界几乎不会产生影响，但它却等同于现实世界中孩子之间的逗弄打闹。技术确实是新的，但青少年的叛逆却一如既往：我们的祖辈年轻时如此，父辈年轻时如此，现在的孩子也如此。

当然，有时玩耍也会升级为欺凌，就像在现实世界中一样。再者，有些父母有经济能力为孩子购买游戏积分，所以有的孩子就能拥有更漂亮的宠物和服装，而有的孩子则没有，这跟现实世界也如

出一辙。同理，网络世界的流行文化也可能是性别刻板印象、明显的消费主义等，也会有争吵、心理伤害、流言蜚语、拉帮结派和卑鄙下流。

有些家长认为孩子很容易受到外部因素的影响，将科技视为诱惑和腐化儿童的洪水猛兽；但我认为我们不如将其视为另一种形式的"儿童游乐场"，是现实世界的延伸，孩子们在网络世界中同样可以了解到社交的规则，发展人际交往能力。去网络世界倾听孩子的声音吧：他们扮演的是企鹅，但他们所经历的一切，本质上与我们小时候玩耍时摔伤膝盖、难过伤心并无区别。

让我们玩耍吧！

我希望正在阅读本书的你已经明白，玩耍是严肃的事情。孩子从玩耍中学习。学习不一定非得通过"教育性游戏"或者过度设计的"益智玩具"，这些玩具不过是在西蓝花外面裹了一层巧克力。从"警察抓小偷"到《龙与地下城》，玩耍不仅能促进语言、计算能力、运动能力和反应能力的发展，对于软技能的发展同样至关重要，比如沟通能力、协商能力。要想学会社交技能，全世界的儿童都需要模仿成人和年长的同辈人，玩耍能让孩子融入成人的世界，最终孩子会取而代之。

但这还不是全部。愿意玩耍，这说明我们有足够的食物、足够的安全感和足够的精力作为保障，能让我们充分发挥创造力，而不再局限于生存这件事。在新冠疫情肆虐的最初几周，很多人感到自己失去了安全感，人们没法静下心写作、演奏音乐、绘画，也没心

第七章
故事和游戏是给孩子最好的陪伴：独角兽、机器人、消防员和公主

情开玩笑。不安全感会让人的创造力枯竭。是孩子们让我知道了玩耍的必要性。一旦适应了新的生活方式，他们就会发明新的游戏，编唱和屎尿屁有关的歌谣，讲述幻想出来的故事。他们要求在室内"野餐"、在室内"露营"。他们不仅仅要生存，他们对美好事物的渴望从未减退——为了快乐而快乐——在他们的感染下，渐渐地我重新点燃了心中的热爱，我喜欢用床单和晾衣架来搭建小窝，喜欢胡乱编造无厘头的歌曲。**游戏不是生存的必需品，却是孩子健康成长的必需品。**

第八章

学会理解他人，也理解自己：

"你在想什么呢？"

What's On Your Mind: Learning to Understand Other People's Thoughts – and Our Own

在琢磨别人的想法和感受时，青少年的大脑和成年人的大脑所激活的是不同的区域。这就好比大人想都不用想就知道"五加五等于几"，但小孩还得掰着手指算半天。

当婴儿刚来到这个世界时，他们不知道自己在做什么，别人在做什么，为什么要这么做，又是怎么做的。你要是不信，不妨上网找找婴儿被自己的屁吓倒的视频，看看他们一脸惊慌、颇具喜感的面部表情。

随着时间的推移，我们开始认识到，他人的行为并不是随意的、偶然的：他们有自己的信念、欲望和意图。而且，我们发现别人的内心世界可能与自己的并不一致，甚至与现实也是矛盾的。我们的心智不仅能建构出别人的想法，还能发展出一套经验法则。借助这套经验法则，我们可以预测他人的行为，理解他人行为的原因，甚至为自己的想法和信念寻找正当的理由。

我们一般会认为，别人的心灵世界和我们的一样丰富，除非你是个看谁都不顺眼的唯我主义者。正是这种"半吊子心理学知识""半吊子心智理论"，让我们能够在以交流为基础的文化中发挥作用。

当然，人类也会泛化——认为其他东西也像人类一样具有情感和意图，无论是有生命的还是没生命的。我们认为猫、汽车或电脑也会心怀不轨，甚至会以为抽象的动画形状也有感觉和欲望。在1944年的一项研究中，史密斯学院的弗里茨·海德和玛丽安·西梅尔制作了一部动画，动画里有一个大的空心矩形、一个大三角形、一个小三角形和一个圆。圆和三角形在屏幕上四处移动，有时相互碰撞，有时会滚到矩形里面再滚出来。看了这部动画的人会把大三

第八章
学会理解他人，也理解自己："你在想什么呢？"

角形看成是恶霸，它追赶的小三角形则是在保护另一个人（圆）。还有些人更进一步，给图形赋予了性别，几名被试"解释"说，大三角是一名男子，他正在袭击一名女子（圆），小三角形也是个男子，他要保护那个女子。这些图形是用黑纸剪出来的，背景是白色，所以动画其实很简单，但被试的大脑仍然会把图形想象成具有信念、欲望和意图的人物。[1] 越是有自闭症倾向的被试，反而越有可能将动画理解为一组移动的形状。这一结果表明，神经典型发育者① 在把无生命的物体想象成人时使用的机制，与试图理解他人想法时所使用的机制是相同的。[2]

到了一定阶段，多数孩子都会明白，人的思想、认识、欲望和感觉都是心理状态。尽管人的心理状态基本上都是由客观的事物引起的，但每个人的心理状态并不相同。我们必须努力与他人沟通我们脑中的想法，反过来，如果别人不把自己的想法感受告诉我们，我们也无法了解他人的心理状态。大多数人基本上都能明白，他人的想法、需求或感受与自己的不同。

例如，亨利·威尔曼教授几十年来一直在收集儿童"心灵对话"的素材。[3] 一些两岁儿童能够理解消极情绪和积极情绪之间的区别，并意识到，对于同样的人、物或事，两个人的感受可能并不相同。他发现了这样的例子：

爸爸：（你哥哥）很生爸爸气呢。

---

① 即普通人，也就是无神经学特异表现的人，即无自闭症、阅读障碍、发展性协调障碍、双相情感障碍、注意缺陷/多动障碍或其他类似情况的人。——译者注

解码童年：
塑造孩子未来的科学指南

两岁孩子：可是爸爸让我很高兴。

能认识到其他人的想法与我们的并不相同，而且对我们而言是隐藏的、不可见的——这种能力被称为心智理论。在 20 世纪的大部分时间里，人们认为这种能力遵循某种内在的、预设好的发展轨迹。但最近的研究表明，心智的发展水平取决于个体在哪里长大。你所处的社会与该社会的礼节规范决定了个体是否能够发展出心智所涵盖的一些能力，以及什么时候能发展出来。但发展的第一步——模仿——却是在每种文化中都能见到的。

世界各地的婴儿都会注意观察看护者和陌生人的面部表情和姿势，只要有婴儿盯着你的脸看过，你就应该明白我在说什么——他们会毫不掩饰自己的好奇，眼睛一眨不眨地盯着你，盯到你心里发毛。在盯着看的同时，婴儿会模仿我们的面部表情、动作和语气，并试图去预测我们的行为。他们会模仿笑声、哭声、喊叫和微笑，以体验那是怎样的感受，同时观察别人的反应。这种模仿是成为人类社会一部分的基本步骤：这种能力让我们能够认识到，他人的行为，当然也包括我们自己的行为，即便不一定总在意料之中，也至少有深层次的原因。

心智理论涵盖哪些能力？我们又该如何培养这些能力？谢天谢地，科学家们研究这两个问题已经长达半个多世纪。事实证明，"心智理论"远不是一个单一的东西，而是一套复杂的、相互关联的心理行为，它是一整套规则和模型。有了这套规则和模型，我们可以理解别人的行为为什么不总是随机的。

研究证明，人类并不是天生就具备心智理论所涵盖的一些能力，这类研究最早可以追溯到 20 世纪 80 年代，其中有项实验被称为萨

第八章
学会理解他人，也理解自己："你在想什么呢？"

莉—安妮测试（Sally-Anne test）。在这个实验中，研究人员给幼童看两个人偶，分别叫萨莉和安妮。萨莉把一颗弹珠放到她的盒子里，接着离开了房间，然后安妮把那颗弹珠拿出来，藏到了她的盒子里。当萨莉回来后，研究人员问孩子们："萨莉会去哪儿找她的弹珠？"多数四岁以上的孩子都知道萨莉会在自己的盒子里找，而不到四岁的孩子则多半认为萨莉会去安妮的盒子里找。而年龄最小的孩子们似乎不太明白，萨莉并不知道有人动了她的弹珠。

这个实验非常简单，因此科学家们在很多国家又重复了该实验，包括日本、加拿大、奥地利和美国。[4]这个测试最初是为儿童设计的，到后来黑猩猩、倭猩猩和大猩猩也成了科学家的研究对象（人偶被人所装扮的猩猩取代）。[5]

研究发现，在动物王国中，与人类基因最相似的猩猩们明白，某个个体可以知道另一个个体不知道的事情。他们知道，每个个体的心理状态是独特的、主观的和隐秘的（如果没有明确表达出来的话）。这些猩猩会在萨莉和原先放弹珠的盒子之间来回看，表现出担心和兴奋，这表明它们知道萨莉会找错地方。

萨莉—安妮测试在科学界被广为接受，但它有个缺点——它几乎已经成为"心智理论"的同义词。但心智理论应该是一个装有多种工具的工具箱，涵盖不同种类的知识和解决问题的办法，通过它们，我们才可以理解他人的行为。

欢迎来到这个人头攒动的世界

新生儿来到地球这个星球上，这里已经有七八十亿人的大脑在

解码童年：
塑造孩子未来的科学指南

忙着思考、感受和行动。这个新的生命一生中会深入地了解几十个到几百个人。他们还会认识几千乃至几万个人，他们出生的地方和将来生活的地方决定了他们会遇到哪些人。有些人是通过语音、视频或发短信的方式认识的，这应该叫远程"相遇"。他们得迅速决定，这些人在想什么，打算做什么。如果说每一位新同事、新客户都像一个让人猜不透的谜，那么生活就会变得更复杂。对于患有孤独症谱系障碍的人来说，每认识一个新的人，想要去理解这个人，他们就得从零开始。而对于正常人而言，他们总能通过一些多快好省的办法来搞清楚其他人在想什么。这些经验和法则并不总是正确的，但它们却足以指导我们与别人友好相处，避免过多的争吵。那么这些来自经验的方法具体有哪些呢？

密歇根大学的亨利·威尔曼教授和大卫·刘教授回顾了各国科学家几十年来的研究成果，设计了一个心智发展的五阶段模型。[6]

发现两个人可能想要的是不同的东西（渴求）——这是大多数孩子心智发展的第一个阶段。虽然满足孩子的需求很重要，但需求和渴求是完全不同的东西，孩子想要喝妈妈的咖啡，想要爷爷切洋葱的刀——这是典型的渴求。我女儿很早就明白了，她不想睡觉、想继续玩的渴求与我想让她快点滚去睡觉的强烈渴求是互相矛盾的。

达到第二阶段则需要较长的时间：他们会认识到人们对同样的事物可能有不同的看法和态度。比如我女儿就被麦克叔叔不喜欢香蕉这件事深深地困扰着！她坚信"香蕉是非常好的水果"，她已经无数次地对两人意见的分歧表现出惊讶。她看到商店里的香蕉、书上的香蕉、电视上的香蕉就会指出来，这么做既是为了表达她对麦克叔叔的关心，也是为了说明她真的不能理解，为什么居然有人不喜欢吃香蕉。"叔叔，你肯定不喜欢这家店，你看，里面有香蕉。""哦！

第八章
学会理解他人，也理解自己："你在想什么呢？"

天哪！叔叔，你看，那个男孩在吃香蕉！"对于三岁的她来说，对于香蕉这种司空见惯的东西，别人和自己却有着不同的看法，是件很有趣的事情。

虽然这通常被称为心智发展的第二阶段，但能认识到人们对同样的事物有不同的看法和态度，是否总是孩子们获得的第二种洞察力？在这儿，我们遇到了第一个线索，即心智的发展受到文化和经验的影响，而不是一个预设好的、简单直接的发展过程。来自伊朗和中国的研究表明，在这些国家，"看法态度的多样性（diversity of belief）"阶段通常会相对滞后。虽然伊朗和中国的孩子能明白，其他人对于某件事一无所知，或是对于某件事的看法是错误的，并且该能力的发展和其他国家的孩子是同步的，但因为这些国家的文化价值观强调集体主义，因而孩子们并没有太多机会去讨论不同的、同样有价值的观点。[7]

人们对于相同的事物会有不同的看法——能接受这一点的人可能仅限于全世界12%的人口。太平洋岛屿的语言和文化极具多样性，是自然实验不可多得的资源。对一些太平洋岛屿的居民的研究表明，他们似乎不明白别人会有不同的看法，甚至成年人也是如此。科学家们研究了在瓦努阿图农村长大的儿童，结果发现，即使是十四五岁的少年，在"看法态度多样性"测试中的表现，也比瞎蒙好不了多少。[8]

为什么会这样？了解他人的心理状态难道不是所有社会性灵长类动物都应该具备的宝贵技能吗？就连大猩猩都知道，其他大猩猩会有不同的看法。然而，社会凝聚力更为重要，在某些文化中，保护隐私似乎是第一位的，比推测他人的心理状态更重要。

当然，这是美拉尼西亚家庭和西方工业化家庭之间文化价值

解码童年：
塑造孩子未来的科学指南

观最显著的差异之一。WEIRD 家庭更可能谈论个人的看法和欲望（"哦，你想要那条狗！我以为你想要那个青蛙，对不起！"）而瓦努阿图的农村人口则有很强的社会条件作用，通常不会猜测他人的心理状态——这就像英国人绝不会问别人一个月能挣多少钱！

大多数 WEIRD 孩子形成的第三种心智理论被称为"知其不知（knowledge ignorance）"——也就是逐渐摆脱"你怎么可能不知道"的疑惑。成年人有时也会掉入这种陷阱，比如妻子知道家里垃圾袋快用完了，可丈夫不知道，但妻子会想当然地认为丈夫应该主动去买些垃圾袋回来。再比如，喜欢足球的人以为每个人都知道什么是越位。这是一种认知偏差，人们称其为"知识的诅咒"，当你问别人，"你怎么会不知道"，而别人的回答是"为什么我会知道"时，那就说明你也产生了这种认知偏差。

年幼的儿童普遍会受到这样的诅咒：他们以为，自己知道什么，大人应该也全都知道（甚至更多）。大多数看护者都会尽量回答孩子提出的问题，这也算是个不错的启发式教学法。但是最后孩子会发现，有些事情大人不知道——比如某个同学的生日、某个同学喜欢什么颜色，今年他们在学校学了什么语音记忆法。在 WEIRD 社会，孩子到了四五岁，就开始怀疑父母并不是无所不知、无所不晓。

孩子对于父母的无知会感到惊讶，而孩子咄咄逼人的语气也会让父母大受触动。我女儿刚刚进入这个阶段，我的无知有时会让她非常愤怒。比如最近她问我"war bears"是什么，这个问题让我丈二和尚摸不着头脑，最后我才弄明白，原来是我跟她解释"暖空气"会形成飓风的时候，她把"warm air（暖空气）"听成了"war bears"。短短几分钟里，我们剑拔弩张，互相不理解的挫败感差点没让我俩号啕大哭。

第八章
学会理解他人，也理解自己："你在想什么呢？"

最终，她会发现，我并不是什么都知道，她知道的我不一定知道。当那一天到来的时候——可能会很快——我会怀念之前既是她的搜索引擎、故事机，也是她的好老师的日子，被她尊重，被她仰视，被她视作神明。但总体而言，她的成长会让我们双方的压力小一些。

大多数儿童心智发展的第四个阶段是孩子认识到，人们不仅可能对某些事情一无所知，而且他们的看法还可能是错误的。这是一个很细微的区别，大家不妨这么想：对越位规则一无所知，那是无知；而把越位当成是无挡板篮球规则，那就是错误。

一些著名的心智理论实验——比如萨莉—安妮测试——考察的是孩子们是否能够准确无误地判断出，当某人的物品在他不知情的情况下被其他人藏起来之后，他会去哪里找自己的东西。年龄小的孩子确信这个人一定知道他的东西被藏到了别的地方。年龄大一些的孩子则明白，这个人认为自己的东西还藏在原处。这种能力，即理解他人因为错误的信念而犯错的能力，是儿童心智发展的里程碑，这不仅仅是因为它是个体理解世界的基础，而且它也需要很长的时间才会发展。

在这之前，孩子的知识和大人的知识是不对等的，这也是学龄前儿童挫败感的另一个主要来源。**有时候我们真的要俯下身子，去了解他们知道什么、相信什么，这样才能弄清楚他们希望我们知道什么。**仔细地去倾听孩子的解释，你会惊讶，他们觉察到的是如此之多。比如，他们总会注意到橱柜里还剩下一包饼干，家门口来了一辆冰激凌车，等等。说到这儿，我想讲讲我自己的惨痛经历——我的孩子以为我是故意不让他们吃饼干、不让他们出去买冰激凌，以为我不关心他们，不考虑他们的感受，但实际上我压根不知道橱柜里还有一包饼干，门口来了辆冰激凌车。最终孩子们会明白，父母并不是心怀恶意，只是观察力有限——但这需要时间。

心智发展的最后阶段是孩子知道人可以隐藏感情。至少对于 WEIRD 孩子来说，这是心智发展的一个非常晚的阶段。如何去理解别人表面上的情绪状态，这是婴儿最先要学习的技能之一；而知道人的表情具有欺骗性，这是童年阶段最后要学会的几种技能之一。

虽然在 WEIRD 文化中，小学毕业的孩子基本上已经掌握了这些技能，但值得关注的是，孩子们使用起这些技能来不像我们大人那样驾轻就熟。青少年仍在摸索，如何才能毫不费力地理解别人。核磁共振成像研究发现，很明显，在琢磨别人的想法和感受时，青少年的大脑和成年人的大脑所激活的是不同的区域。这就好比大人想都不用想就知道"五加五等于几"，但小孩还得掰着手指算半天。大一点的孩子必须调用大脑中参与社交推理和因果推理的区域，才能弄明白别人的想法和意图。

思考与感受：理解情感

成年人能够较为准确地判断他人的感受。我们一眼就能看出来，老板是不是心情不好，同事是不是有些焦虑。我们也知道，孩子什么时候兴奋了，朋友什么时候骄傲了。但我们并非天生就拥有这种能力。研究表明，最开始我们只会通过一些外显的线索去判断他人的心理状态。像大多数灵长类动物一样，人类情商发展的第一步也是有样学样。

大多数婴儿都非常擅长模仿面部表情。刚出生几个钟头的孩子

第八章
学会理解他人，也理解自己："你在想什么呢？"

就会不断地模仿看护者的面部表情。[9]我记得有天晚上，我一边抱着两周大的女儿，一边刷牙，她抬头看着我，小嘴扭曲成极为诡异的形状，看起来非常古怪，可把我吓了一跳，这孩子不是有癫痫吧？我赶紧把牙膏吐出来，给丈夫打视频电话，一半是出于担心，一半是也想让他看看女儿的古怪模样。电话打了一半，我才突然明白：她是在模仿我刷牙的样子。

所以，虽然我不知道女儿看我刷牙（用牙线或涂睫毛膏）会是什么样的情绪状态，但大量研究表明，婴儿会通过模仿他人的某种表情来了解对方当时的感受，因为模仿能诱发相似的情绪状态。

对成年人的研究表明，面部表情会影响情绪。想想也是，当一个人感觉良好时，他会微笑，而微笑也会让人感觉更乐观；而皱眉头会让人觉得似乎一切都变糟了，尽管外部因素其实都是一样的。我们来看下面这个例子：研究人员请被试来做两组试验，第一组是将一根筷子横在牙齿中间（这个姿势会拉紧颧肌——也就是能让嘴唇提起从而露出笑容的肌肉），第二组是将这根筷子的一端伸向喉咙（这会让皱眉肌收缩），在这两组姿势下，研究人员给被试展示了一组同样的照片，并用脑电图记录他们的大脑活动。数据显示，相比之下，第二组试验，当被试看到令人恐惧、愤怒、不安或恶心的图片时，大脑的活动更强。而且被试报告说，在第二种情况下，这些照片会令他们更不安。[10]

模仿看护者的面部表情，并将肌肉运动与其所激发的情感反应联系起来，这会在婴儿大脑中形成一个反馈回路，在这个回路中，情感和面部表情几乎是一个整体。这很好地解释了为什么日本的婴儿通常会把情感与更多使用眼部肌肉信号的表情联系起来，而不是更多使用嘴部肌肉的表情。调动眼部肌肉来做出不同的表情，这是

解码童年：
塑造孩子未来的科学指南

日本人的文化规范，但西方人却很少采用这种方式。同理，占主导地位的文化规范让北美的婴儿从看护者那里学会了咧嘴笑和噘嘴等表情，这些表情调动的是脸颊下半部的肌肉；而英国孩子则学会了嘴上说"sorry（抱歉）"，心里却毫无歉意。

　　模仿是情商的基础，但随着孩子会张口说话，大人谈论思想、需求和情感的方式能推动他们心智的发展。父母陪伴孩子玩耍的时间会极大地影响学步期儿童心智的发展。"陪伴玩耍"——积极地和孩子一起运用想象力，与孩子谈论你们玩的游戏——能让孩子更快地认识到，不同的人或许会有不同的信念、愿望和意图。[11]如果父母能使用较多与信念（"狗狗还以为你拿了它的球""我知道它在哪儿"）、愿望（"狗狗想要它的球""泰迪熊想吃块蛋糕"）和情感（"泰迪熊好难过，狗狗不愿意跟它分享""狗狗好生气，因为泰迪熊抢了它的球"）相关的语句，那么等到了入学年龄，孩子心智的发育平均会比其他孩子早一到两年。[12]哥哥姐姐也能起到同样的积极效果，因为他们通常会把自己的想法、愿望和感受告诉弟弟妹妹。[13]但反过来，弟弟妹妹却对哥哥姐姐的心智产生不了任何影响，这表明就算弟弟妹妹诉说自己的想法愿望，哥哥姐姐也不会听。

　　宾夕法尼亚州立大学的简·布朗教授和朱迪·邓恩教授对两三岁儿童进行了一项为期一年的研究，他们注意到，儿童描述情感与说明想法的语句会越来越复杂，而且使用的频率也会越来越高。[14]他们发现，美国儿童两岁时开始用语言，而不是通过发脾气来表达他们的感受。

　　我记得有一次我带女儿去饭店吃饭，当时饭店里人很多，两岁的她口齿清晰、一本正经地跟我说："妈妈，请把我从这该死的高脚椅上抱下来。"现在回忆起这件事，我心里还是非常骄傲。我坚信，

第八章
学会理解他人,也理解自己:"你在想什么呢?"

能用脏话清楚地表达自己的感受,总比高声尖叫、乱扔食物、大发脾气好。 粗话有助于缓和强烈的情绪,能减少孩子用身体来宣泄感情的欲望,孩子偶尔说些脏话也是有好处的。

布朗和邓恩教授还发现,在两岁到三岁之间,孩子们不仅会学着用语言来表达自己的感情,还会用语言来改变父母、朋友或兄弟姐妹的情绪状态。到了三岁,大多数正常的WEIRD孩子开始用语言来取笑、挑衅和安慰别人。这个年龄段孩子的情感素养水平开始出现很大差异,如果父母在孩子18个月大时就跟他们谈论感受,那么孩子到了六岁时也能更好地与别人谈论自己的感受,理解别人的感受。[15]但令人失望的是,他们还发现,父母、哥哥姐姐与男孩谈论感受的频率远远低于与女孩谈论感受的频率。这真可悲:作为一个社会整体,我们很早就为男孩子的情感成长设置了障碍。

还有研究表明,许多六岁的孩子开始知道人们会隐藏自己的情感,尽管隐藏情感的能力要到差不多20岁才会成熟。[16]牛津大学教授保罗·哈里斯和他的同事们给孩子们讲述了这样的故事:

> "戴安娜的哥哥取笑她。她明白,要是让哥哥知道了自己内心的感受,一定会继续取笑她。"
>
> "大卫看到一位衣着滑稽的老太太走在街上。他明白,不能让她知道自己心里觉得很好笑,那样她会生气的。"

然后,他们问孩子们,他们认为大卫和戴安娜是什么感觉,以及他们的面部表情可能是怎样的。六岁的孩子不仅能理解大卫或戴安娜的感受,他们还很聪明,知道微笑之下可能藏着悲伤,而大卫看起来恭恭敬敬的,但心里其实早笑翻了。**还没到青春期的孩子就**

解码童年：
塑造孩子未来的科学指南

已经能看透，一个人是故作勇敢还是真的勇敢，是不是"皮笑肉不笑"，至少英国的孩子可以。 简言之，孩子们会学着预测自己叫喊、哭泣或大笑后别人的反应，然后以此为基础，再学着如何隐藏自己的想法或感受，以避免让别人伤心或生气。

不要以为这很简单。六岁时，孩子们不仅开始了解自己和他人的感受，而且也开始了解这些感受会如何相互作用。他们还了解到，为了更大的利益，感情是可以隐藏的。对于年幼的孩子来说，这样的要求或许太高，但如果缺乏这些技能，作为社会性物种的一员，生活会非常艰难。一点善意的谎言可以帮助我们避免冲突和痛苦，于是人类学会了撒谎。反过来说，这就意味着孩子们也必须保持警惕，因为总有人会撒谎。那么孩子们是怎么知道某个人表里不一的呢？

想他人所想

还记得萨莉—安妮测试吗？它有时也被称为"错误信念测试"。有科学家将这个测试做了一些改动：研究人员先告诉学步期的孩子，泰迪熊或球是实验者 A 最喜欢的玩具。然后，A 将玩具放在玩具盒中。当 A 离开房间时，另一名实验者 B 将玩具从盒子里拿出来并藏到其他地方。然后研究人员问孩子，当 A 回来时，他会到哪儿找玩具，孩子们回答说他会到藏球的地方去找。也就是说，蹒跚学步的孩子无法理解一个事实——A 并不知道自己的玩具已经被人换了地方。[17] 然而，大多数五岁的 WEIRD 儿童都会说 A 会去玩具盒里找玩具。他们的心智已经发展到了一个阶段，他们能够理解，即使有

第八章
学会理解他人,也理解自己:"你在想什么呢?"

些事情是错的,仍然会有人相信。

与此同时,WEIRD 孩子们开始慢慢明白,为什么有人会犯错。至少四岁的澳大利亚孩子已经能理解错误(基于真实信念的错误陈述)和谎言(隐藏真实信念的陈述)之间的区别。昆士兰大学的坎迪达·彼得逊教授在一块发霉的面包上涂了维吉米特黑酱,这确实有些恶心。涂酱的时候,她让一只玩具熊背对着自己,这是第一种情况,玩具熊看不到面包已经发霉了。第二种情况是让另一只玩具熊面对自己,它能看到面包发霉了。然后另外一个玩具熊过来问玩具熊面包好不好吃,玩具熊回答说"好吃"。研究发现,孩子们能够分辨玩具熊是犯了错误(没看到面包)还是撒谎(明明看到了,知道面包发霉了)。他们对撒谎的玩具熊感到愤怒,却原谅了不了解真实情况的玩具熊,尽管两种情况的后果是一样的——另外一个玩具熊都会把发霉的面包吃到肚子里。[18]

彼得逊教授的发现非常有趣:在这些学龄前儿童的头脑中进行的是一组复杂的、多层次的推理任务。首先,他们能够判断出玩具熊是否知道面包发霉了。从这一点出发,他们可以推断出玩具熊是在撒谎——在知道真相的情况下说假话,还是犯了错——在不知道真相的情况下说错话。他们对于玩具熊行为的判断不是以后果为标准——另一个可怜的玩具熊吃了发霉的三明治——而是基于他的意图。别看这些孩子连鞋带都不会系,可他们已经能完成相当多的抽象推理任务。

到了幼儿园年龄的 WEIRD 孩子会用他们的心智来弄清楚谁知道些什么。他们能注意到对于其他人来说,哪些是新的信息或新的体验。[19] 德国马克斯·普朗克进化人类学研究所的迈克尔·托马塞洛教授和凯特琳娜·哈伯尔教授在德国某城市招募了 72 名婴儿,其中一半婴儿约 12 个月大，另一半约 18 个月大。一名研究人员拿着一个玩具跟孩子玩耍。过了一会儿，他离开了房间。这时，另一名研究人员开始与孩子玩耍，并拿了一个新的玩具。过了一会儿，原先的研究人员回来说："哇！看！看那个！看那个！请把它给我……"

18 个月大的孩子们总是喜欢把新的玩具递给研究人员，这表明，即使没人告诉他们，他们也知道对方可能最感兴趣的是之前没见过的玩具。而只有约一半的 12 个月大的孩子明白这一点，另一半则会把旧玩具递给对方。

大多数 18 个月大的孩子能够理解两点：一、人们通常会觉得新事物比旧事物更有意思；二、对于离开房间的那个研究人员来说，哪个玩具是新的。这种间接体验他人视角的能力，正是人类区别于其他物种的一个重要方面。

你看到的跟我看到的一样吗？

虽然孩子到了学龄阶段才逐渐明白，不同的人了解到的事实可能不同，观点也不同，但孩子们早就明白，不同的人视角可能会不同。事实上，我们不能确定这种能力是何时出现的，因为在实验中，多数婴儿都具备这种能力。因为该类研究都要求被试有独立行走的能力，所以目前研究对象不包括一岁以下的儿童。

我们所了解的数据来自莎拉·邓菲－莱利教授和亨利·威尔曼教授所做的一项研究，他们招募了 56 名 14 个月大的孩子和 56 名 18 个月大的孩子，请他们坐在实验室里。这时，邓菲－莱利教授看着一张色彩鲜艳的图片说："哦，哇！"（在很多发展科学的研究中，

第八章
学会理解他人，也理解自己："你在想什么呢？"

科学家们会像父母一样，假装得很好奇、很热情。）

如果有什么东西挡住了孩子的视线，他们就会站起来四处走动，他们想知道邓菲－莱利教授究竟看到了什么兴奋成这样，所以哪怕跑来跑去累一点也没关系。[20] 很显然，他们知道邓菲－莱利教授跟他们看到的视野不一样。这也清楚地表明，他们知道如何改变自己的视角，才能与邓菲－莱利教授的视角相一致，才能看到她看到的东西。由此可见，婴儿和学步期儿童是货真价实的"社交控"，生怕自己错过了什么，从他们喜欢跟着父母去厕所也能发现这一点。

孩子们不仅知道，自己如果不动的话，就看不到其他人看到的东西，还知道其他人也不一定能看到自己看到的东西。到了18个月大时，孩子会把照片移向成年人，好让成年人看得更清楚。到了两岁时，他们甚至会把照片完全翻转过去，好让别人看得更清楚。但孩子学会隐藏东西则要晚得多。一般来说，孩子们似乎到了三岁才知道应该把东西放到什么位置，别人才会看不见。[21]

这可能是因为孩子很少有机会能看到别人藏东西。道理很简单，别人既然愿意给你看某样东西，你肯定能看见，但如果别人故意要藏东西，自然就不会让你看到。因而孩子们就没多少能模仿的机会，除非是玩捉迷藏，或者大人故意教孩子玩躲藏的把戏。即使是这样，玩捉迷藏时，我们还是会去沙发下面找孩子，因为他们傻到只知道藏在那儿，每次都这么干，而且垫子明明遮不住，他们还要这么干！

孩子们很难从其他人的角度来想象他的感受，这种状况会一直持续到青少年时期。 即使是成年人，在回应不同视角的人所做出的指示时也会经常犯错误。多亏了加利福尼亚大学欧文分校的伊若兹·迪蒙泰尔博士和伯明翰大学的科学家们，我们才能了解这一点。[22]

解码童年：
塑造孩子未来的科学指南

他们招募了177名女性志愿者，并设计了一个简单的电脑游戏，然后请被试根据给出的指令移动在屏幕上看到的物体。她们可以看到一个4×4共16格的架子，就像16个前后开口的盒子堆在一起。每个格子里都放了一样东西，比如玩具飞机、球、香槟、长笛或鸭子。在每轮游戏中，16格中会有4格的背面被灰色挡板遮住，也就是说站在背面的虚拟指挥者看不到这4格里的东西。

在第一组测试中，指挥者给站在正面的被试发出一些指令，比如"把小球移到左边"。这听起来很简单，可是在某些测试中，指挥者可以看到一个球，但还有一个球被挡板挡住了，所以指挥者是看不见的。也就是说，被试从正面可以看到两个球，但指挥者只能看到一个球，如果被试移动了两个球，那就算错。

值得注意的是，即使是成年人也很难做到完全正确。结果显示：年龄在19—27岁之间的被试执行指令的平均正确率大概只有50%。十七八岁的青少年平均正确率更低，约30%，而7—10岁的儿童的正确率大概只有20%。

但当研究人员把指挥者这个角色去掉之后，下面发生的一切非常出乎意料。研究人员只是告诉被试，忽略背部有挡板的格子中的物品。研究人员发现，被试的犯错率大幅度下降，即使是年龄最小的孩子的正确率也能达到80%。在两个版本的实验中，被试完成的任务完全相同，摆放的物体完全相同，传达指令的方式也完全相同——以文本的形式出现在屏幕上——完成任务所需的空间和逻辑推理能力也完全相同。唯一的区别是，在第二个版本中，被试不需要考虑其他人的视角。看来如果不需要调用心智的话，任务会容易许多。

这一结果让我十分震惊，于是我把有关这项研究的论文反复读

第八章
学会理解他人，也理解自己："你在想什么呢？"

了几遍，想看看实验是否存在漏洞。会不会是因为被试先做了有指挥者的实验，所以影响他们在无指挥者实验中的表现？事实并非如此。除了屏幕上的指挥者的二维图像之外，还有其他干扰因素吗？并没有。看来模拟其他人的视角确实是件困难的事。我们的心智看似发展得很成熟，能毫不费力地帮助我们转换视角，但事实并非如此。

我们经常会自以为是地认为，我知道某人为什么会这样做，知道别人对我们的行为会做何反应，但事实上，我们经常犯错误，哪怕成年人亦如此——比如你向朋友推荐的电影并不对他的胃口，你精心策划的派对并不会让另一半感到惊喜。别人的想法和自己的想法只是略有不同——我们以此为基础，不断地建构别人的心理模型。但实际上，我们总是很难想象出别人的视角。孩子越小，就越难记住，自己的信念与他人的信念存在的巨大差异。平心而论，我们也只是比孩子强一点点。我们和孩子难免会因为信念视角的不同而不理解对方，也难免会发脾气，这时我们需要留出跟孩子共情的空间。要冷静，要保有好奇：问问自己，是不是在交流的过程中漏掉了哪些信息。

理解他人的意图

我们和孩子们发生争吵往往是因为我们不了解彼此的动机。我们要求孩子几点前必须回家，可他们的朋友（孩子是这么说的）却可以在外面待到很晚——那我们的真实意图是什么？说了不准在沙发上蹦来跳去，可孩子还是像个钻天猴一样——他们的真实意图是

解码童年：
塑造孩子未来的科学指南

什么？理解行为的动机有助于缓解紧张情绪。

谢天谢地，孩子们似乎很小就知道人是有意图的。不过孩子们究竟是什么时候知道，大人挥舞手臂并不是随意的动作，而是想要达成某个目标的呢？科学家们为了弄清楚这个问题的答案，不得不绞尽脑汁设计一些巧妙的实验。问9个月大的孩子"你知道我在做什么吗"是不可能收集到有效数据的，因为婴儿不会说话。于是，研究人员通过记录婴儿盯着某物看的时间来收集数据：总体而言，如果事情的发展走向是在意料之中的，那么孩子会觉得无聊，所以注视的时间也不会太久；相反，如果事情的发展走向是出乎意料的，孩子就会觉得有趣，注视的时间会更长，因为他们想弄清楚到底是怎么回事。

一个很好的例子是"间接取物"试验。在研究中，婴儿在房间里或通过视频观看实验者试图越过障碍物去拿玩具。因为玩具和实验者之间被障碍物隔开，所以实验者拿玩具时必须扭动身体，做出很费力的样子。然后障碍物被移除，实验者再次伸手去拿玩具，这是第二种情况。多大的孩子能够对这两种情况表现出不同的反应呢？假如婴儿已经习惯了第一种情况中实验者的表现，也就是说已经习惯了实验者扭动身体拿玩具的样子，那他们再看到相同的情况时，应该不会注视很久，而孩子们之前未见过实验者在没有障碍物的情况下直接去拿玩具，对于他们来说这是件新鲜事，因而注视的时间应该更长。反过来说，如果婴儿知道实验者的意图是拿到玩具，那么在障碍物被移除后，实验者直接伸手去拿玩具，他们应该不会表现出惊奇。但如果障碍物明明已经消失了，玩具明明是唾手可得，实验者还是做出扭动身体的样子，他们应该会长时间地、目不转睛地盯着实验者。

第八章
学会理解他人，也理解自己："你在想什么呢？"

研究发现，当成人在没必要的情况下依然笨拙地挥动手臂时，就连9个月大的婴儿（目前年龄最小的被试）都会表现出惊讶。尽管年龄很小，他们还是能分辨出成人的动作和意图。[23] 猕猴与婴儿的情况相似，它们在实验中看到研究人员"大费周章"地捡葡萄时，也会表现出惊讶，但如果确实存在障碍，它们就不会表现出惊讶。

但如果他们从未见过实验人员成功地拿到玩具的话，会发生什么？婴儿能通过不完整的动作推测出他人的意图吗？阿曼达·布兰登教授重复了亨利·威尔曼教授的实验，但不同之处是她是越过障碍物拿玩具，但失败了。然后，她将障碍物移除，并用两种方式去拿玩具，一是假装很费力的样子，二是直接拿到玩具。在第一种情况下，12—15个月的孩子看到她胳膊绕开的样子感到非常惊奇，而9个月的婴儿却没有什么特别的反应——他们还无法把她原先的动作与她想要拿到玩具的真实意图联系起来。即便到了一岁，多数孩子都还不具备足够成熟的心智，无法猜测出他人的意图，除非亲眼看到他们通过动作实现了意图。

9个月大的婴儿已经能够明白别人是想要做一件事（但失败了），还是根本不想做某件事。德国马克斯·普朗克进化人类学研究所的谭雅·贝尼教授和她的同事们设计了一个实验，研究人员和6—18个月大的一些婴儿一起坐在桌旁玩玩具，一种情况是贝尼教授的电话响了，她只好中断游戏，"忘记了"与宝宝们分享玩具；还有一种情况是贝尼教授很努力地想把玩具从透明箱子里拿出来，但失败了；最后一种情况是贝尼教授假装把玩具递给孩子，然后再拿回来，这样逗孩子玩，或者是干脆自己玩玩具，不给孩子玩。在每种情况下，贝尼教授都让孩子等待30秒钟。结果发现，6个月大的孩子在所有情况下都会变得生气、不耐烦，但9个月或者更大的孩子只有在最

解码童年：
塑造孩子未来的科学指南

后一种情况下会拍桌子、喊叫或焦躁地四处张望。也就是说，如果等上30秒是因为大人有事（接电话）或是力不从心（拿不出玩具），那没关系；但如果等待是因为大人自私冷漠、不愿意分享的话，那就是另外一回事了。[24]

研究人员又以黑猩猩为被试，重复了这项实验，结果大同小异。如果实验人员故意戏弄黑猩猩，不给它们食物，那么它们会感到非常愤怒；但如果实验人员中途有事必须处理，或是力不从心的话，它们则表现得相当有耐心。[25]

大概一岁半的孩子能够分清楚别人的行为是无意的还是故意的。圣安德鲁斯大学的马琳达·卡彭特教授设计了一些结构很复杂但不实用的玩具。这些玩具可以推拉、扭转。她还准备了彩灯、吹龙口哨和打地鼠。这些玩具跟她所设计的玩具其实并不关联，但卡彭特教授想了一些办法，让孩子以为它们是互相关联的。

卡彭特教授用了一些小花招，让孩子以为只要操纵她所设计的玩具，就能让彩灯亮起来、口哨响起来、地鼠钻出来，实际上她右手在操纵自己设计的玩具，左手却在偷偷地操纵彩灯、充气泵和打地鼠玩具的开关。等孩子形成了错觉，以为她设计的玩具特别有意思之后，卡彭特教授又给孩子展示了第三类玩具。比如，有个玩具是用废旧的喂鸟器做成的，上面有个拉环，还有个能移开的盖子。对有些孩子，她是这么做的——拿起盖子，然后说"哎呀（表示失望）"，拉了下拉环然后说"好哇"；而对有些孩子，她则反过来，拿起盖子后说"好哇"，拉下拉环后说"哎呀（表示失望）"——之所以将孩子分为两组，在做出相同的动作后说相反的话，是为了排除实验的干扰因素。

然后，卡彭特教授把玩具递给孩子，说："该你玩了。"结果发

第八章
学会理解他人，也理解自己："你在想什么呢？"

现，与说"哎呀"的动作相比，孩子们模仿她说"好哇"的动作的概率要高得多，尽管她尽量不流露出任何表情，也没有表现出惊讶，"哎呀"和"好哇"这几个字足以让孩子明白，哪些动作能让彩灯亮起来、口哨响起来、地鼠钻出来。这真是令人难以置信：这些小宝宝们不仅有能力模仿一系列从未见过的动作，而且他们的心智模型也足以判断出她到底想做什么。[26]

我们经常会说孩子是不可思议的小小模仿家，但并没有意识到他们的模仿其实很具有选择性。他们很小的时候就不再模仿父母刷牙时龇牙咧嘴的样子，而是仔细观察并模仿大人想要达成目的时的表情。想想看，这是个多么复杂的学习过程：首先，要理解动作会伴随一定的结果，理解什么样的结果是好的，理解为什么有些动作更简单。一岁的婴儿就已经能高效地学习和模仿大人的行为，前提是他们得明白大人的意图。在学会用语言表达自己的想法之前，机灵的孩子们就已经能猜测出大人的动机，虽然我们意识不到这一点。

孩子们非常努力：他们必须比成人动用更多的脑力，才能模拟出他人的想法和意图。脑部扫描显示，到了 25—30 岁，对于多数人来说，推测别人的心理状态这项任务是由大脑中特定的区域负责。尽管青少年的大脑在执行这项任务时，与成年人大脑的工作机制非常相似，但要调动大脑的更多区域。成年人通常会调动左额叶，快速推测出他人大致的需求、想法和感受；相比之下，青少年则需要调动整个前额叶。而更小的孩子则需要大脑各个区域的协作：想要弄清楚大人的意图，他们得付出很大的努力；他们要进行更多推理，才能够搞清楚别人脑子里在想什么。[27]

当青少年与同龄人相处遇到困境而感到手足无措时，当孩子不明白他们迟迟不归会让你多担心时，当他们把用过的餐具往水槽里一丢,没心没肺到把你气得直想骂人的时候,请记住,他们其实并不是很清楚别人的好恶。而且,这个年龄段的孩子普遍如此——他们需要足够的时间来发展心智。你不用担心,大多数情况下,孩子们都在努力变得更善良。

第九章

为什么孩子总是那么善良?

The Kids Are All Right

父母教养方式的一些微小的差异,都会对孩子造成影响,比如是否花时间倾听孩子说话,是否让孩子觉得他们的感受和需求很重要,是否能一直让孩子感到温暖。

蹒跚学步的孩子不怎么招人待见，至少在 WEIRD 文化中，人们一般都会觉得小孩子比较自私、冲动，没心没肺。"可怕的两岁""情绪化的三岁"——从这些说法我们不难看出，人们对学龄前儿童有着怎样的刻板印象。也怪不得有那么多父母一想到两三岁的孩子有多难缠，心里就直打怵。

其实我们不妨从孩子的角度去看问题，那样就能理解他们为什么会不高兴。设想你是个孩子，刚刚发现自己是个独立的个体，明白自己会渴求一些东西（当然也会排斥一些东西），但你的行为——也就是你能做的事或是别人允许你做的事——却远远达不到你的期待。再看看成年人呢？比如说我，舒舒服服地坐在咖啡店里，想怎么打扮就怎么打扮，想吃蛋糕就点蛋糕，想喝咖啡就点咖啡，具体工作如何安排，也完全由自己决定。跟孩子相比，我们的自由简直是一种奢侈。新冠疫情把成年人变回了蹒跚学步的孩子，它剥夺了我们许多选择的机会，那种感觉很糟糕。比较一番你就会发现，上幼儿园的孩子几乎无权决定自己的衣着，决定吃饭的时间和吃什么，无权选择想学的内容，也无权安排自己的学习。所以大人让孩子做事，哪怕多做一件事，他们也会产生受挫感。

这就是我们认为两三岁的孩子自私的原因。有时，他们会因为被剥夺了选择的机会而发火。但只要给孩子们自主选择的机会，就连八个月大的婴儿也会表现得非常善良。虽然在这个年龄段，心智

第九章
为什么孩子总是那么善良？

还未发挥多少作用。但年幼的孩子也会关心别人，而且是非常关心。他们为了帮助一个陌生的大人，会爬出海洋球池，越过障碍物，一点都不怕麻烦。他们在乎公平与正义，宁愿牺牲自己所拥有的资源去追求公平。不要再说孩子们自私了。很多时候，大部分孩子都表现得非常无私，非常利他。

利他就是先考虑别人的需要，再考虑自己的需要。这并不是人类独有的特征：许多哺乳动物也愿意帮助与自己并无关联的同类。如果同类丧失抚育能力的话，白额蜂虎和棘劫鱼也会保护其后代——这并不是哺乳动物的专利。对于许多物种而言，为其他个体着想非常有利，即使这么做不会带来直接的遗传优势。

人类比其他物种更利他。如果没有信任和互惠互利作为纽带，那么人类的文明就不会诞生，因为在任何关系中，总要有一方要先给予。而利他始于共情。

当某个人所体验到的情感更接近另外一个人在特定情境下所产生的情感，而不是自己的情感时，那么他就产生了共情。看到有人自残，我们会不由自主地皱眉蹙眼——这就是利他的基本要素，正是这种不由自主的冲动驱使着我们去帮助陌生人。我们希望能尽量减少别人的痛苦，因为看到别人的痛苦，我们也会感到痛苦。

你或许以为——我以前也这么认为——只有拥有了成熟的心智，我们才会与别人共情；只有经历过相同或相似的处境，并想象自己置身于这个处境，我们才能够理解他人的感受。但共情似乎并不需要那么高阶的认知能力，因为大脑中的镜像神经元就能实现共情。到目前为止，该领域的科学家们最小的研究对象是八个月大的婴儿。八个月大的婴儿看到父母假装受伤，甚至会表现出关切。[1] 要知道，八个月的婴儿才刚刚学会爬，还不会走路，却能感受到别人发生碰撞时的疼痛。随着年龄的增长，孩子的共情反应会越来越强烈，并会做一些力所能及的事情来帮助别人。

如何定义利他：分享、帮助、改正错误

同理心会驱使大人和孩子做出利他行为：帮助朋友、邻居，甚至是从未见过、将来可能永远不会见到的陌生人。但利他有不同的形式。WEIRD父母最看重的是要让孩子学会分享："记得轮流玩滑梯啊！""让小妹妹跟你一起玩积木吧。""葡萄干要和妹妹一起吃哦。"但对于孩子而言，分享资源似乎是最难做到的利他形式。其他的物种几乎不分享食物——比如黑猩猩，与其说它们是在分享食物，还不如说那是"双方心知肚明的偷窃"（灵长类动物学家的看法）。但就算不愿意分享资源，孩子仍然是善良的——要是你对这个观点嗤之以鼻，很可能是因为你的关注点不对。

幼儿非常擅长的是另一种形式的利他行为——帮忙。我们很难弄清楚，孩子们从什么时候开始喜欢给人帮忙；我们只知道孩子很小就会这样，而且他们一开始就会表现得特别热情。我女儿幼儿园的老师们非常聪明，他们充分利用了孩子们的这一本能，让他们在活动间隙帮忙整理东西，与此同时，给孩子们放一首节奏欢快的歌曲。伊丽莎·沃伦夫人是育儿领域的先驱人物，她在1865年出版的畅销书《如何管理我的孩子——从婴儿期到结婚》中写道，她会"温柔地告诉孩子：'妈妈喜欢看到房间里干干净净的，来，我们一起收拾吧。'"接下来就听到小脚"啪嗒啪嗒"跑来跑去的声音，孩子们都跃跃欲试；收拾干净之后，每个孩子都会得到妈妈的一个吻，

第九章
为什么孩子总是那么善良？

他们高兴地叫嚷着、拍着小手——看来幼儿园的老师们和沃伦夫人真是英雄所见略同啊。

大多数孩子都乐意帮忙，沃伦夫人正是利用了孩子的这一本能来帮助他们成长。事实上，孩子助人的本能是如此强烈，密歇根大学发展心理学副教授菲利克斯·沃那肯博士在研究的过程中因此还遇到了一些难题。沃那肯博士想要弄清楚，父母对孩子的帮助行为会产生怎样的影响。研究中，每个蹒跚学步的孩子看到菲利克斯笔掉到地上、找不到衣服挂钩或是把自己关在柜子外面时，都很乐意帮忙。研究数据非常肯定地表明，孩子们都想帮忙。沃那肯博士想知道，孩子们乐于助人的意愿水平会不会存在差异，为此，他不得不专门设计了许多障碍，好让小帮手们的热情减退一些。[2]

但即使是最乐于助人的孩子也不愿意与他人分享食物或玩具。跟黑猩猩一样，对于儿童（和成人）而言，给予别人东西比给予别人帮助要难。在2012年的一项研究中，沃那肯博士让孩子们和玩偶玩耍。在游戏的过程中，沃那肯博士要求他们帮助玩偶，或是把弹珠分一些给玩偶。研究发现，所有两岁半到三岁半的孩子帮助玩偶的意愿同样强烈。但如果某个玩偶不友好，拒绝与孩子分享的话，那么三岁半的孩子也不愿意把自己的弹珠分给它，而是把弹珠留给之前表现得比较友好的玩偶。相比之下，两岁半的孩子不仅分出去的弹珠比较少，而且也不会惩罚不友好的玩偶。[3]大方地与别人分享资源，而不用担心自己被占了便宜——这种能力的发展还需要些时间，因为首先孩子得有足够的认知能力，能通过观察来判断对方是乐于分享的人，还是个自私自利的家伙。总体而言，人一旦具有了这种判断力，只会变得更加慷慨，而不是更自私。

鼓励学步期儿童分享可能会让大人们感觉非常良好——也会给

人留个好印象——但你得知道，孩子仍然在学习，学习去判断谁值得信任。坎特伯雷基督教堂大学发展心理学讲师茱莉亚·乌尔伯博士说："两岁的孩子根本搞不懂，为什么他得跟另一个孩子分享他的宝贝布娃娃，这跟大人不愿意随便把汽车借给别人是一回事。"[4]乌尔伯博士指出，强迫孩子分享并不能加快他们社交能力的发展。

小孩子虽然不爱分享，但他们非常乐于弥补自己所犯的错误，前提是大人不羞辱他们。孩子们难免会犯错、会弄坏东西或伤害别人。就算是心智和执行功能更为完善的成人，也有犯错的时候。如果孩子的错误伤害到了别人，大多数父母都希望他们能承认错误、道歉并改正自己的错误。大部分一岁的孩子也知道他们什么时候对别人造成了伤害，也想及时补救。父母怎样去处理他们的错误，给他们造成怎样的感受，这很大程度上决定了孩子是会勇敢地去面对错误、及时补救错误，还是回避自己的过失。

匹兹堡大学的杰西·德拉蒙德和他的同事们发现，在弄坏了研究人员最喜欢的玩具——名叫"憨豆先生"的猴子玩具之后，如果孩子感到内疚的话，他就会急切地想帮忙把玩具修好；但那些表现出耻辱感的孩子则往往会躲开那个研究人员，也不太愿意帮忙清理。[5]也就是说，孩子们愿意说"对不起"，愿意"将功赎罪"，前提是大人不能羞辱他们。因为犯了错就羞辱孩子，不仅不能阻止他们再次犯错，反而会让他们学会隐瞒和欺骗。

善良让人快乐

共情和利他对整个社会都有好处，但对个体而言，它有怎样的

第九章
为什么孩子总是那么善良？

好处呢？要是你担心自己家的孩子太利他以至于会遭人欺负，那不妨了解一下，利他对于一个人的健康和幸福感会有哪些积极的影响。

善良会让我们快乐。英属哥伦比亚大学的伊丽莎白·邓恩博士和她的同事们在校园里随机向路人发放一定数额的金钱，有20美元，也有5美元，先给他们一个惊喜，然后请收到钱的路人决定，是自己把钱留下还是再转赠给他人。研究人员发现，收到钱的人都很开心，钱多钱少并不会造成幸福感水平的差异；但最后这笔钱去了哪儿却会对幸福感水平产生很大影响。与那些把钱花在自己身上的人相比，把钱转赠给别人的人，一整天的心情都更愉快。[6]

虽然对两岁的孩子来说，分享不是件容易事，但他们在分享时也会感受到那种"温暖的光芒"。英属哥伦比亚大学的劳拉·阿克宁博士和她的同事从加拿大温哥华的图书馆、医院和社区活动中招募了20名足月出生、身体健康的学步期儿童。绝大多数情况下，这些孩子在分享玩具时，比自己玩玩具时表现出更大的幸福感（由视频编码专家记录他们的面部表情）。而且，与别人给自己好吃的和自己给玩偶好吃的相比，这些孩子在把好吃的递给玩偶的时候表现出更强烈的幸福感。[7] 他们之所以愿意分享，并不是因为有大人向他们发出指令或是命令，而是受到了积极情绪的鼓舞——看到自己可以给别人带来快乐。事实上，无法给人帮助甚至会让个体感到很大压力。测量压力水平有个最简单的方法——测量瞳孔的大小。马克斯·普朗克进化人类学研究所的罗伯特·赫帕奇博士、迈克尔·托马塞罗教授和弗吉尼亚大学的阿米莎·瓦什博士一起为两三岁的孩子们设计了一个游戏，他们可以跟一个大人一起玩这个游戏。[8] 这个游戏里有一辆玩具火车，玩具火车运送的是一杯杯彩色的水。但实验人员会偷偷操纵火车，这样当轮到孩子们驾驶火车时，杯子里的水会

"意外"洒出来。科学家们观察到,当水洒出来的时候,孩子的瞳孔变大了,这表明他们感到了压力。游戏结束后,实验人员告诉孩子们,其实那不是他们的错——是因为玩具铁轨出了些问题,而且彩色的水还有很多。

令人欣慰的是,实验结束后,这些孩子的压力也就随之消失了。但研究人员的心情可就没那么轻松了,毕竟他们前前后后重复了128次实验,让128名儿童感到焦虑不安。"虽然我们这么做是为了找到科学问题的答案,但对我来说,能暂时抛开这么要命的工作真是种解脱",瓦什博士说。[9]

研究人员最感兴趣的是实验的这一部分:有64名儿童获得了帮忙清理的机会,而其他64名儿童则没有这样的机会,因为有人进来帮他们清理。研究发现,帮忙打扫的儿童的压力水平会降低——在帮忙的同时,他们瞳孔开始收缩——而另外64个孩子在确信那不是自己的过错之前,一直处于压力状态。

孩子对于帮助的认知

正如我们从瓦什博士的研究中所了解到的,想要研究儿童心理学的话,你还得磨炼表演技巧,比如你明知道水不是孩子弄洒的,还得装出一副不高兴的样子,或者假装自己笨手笨脚的。菲利克斯·沃那肯博士刚开始职业生涯的时候,就怀疑幼儿以自我为中心这一传统看法并不正确。为了探究孩子究竟有多热心,沃那肯博士不得不假装撞到东西、摔碎东西、丢三落四,不下几千次。

他最早做过这样一个实验——他要把杂志放到柜子里,"不小

第九章
为什么孩子总是那么善良？

心"撞到了关着的柜门（实验条件）；或者他要把杂志放到柜子顶上，假装撞到了关着的柜门（控制条件）。他想看看，孩子们知不知道，什么情况下别人需要帮助。在实验条件下，大约有一半 18 个月大的孩子走过来为菲利克斯开门，但在控制条件下，没有孩子走过来帮忙——这表明，即使是很小的孩子也知道，什么样的意外会造成妨碍，什么样的不会。而且，他们知道别人的行为是偶发的还是故意的，只有出现突发情况时才会过来帮忙。在菲利克斯的另一组实验中，绝大多数儿童会把他不小心掉在地上的马克笔或是衣服挂钩捡起来还给他，但如果他是故意扔的，孩子们则不会那么做。[10]

然而，令人担心的是，孩子愿意合作、乐于助人的热情很容易就会遭到打压，哪怕并不是有意为之。内华达大学雷诺分校的艾普瑞·贝-海因茨博士和她的同事们随机找了一些四五岁的孩子，然后让这些孩子一起玩合作性游戏（大家齐心协力实现共赢）或竞争性游戏（只有一个人能赢），每种游戏玩一周的时间[11]。研究人员发现，在合作性游戏结束后的两周里，孩子表现得更乐于助人、更友善。但在竞争性游戏结束后的五天里，孩子的攻击性显著上升，从早上上学到下午放学，一天都是如此。而且，孩子们不愿意再帮助别人，拒绝分享，总体变得不太友善。

庆幸的是，这个负面影响是可逆的，通过几天的合作性游戏，孩子们又恢复了往日的热情。这让我稍感宽慰，因为孩子们原本是非常聪明的帮手。成年人向孩子寻求帮助时，孩子会根据实际情况判断大人需要怎样的帮助，如果觉得大人的请求有误，孩子们会拒不服从，并根据自己的判断给出对方真正需要的帮助。耶鲁大学的艾丽娅·马丁博士和克里斯蒂娜·奥尔森博士以 19 名三岁的孩子作为被试，他们陪着每个孩子单独坐在桌旁，让孩子递给他们一些

解码童年：
塑造孩子未来的科学指南

东西。桌子上有一个真手机和一个玩具手机、一个好杯子和一个坏杯子、一把真锤子和一把橡胶锤子、一支新钢笔和一支没墨的钢笔。之前心理学家的研究结果是，即使是 14 个月大的孩子也会热心帮忙。但马丁博士的问题是，如果对方请求的并不是他真正需要的，孩子们会如何反应呢？[12]

即使是很小的孩子似乎也明白，某个人想要什么和真正需要什么是两码事。"如果你看到杯子坏了，你可能会这么想：嘿，杯子坏了，要我再给你拿一个吗？——对方说了他想要什么，也许他是真想要，但你会觉得他想要的东西不是他需要的东西。"马丁博士说，"成年人对孩子就这样，他们总是越俎代庖，替孩子做决定，他们觉得哪些事情长远来看最有益，就会让孩子去做，哪怕这些事情违背了孩子当下的愿望。"

在实验中，如果马丁博士或奥尔森博士让孩子们递给他们一个玩具手机用来打电话，或者让孩子们递给他们打破的杯子用来喝果汁，孩子们几乎总会无视他们的请求，而是给他们真正能派上用场的物件。[13]但是如果他们问孩子要破杯子只是为了在橡皮泥上按个圈，要玩具手机只是用来压住纸张的话，孩子则会按照他们的要求把东西递过去。孩子们的确很聪明。他们不仅能弄清楚奥尔森博士和马丁博士的意图——这需要相当成熟的心智——他们还相信自己对物品的实际用途的判断，而不是盲目地服从大人。事实上，他们对自己的判断非常有把握，大约有三分之一的孩子会告诉研究人员，为什么他们需要的是其他物品。

与这些小帮手（在精心控制的实验室条件下）在一起，科学家们还有一样意外的收获——对孩子的认知又多了些了解，因为孩子们非常热衷于解释他们为什么这么做。"孩子们会指出，为什么我们

第九章
为什么孩子总是那么善良？

要的东西没法满足我们的需求。例如，他们会说：'这个杯子坏了，我给你这个。'"马丁博士说："这表明孩子们正在考虑如何回应这个请求，而不仅仅是把东西递给我们；他们一方面要表示听懂了我们的请求，一方面要解释为什么他们递过来的是不同的东西。"

从中我们能洞悉到什么？马丁博士认为，这表明即使很小的孩子也能根据别人的意图做出合理的回应。

我个人认为，这个研究并不能说明，孩子懂得如何根据言行举止的细微差别去判断他人的意图——即便是成年人很多时候也做不到这一点。但他们似乎能明白，人并不总是直接表明自己的意图，当有人说"我要倒水，你能把那个杯子递给我吗"的时候，他们必须得考虑考虑，那个杯子能不能让对方实现目标。[14]

想要从孩子那里得到帮助，你得先掂量掂量自己是"好人"还是"坏人"。孩子们非常聪明，知道什么样的人值得帮助。孩子是否更愿意帮助好人？这是瓦什博士和她的同事们的另一个研究方向。[15]瓦什博士让孩子们和两个成年人坐在一起，其中A在画画、捏黏土或制作项链。A做完手工后，成年人B（会根据实验需求更换不同的人）请求要看一下。在"乐于助人"条件下，A"不小心"把项链掉在地上，或是"不小心"撞坏了黏土捏的小鸟，B帮助他捡起项链、修好黏土小鸟。在中性条件下，B只是袖手旁观。在伤害条件下，B则说"我现在要把它砸碎"，然后把项链拿走，或者把黏土小鸟弄碎扔到垃圾桶。

然后，孩子看着B和另一个他们没见过的成年人玩彩球游戏。游戏很激烈，最后双方都只要再得一个彩球就赢了，他们问孩子愿意把彩球给谁。如果B在之前的实验环节表现得比较友善，那么孩子们会把球递给他，而不是没见过的陌生人，即便B之前只是在袖手旁观,结果也是一样。但是,如果B在之前的环节表现得非常糟糕,那么绝大多数孩子宁愿把球递给不知是善是恶的陌生人,也就是说,孩子们会惩罚那个残忍无情的坏人(B)。

但孩子们这么做,是否仅仅是因为他们看到的结果——B让别人感到难过?他们的行为是以B的意图为依据,还是以结果为依据?于是瓦什博士又重复了该实验,只不过这次B又多了些戏码——要假装有意弄坏别人的手工但没得逞,或是不小心弄坏了手工。

研究发现,孩子们不愿意帮助故意伤害别人的B,哪怕他没得逞;他们并没有刻意去惩罚那些笨手笨脚、不小心弄坏别人手工的B。

这意味着什么?首先,帮助别人不一定能换来孩子的信任。无论是帮助了别人、袖手旁观或是笨手笨脚的人,都可能获得孩子的帮助。但谁要是敢不怀好意,那一定会失去孩子的信任。

瓦什博士说:"即使是三岁的孩子,对于坏的结果和坏的意图也有一定的分辨能力,他们对不怀好意的家伙不会表现出亲近的行为。一直以来,人们以为孩子很晚才能把自己所了解的他人意图与道德判断结合起来,但前人的研究告诉我们,就连婴幼儿也能判断他人的基本意图并做出回应,而我们的研究则进一步发现,孩子三岁就已经具备了这种能力,这很让人惊讶。"[16]

在WEIRD环境中,学龄前儿童在帮助他人时还会做出其他的道德判断。赫帕奇、瓦什和托马塞罗想知道,孩子们是否会帮助那些在他们看来是爱哭鬼的人。2012年,他们招募了48名三岁的孩子来实验室玩耍。[17]他们先让每个孩子都看到了大人(演员)哭泣的情景,演员共哭了三次。但只有三分之一的儿童目睹了演员身体受到伤害或遭到虐待的场景;另外三分之一的孩子目睹了演员受到

第九章
为什么孩子总是那么善良？

轻微伤害，比如受到惊吓或是被忽视；剩下来三分之一孩子则不知道这个演员为什么哭。然后演员与孩子待在同一个房间，又（假装）哭泣了三次。论文里是这么描述他们如何表演的，"眉头紧皱，嘟着嘴，难过地呜咽着"。

当孩子看到演员哭起来，他们就去和另外一个大人玩积木游戏。接着演员走到屏风后面，过了五秒钟，又开始哭泣。如果孩子知道这个演员是个爱哭鬼——受到一点轻微的伤害就哭——他们不太可能会中断游戏，并走到屏风后面察看对方是否有事。但在另外两种情况下，孩子知道演员受到了严重的伤害，或者是不知道他为什么哭泣，大约有四分之三的孩子会停止玩耍，去察看对方的情况——这些孩子很清楚，什么情况下不能置之不理。

实验结束时，为了表示感谢，研究人员送给每个孩子两个吹好了的气球，给演员的是一个装满氦气的气球。然后演员们"不小心"让气球里的气跑了，于是"表现得非常悲伤"（又开始哭泣）。如果演员受到过严重伤害，并且被孩子们看到了，孩子们立刻就会把自己的气球递给他。但如果演员是个爱哭鬼，或者不知道为什么哭的话，孩子们则会过上一段时间才会表现出亲近行为。换言之，即使是三岁的孩子，也能根据对方的遭遇判断他值不值得同情。

假装爱哭鬼，或者是假装成反复破坏别人手工的欺凌者，其实是个费心费力的差事。瓦什博士总共哭了几百次才得到了研究结果。瓦什博士说："扮演这样的角色让我非常伤脑筋，因为当我们假装哭泣或毁坏他人作品时，我们也会暂时呈现出角色的一些特征，这真让人沮丧。"她和她的同事不仅要收集数据，在每个孩子面前还不能露出一丝破绽，相当不容易。

解码童年：
塑造孩子未来的科学指南

科学研究可真是锻炼人，这些科学家们不仅会表演，还得在表演的同时监控孩子，并做出回应。真是一刻也不能放松！有些角色确实很累人，有些角色则轻松有趣。也正是通过轻松有趣的表演，我们才得以找到一些关于婴幼儿的有趣问题的答案——你可别指望孩子们能张口回答这些问题。[18]

与婴幼儿相比，让青少年躺到成像仪里保持不动，或是让他们谈谈自己的行为，要容易得多。事实证明，尽管青少年不太懂得体谅他人，但他们仍然有帮助他人的意愿。他们只是不太知道，什么时候该伸出援手，也不知道该如何帮助别人。11—16岁的青少年不太容易觉察到别人的悲伤或沮丧。与儿童相比，这个年龄段的孩子更难将面部表情与相对应的词语——高兴、难过、愤怒联系起来。青春期似乎会减弱孩子的共情能力，至少在16岁之前是这样。[19]

这或许是因为在这个阶段，大脑会急剧变化，神经元会重新建立联系，并会对负责理解他人思想的大脑区域的用途进行调整。科学家们研究发现，所有正常人在思考别人的想法和感受时使用的是四个相同的区域。但随着年龄的增长，起主导作用的区域会发生明显的变化。[20]14岁之前的孩子主要依赖的是一个叫作背内侧前额叶皮层的区域：掀起刘海（如果你留刘海的话），在发际线上方中间轻轻拍一下——背内侧前额叶皮层大概就在这位置。而成年人主要依赖的则是颞叶皮层——靠近耳朵后部。

而且青春期的孩子们更怕说错话或做错事。研究表明，青少年对风险极为敏感。13—24岁的人群在执行模拟驾驶任务时，如果与朋友一起，那么他们冒险的概率更大，而独自执行任务时冒险的概

第九章
为什么孩子总是那么善良?

率则比较小。[21] 这说明保险公司多年以来所秉承的观点是对的——26岁以上的人在未载人的情况下更容易发生车祸,而26岁以下的人在载人的情况下更容易发生车祸。当健康的被试在执行模拟驾驶任务时,研究人员通过脑成像技术能观察到被试大脑中不同的奖励中心在发光(活跃)——告诉被试观看对象是谁,是朋友、陌生人,还是自己的母亲,会激活不同的奖励中心。令人高兴的是,如果孩子知道是自己的父母在观看,他们开起车来也会更谨慎一些。你也许以为孩子不在意你的感受,但实际上他们真的在意。

不同文化中的利他行为

我们上面提到的这些研究不仅耗时耗力,费用高昂,还需要经过专门培训的研究人员。因此,多数研究都是在大学校园内或者校园附近的实验室进行的,被试通常来自WEIRD家庭,这样研究结果就会出现偏差。即使被试来自同一社会阶层,具有一定的同质性,但实验中每个孩子的表现也并不完全相同——有的孩子愿意原谅讨厌的大人,而有的孩子则拒绝与人分享,哪怕是需要帮助的人——这说明这些行为比较常见,但并不是普遍现象。

比如,分享不仅谈不上普遍,而且似乎只有WEIRD孩子比较注重分享。有些东西可以从空间上进行划分——一块蛋糕、一筐草莓或一张贴纸。但有些东西不能从空间上划分,只能从时间上来划分——比如由谁来决定车上放什么歌,谁可以穿公主装。大家轮着来,是WEIRD家庭确保公平的最常见方式之一。这都快成了我的本能,孩子们抢着荡秋千、玩滑板车的时候,我会不假思索地让他

解码童年：
塑造孩子未来的科学指南

们轮流来，我觉得这是理所应当的。

但其实这个策略并不像我想得那样普遍。马克斯·普朗克进化人类学研究所的埃丝特·赫尔曼博士和她的同事们与来自德国和肯尼亚的孩子们玩了一个简单的游戏。²² 研究人员根据年龄将 5—10 岁的孩子两两分组，共分为 168 组，然后给每组发了一个钩子，这个钩子可以用来钓珠子，再穿成手链。在训练阶段，每个孩子都有自己的钩子和管子，但进入测试阶段时，虽然每个孩子仍然有一支管子，但两人（每组）才有一个钩子。

最让研究人员感到惊讶的是，无论是德国孩子还是肯尼亚孩子，几乎都不会从先拿到的孩子手里抢夺钩子。两国孩子最大的区别就在于知不知道轮换。大多数德国孩子从一开始就是两人轮换着玩——你钓一颗珠子，我钓一颗珠子。95% 的德国孩子都能平均分配珠子。而对于肯尼亚的孩子而言，轮流——甚至是平均分配——都极为罕见。

大多数肯尼亚的孩子觉得轮流是错误的。赫尔曼博士给孩子们看了一段视频，视频中有孩子在玩同样的游戏，有些孩子只顾自己用钩子钓珠子，有些孩子则会与其他孩子共用钩子，这样对方也能得到一半的珠子。然后，研究人员问孩子们哪种玩法是对的，所有的德国孩子都说轮流玩是对的，而 75% 的肯尼亚孩子表示，霸占钩子的那些孩子是对的。

赫尔曼博士和她的同事们指出，其实肯尼亚儿童知道什么是轮流，比如玩跳房子或跳绳游戏时，大人会叫他们轮流。成年人也会轮流使用工具。但在这些肯尼亚孩子所生活的地方，主导文化是要跟别人分享物质的东西，他们分享的目的不一定是为了互惠互利，甚至也谈不上完全平均。比方说，有人想要某样东西，而他的家人

第九章
为什么孩子总是那么善良？

或者邻居刚好有，就会直接给他。与 WEIRD 文化不同，在肯尼亚，分享东西是一种比较常见的帮助他人的方式。

对这些孩子来说，独占钩子并不是自私——这是一个明智的策略。如果有人擅长获取资源，那就应该允许他们最大限度地获取资源。这样每个人都会受益，因为资源是共享的。轮流并不是分享的唯一方式，也没必要急于去分享别人的东西。

那么，在其他文化中是不是也能找到分享的幸福感呢？劳拉·阿克宁博士和她的团队在瓦努阿图的塔纳岛重复了他们的实验，孩子们有机会与玩偶分享他们的美食。他们在当地招募了 20 名孩子，这些孩子的年龄与最初她在加拿大温哥华所做实验中的孩子年龄非常相近。结果发现，与加拿大的孩子一样，塔纳岛的孩子们从与玩偶分享食物中得到的乐趣，要比自己获得食物的乐趣多得多。[23] 温哥华的城市孩子和太平洋农村的孩子会有同样的感受，这或许并不能证明利他主义所带来的快乐是普遍的，但它确实表明，这种快乐并不局限于 WEIRD 文化。

此外，人们一般都能够理解，一个人所想要的并不一定是他所需要的。作为一名曾在美国工作、现居新西兰的加拿大人，马丁博士有机会研究来自不同文化背景的人的助人行为。根据她的经验："家长式帮助（不管别人想要什么，只给他所需要的）这种认知可能在全世界都存在：毕竟，能够清晰地知道他人的目标，并思考按我说的做能不能产生最好的结果——这种做法还是很管用的。"[24]

但即使这种认知是普遍的，社会规范也会对家长式帮助的方式和时间产生影响，这取决于双方的关系，取决于一方凌驾于另一方之上时社会的接受度。"我们或许不赞成某人的决定，就以 WEIRD 文化为例，对于有些人采取家长式的帮助，社会接受度就更高一些。

解码童年:
塑造孩子未来的科学指南

比如，我可以对自己的孩子说，他不能再吃第三块蛋糕了，再吃就要生病了；但对成年的朋友这样说，就不太合适。"马丁博士说。说话时，她正忙于分析研究数据，研究将美国儿童和中国儿童进行了对比。数据表明，不管你是大人还是小孩，美国四岁的儿童都有可能会凌驾于成年人之上，而中国的孩子只会凌驾于其他孩子之上，但对大人提出的要求却大多会服从，哪怕对方的要求并不合理。

不同的文化能够接受的不同行为可不止这些。再举个例子，如果我们帮助了别人，那我们应该告诉别人我们的善行还是保持沉默？在一个有趣的实验中，一个来自中国、加拿大和美国的科研团队说服了数百名7—11岁的儿童打扫教室。[25] 该团队在中国招募了250名儿童作为被试，他们上的是同一所小学。研究人员声称要给孩子们做智力测试，然后把每个孩子单独带进办公室。办公室是事先布置好的。"我们把纸胡乱揉成团，丢到垃圾桶，再踢翻垃圾桶，让纸团滚得满地都是，这样办公室看起来乱糟糟的。"加拿大多伦多大学发展心理学教授李康博士说。[26]

进了办公室后，研究人员就给出强烈暗示，希望孩子能把房间打扫干净。例如："要是有人能帮我打扫房间那就太好了。"如果孩子没有反应过来，他们就不停地说，一直说到孩子动手打扫为止。

和李博士一起发表该论文的是加利福尼亚大学圣迭戈分校心理学教授盖尔·海曼教授，他认为，加拿大学生和中国学生帮忙打扫的意愿水平相差很多。[27] 虽然加拿大的孩子们一向很友好，但他们不会像中国孩子那样积极主动、动作麻利地去打扫房间。而中国孩子则相反，他注意到，中国根深蒂固的文化规范驱使孩子们这么做。那么，中国孩子只是想让别人觉得自己好吗？好像不是，因为当研究人员问他们是谁把房间打扫干净时，他们谎称不是自己。

第九章
为什么孩子总是那么善良？

"人们通常以为撒谎不好，但事实并非如此，"李博士在电话里跟我说道，"出于礼貌，我们会说善意的谎言——这也是一种亲社会的行为。为了不伤害他人的感情，我们一般不会直言不讳。在北美，人们常常会说，'哦，你的发型看起来很棒，你的礼物真精致，你准备的晚餐很美味'，虽然事实并非如此。这是我们教给孩子的一种亲社会能力，尽管它与诚实的教诲背道而驰。是不是挺复杂的？但两岁的孩子却能学会这些。"[28]

例如，在崇尚谦虚的社会中，孩子们会权衡，究竟是表现得谦虚更重要，还是让别人知道自己是个好孩子更重要。研究人员请一组英国孩子给一个（虚构的）孩子所做出的反应打分，这个孩子因接球接得好受到表扬。八岁的英国孩子已经内化了一种观念，即谦虚的回答（"哦，那是因为我运气好"）比自我标榜的回答（"因为我擅长运动"）更讨人喜欢。[29]

十岁的英国孩子甚至很清楚自嘲是非常重要的社交手段；初中年龄的孩子已经明白，在英国没有人喜欢炫耀。这真是让我无比烦恼，[30]因为我特别喜欢"卖弄"，简直快无可救药了。但就连我这样的人也知道，送别人礼物、请别人吃饭时得把花费往少说。跨文化专家李博士指出，英国人就算有什么值得骄傲的事情，为了表示谦虚，一般也会避而不谈，但他们不会刻意隐瞒。而在有些文化中，孩子早早地就懂得了谎言的必要性。

在中国、日本和韩国，谦虚的谎言是指一个人不想引人注目，只想当个无名英雄而撒的谎。"在这些国家，一个人不愿意吹嘘自己的个人成就，也不想让人知道自己做的善事。"李博士解释说，"在集体主义社会，最重要的是保持并发展集体的凝聚力，个人成就只能退而居其次，所以，没人想与众不同。一个人若是做了善事就到处宣扬，那他就会跟别人不一样。"[31]

现在我们再回头来看这项研究——孩子们打扫完办公室后，研究人员表扬他们做得很好，然后就借口要去车里拿东西而离开了办公室。这时老师回来了，"不好意思，办公室可真乱"，说到一半，她愣住了，然后一脸惊喜地喊道，"哦！有人帮忙打扫过了！是谁打扫的呢？"如果孩子没说话，她就继续问道："你知道是谁打扫的吗？"如果孩子还是不肯说出实情，她就接着问："是你吗？"

大多数中国孩子要么撒谎，要么缄默不语，除非老师直接问才会承认。而且，四分之一的六年级学生（11—12岁）自始至终都没有说出实情，不管老师怎么问。如果老师是和其他几个孩子一起进办公室，孩子们则更不愿意说实话。相比之下，大约有三分之二的加拿大孩子在老师还没张口发问之前，就告诉老师自己把房间打扫过了。我们都知道，加拿大的孩子非常友善、非常热心，从研究结果来看，他们也很乐意让别人知道这一点。

如果你已经在下意识地评判某个国家的孩子的做法是对的，而另一个国家孩子的做法是错的，这说明你是文化铸就的产物。撒谎没错，觉得自豪和骄傲也没错。李博士指出，在不同的国家，谦虚与诚实各有其作用。"如果一个中国孩子数学考了100分，同学问他考得怎样，他的回答通常是'还行吧'；但在加拿大，如果你考了100分却说自己考得还行，那后果会非常严重——别人会觉得你是个骗子。"

但是，根据赫尔曼博士的说法，即使是中国孩子也不会真正甘心做无名英雄。他们总会找到更巧妙含蓄的方法，让人们知道自己做了善事，只是没声张而已。正如赫尔曼博士所解释的：

第九章
为什么孩子总是那么善良?

在中国这样的集体主义文化中,更强调群体的需要和群体的和谐。如果其他人关注到自己,那会破坏这样的秩序,所以老师和家长们会明确地教育孩子,要做无名英雄。然而,我们所做的其他研究表明,中国孩子也希望能引起别人的关注,所以他们通常以间接的、不易察觉的方式来吸引别人的关注。比如,他们不会直接炫耀自己学习好,但会告诉其他同学,如果学习上遇到困难,他可以帮忙辅导。[32]

孩子们很快就会知晓,在自己所成长的文化中,要想获得成功,一个人得遵循什么样的准则。"最令人吃惊的是,孩子很小的时候,我们就告诉他们要诚实,但他们却知道什么时候需要善意的谎言、谦虚的谎言",李博士告诉我。[33] 大人不会直接教孩子说谎,但他们很快就能从我们这儿学会这一技能。"人类是社会性动物。进化让我们能够与其他人协调一致,撒谎、学会在不同的场合撒不同的谎是一种亲社会能力,这种能力在出生后的头几年得到发展。"

更善良的孩子:我们应该如何引导?

给予会让我们感到温暖的光辉,想要帮助别人却有心无力时我们会着急。但帮助别人、优先考虑别人总要做出一定的牺牲,大人小孩都是如此,因为我们要花费时间和资源。那么我们如何鼓励孩子帮助别人呢?研究表明,父母的影响其实微乎其微。菲利克斯·沃那肯博士请一些两岁孩子和他们的父母参加了一项研究,这些孩子都特别乐于助人——以至于对实验造成了干扰。[34] 孩子们太热

解码童年：
塑造孩子未来的科学指南

情了，以至于在第一轮实验中，研究人员无法判断出两种条件下的差异。为了找出哪些是真正热心的帮手，沃那肯博士故意设置了一个障碍——孩子们要想帮忙，必须越过一个装满了海洋球和软积木的池子。即使这样，仍然有超过三分之二的儿童会放下手中的玩具，越过障碍，施以援手。只有部分学步期儿童主动帮忙的意愿水平略微有所下降——因为他们的父母命令他们必须帮忙。出人意料的是，命令可能会产生反作用。

奖励也起不到什么作用。奖励实际上是有害的，因为它会引起过度理由效应（overjustification effect）。乌尔伯博士研究了当孩子们分享后得到大人的奖励、表扬或大人未做出回应的三种情况下，他们的行为方式的差异。[35] 研究人员请 96 名三岁的儿童玩游戏，游戏过程中由他们自己来决定要不要跟玩伴平分弹珠。他们的玩伴仍然是玩偶，玩偶会跟小朋友说："如果你愿意分享弹珠，我就给你一份礼物。"或者说："我只有一颗弹珠。我想要跟你一样多的弹珠。你能给我一颗吗？"游戏结束后，孩子们得到了六张贴纸，而玩偶一张也没有（研究人员假装只带了一套贴纸）。那些因为分享而受到表扬的孩子们非常友善，会把拿到的贴纸分两三张给玩偶。而那些因为分享而获得奖励的人平均只给了玩偶一张贴纸，事实上，还不到一张，因为有五个得到奖励的孩子拒绝分享。

为什么会这样？奖励不是挺好吗？问题是，**奖励无法媲美善举给人内心所带来的温暖，它实际上是一种干扰**。乌尔伯博士解释说，孩子们本身已经具备了内在动机，因为帮助别人本质上是令人愉快的，这时如果将他们的注意力转移到外部奖励上，结果就会让他们忽视或低估善举所带来的幸福感。"**过度理由效应在这里是指对于奖励的期待会削弱孩子的内在动机。**"[36]

第九章
为什么孩子总是那么善良？

但并不能全盘否定奖励。"如果孩子们非常害羞或拘谨，或者对某项活动的内在兴趣很低，那么像贴纸这样的物质奖励可能是必不可少的。[37] **要想有效地使用奖励，就得寻找机会，让孩子觉得奖励是自然而然的，不要让孩子把获得奖励当作是一种目标。**"乌尔伯博士建议，"只要奖励不是预先安排好的，那就不会产生负面影响，这就跟送花不一定非得情人节送是一个道理，其他日子送才会带来更多惊喜。"

迷走神经

如果想让孩子变得善良，最重要的事情就是要让他感受到爱，感受到安全感。迷走神经可以控制心率和呼吸，一个人的迷走神经越是能更好地调节心率，他就能越好地应对压力和焦虑，在新的环境中也会感到更安全。[38] 科学家们研究了利他主义与迷走神经反应性之间的联系——这一特征有时被称为迷走神经张力。加利福尼亚大学戴维斯分校的乔纳斯·米勒博士和他的同事们以74名学龄前儿童作为被试，他们给了每个孩子一些代金券，他们可以用代金券换奖品，结果发现，迷走神经张力更好的人也更慷慨。[39]

有什么方法能快速锻炼迷走神经吗？阿根廷科马休国立大学高级研究员玛丽安娜·罗萨达博士对六岁和七岁的儿童进行了研究，以了解是否有什么活动能让儿童更利他。[40] 这项研究招募了两个班的20名儿童作为被试。在对照组，学生每周花30分钟学习与环境有关的知识，然后花20分钟进行艺术活动。在干预组，学生要进行五分钟的呼吸、放松和正念练习，然后回忆一些让他们有安全感和

解码童年：
塑造孩子未来的科学指南

　　归属感的事情，比如别人曾经怎么帮助过自己，听过哪些互爱互助的故事。最后，小朋友们还要玩15—20分钟的合作游戏，然后再进行和对照组一样的活动。

　　十周的训练结束后，研究人员给孩子们发了14块糖果，并询问他们是否愿意与另一个随机选择的孩子分享，但对方并不知道糖果是谁给的。结果发现，那些花时间练习放松、正念，玩合作性游戏的孩子们所分出去的糖果数量是十周前的两倍，但对照组所分出去的糖果数量与开始时相同。

　　花时间关注孩子固然有效，但看护者的日常习惯才是最重要的。乌得勒支大学儿童和家庭研究所教授玛雅·德科维奇博士研究了中小学生（6—11岁）的受欢迎程度受哪些因素影响。[41]研究人员从父母那里收集了有关教养方式的数据。结果发现，父母坚定但热情，鼓励孩子思考自己和他人的感受和需求的教养方式，即权威型，这种家庭教养出的孩子更友善、更受欢迎。而专制型教养方式——父母经常吹毛求疵、令人生畏——教出的孩子则不那么受欢迎、不那么亲社会。

　　当然，父母之所以更专制，也可能是因为他们的孩子的行为更具挑战性，而善良友好的孩子养育起来也更容易一些。但也有很多其他证据表明，父母教养方式的一些微小的差异，都会对孩子造成影响，比如是否花时间倾听孩子说话，是否让孩子觉得他们的感受和需求很重要，是否能一直让孩子感到温暖。当然，什么事都是说起来容易，做起来难——结束一天疲惫的工作，回到家还要面对一个高声尖叫的五岁孩子——做父母真的很辛苦。但通过与孩子共情来锻炼迷走神经，几周内你就能看到效果。现在就花些时间练习正念、放松和感恩吧，要想成为好父母，需要提前做功课。

第九章
为什么孩子总是那么善良?

呵护孩子内心善良的种子

希望通过这一章的阅读，你能对孩子的善良多一些信心。就算你的孩子不会跌跌撞撞地爬过海洋球池，把衣服挂钩递给你，也不会和你朋友家的孩子分享自己的贴纸，他也没有做错什么，身为父母的你同样也没做错什么。在实验中，帮大人把掉了的东西捡起来明明就是举手之劳，可仍然有35%的孩子没这么做。有些孩子已经走到了需要帮助的人面前，却又不知道该做些什么；有些孩子则被海洋球所吸引（这也无可厚非），或者无法越过障碍；而有些则是太紧张了，不敢离开父母身边。想想看，我们大人是不是也有这样的时候？虽然心里想帮忙，却又害怕说错话、做错事，或者压根不知道从何帮起。我们内心的动机在激烈地碰撞，虽然能和对方感同身受，但在准备伸出援手时却又力不从心。我们的孩子也一样。[42]

但如果你想让孩子更友善、更随和，那还是停止唠叨，停止奖励吧——当然，更不能羞辱孩子。 通过观察我们待人接物的方式，孩子学会了哪些行为是我们可以接受的。跟孩子聊聊利他行为同样有用——告诉他们我们为什么会这么做，为什么要跟人说"谢谢"、说"对不起"，等等。乌尔伯博士说，"跟孩子谈论情绪会让孩子更乐于助人、乐于分享"。瓦什博士从她的多项研究中也发现了同样的结果。但要注意的是，我们每个人，包括孩子，都会因为过于忙碌、心烦意乱而疏于分享。乌尔伯博士的建议非常重要："作为父母，我们不能对孩子抱有不切实际的期望。"有时候不要对孩子要求太高，让自己偷个懒，这才是科学的养育方式。[43]

结语

人类幼崽养成手册

如果说创作这本书教会了我什么，那就是孩子的成长离不开我们的关注和耐心，离不开沟通与陪伴。也让我意识到时间是多么宝贵，有太多的干扰消耗了我们的耐心和注意力。我更加坚定了保护好孩子的决心。但我说的保护，不是不让他们接触电子游戏或社交媒体，而是要保护他们不受到压力的伤害，压力会让家庭生活趋于紧张。

但写作这本书也让我明白，孩子们的大脑和成人的大脑并不一样，它们有着不同的思维过程和构造方式。他们注意到的事情也与我们不同。他们会觉得学习更容易，但调整情绪与保持注意力则更难，大人就算是在严重睡眠不足且没有咖啡提神的情况下，也能更好地控制自己的情绪。

这本书提醒我，我们所塑造的是有血有肉、活生生的人，而不是冷冰冰的金属机器人。每一个孩子都是独一无二的，每一个家庭也都是独特的——世界观、价值观不同，经历和资源也不同。养育孩子的过程，就是在无限的多样性中塑造人的过程。孩子也是一个独立的人，我们得接受他的独特性。

另外，有太多的科学研究都证实了以下几点：

结语
人类幼崽养成手册

一、**童年深刻地塑造了我们的生活。** 甚至在婴儿出生之前，他们就已经学会了一些东西。你能给予孩子的陪伴和关注越多，他们将来的表达能力和适应力就越强，心地也会更善良。

二、**如果你对孩子的关注是由好奇心所驱动的，而不是由冲突引起的，那这样的关注最有益。** 你也许会说，当人感到筋疲力尽、焦虑紧张或不知所措时，还谈什么好奇心？想做到这点确实很难。但如果孩子做了什么让你匪夷所思（或者不喜欢）的事情时，还是要试着问自己"为什么？"这个问题应该是发自内心的，而不是做做样子。我们要让孩子知道，我们在认真听他们说话。随着时间的推移，他们会更加信任你，对你也更加开诚布公，并慢慢学会如何做出更好的选择。我们越是愿意花时间去理解孩子，他们就越能更好地理解自己。

三、**陪伴孩子不能心不在焉。** 一边回复老板的邮件（提醒客户支付费用或是网购），一边应付孩子，这样你永远不会了解孩子真正的需求。三心二意的父母会让孩子觉得自己不配拥有父母全心全意的陪伴，所以说一心二用不可取。

四、**玩耍可不是"儿戏"，而是一件很严肃的事情**——尤其是孩子们"当家作主"的时候。对孩子的玩耍表现出兴趣，并关注他们的兴趣点非常重要。如果父母能在孩子很小的时候就观察他玩耍的过程，并关注孩子的兴趣点，那么孩子就能更快地学会语言技能和社交技能，也更自信，其效果比正式的教育还要好。就幼儿的语言技能发展而言，玩过家家游戏比词汇卡更有效。

五、**想像科学家一样养育孩子，需要韧性和毅力。** 这并不是一帆风顺的过程，因为我们塑造的是一个独特的人。所以每个孩子的养育也是独特的，这需要时间、精力和好奇心。而与我们大人相比，孩子的时间要多得多，精力和好奇心也要旺盛得多，塑造一个人是一项艰苦卓绝的工作。

六、**我们应该支持这个社会中所有参与到养育过程中的人。** 我们不需要为他们出谋划策，只需要给他们留出足够的时间和空间去养育孩子。目前的社会政策导致了更长、更不稳定的工作时间和更低的工资，让家庭生活的空间变得更小、更拥挤，其恶果是压缩了可供孩子玩耍的空间和时间，这会造成巨大的危害。想要子孙后代能幸福健康地成长，我们应该努力消除匮乏和贫困，时间匮乏、情感支持匮乏、安全感匮乏以及经济贫困。

虽然在本书中我并没有什么秘诀能传授给大家，比如怎样才能让孩子不哭不闹，怎么才能让青少年保持专注力，但我希望这本书能让你更好地理解孩子，为什么他们会悲伤、愤怒、困惑或郁郁寡欢。我也希望你的理解能让你多一些耐心：对孩子的耐心，对自己的耐心。你塑造的是一个独一无二的人，所以势必要面对独一无二的挑战。不要害怕，你可以寻求帮助，也要学会接纳别人的建议。保持开放、好奇心和耐心——把养育孩子的过程当作一项科学实验，你会不断地遭遇挫折，但你永远爱着你的孩子，永远被他深深地吸引——养育一个孩子是一次性的体验，它属于你，而且也只属于你。

最后，再次请你不要恐慌。

致谢

首先我要感谢我的家人,在你们身上我看到了科学精神。虽然我们不会再要宝宝了,但即使遇上再难的育儿问题,你们也会钻研到底。有了你们的支持,我才有充裕的时间写作。你们会给我冲咖啡,给我找地图,会画超级英雄,还给了我那么多的拥抱,你们真的很棒,我爱你们。

我还要感谢我的朋友们,抱歉这段时间冷落了你们,没空跟你们一起喝咖啡、聊天。我十分想念你们!

我也非常感谢书中提到的每一位研究人员,特别是专门抽出时间接受我采访的科学家们:盖尔·海曼教授、李康博士、茱莉亚·乌尔伯博士、阿米莎·瓦什博士和菲利克斯·沃那肯博士。我在书中已经力求准确,但万一出现差错,那一定是我的问题,而非研究结论有误。还要感谢苏珊娜·希伦,她非常注重细节!

感谢我的经纪人凯莉·普利特,很幸运有你对我的大力支持。谢谢丽贝卡·格雷,你的热情和敏锐让我不断前进,很高兴能再次与你合作。

最后我还要感谢图书销售商、图书管理员和亲爱的读者们。沟通使我们成为人。正是因为有了你们,对话和沟通才得以继续。

扫码查看本书资料来源

青豆读享 阅读服务

帮你读好这本书

《解码童年》阅读服务：

解读音频   30分钟收听本书核心内容，快速了解科学育儿的关键理念。

思维导图   9张图详细梳理各章重点，方便你迅速掌握全书精华。

专家解读   特邀育儿专家深度解读本书，帮你找到适合自己的育儿方法。

精彩盘点   整理书中5个心理学"冷知识"，帮你扫清阅读障碍，理解科学家的育儿思维。

……

（以上内容持续优化更新，具体呈现以实际上线为准。）

每一本书，都是一个小宇宙

扫码进入
正版图书配套阅读服务